ÉTUDE

SUR

LES DIFFÉRENTS CONTRATS DE CULTURE

USITÉS

EN DROIT ROMAIN ET EN DROIT FRANÇAIS

THÈSE

PRÉSENTÉE A LA FACULTÉ DE DROIT DE POITIERS

POUR OBTENIR LE GRADE DE LICENCIÉ

Et soutenue le lundi 28 décembre 1874, à 3 heures du soir

DANS LA SALLE DES ACTES PUBLICS DE LA FACULTÉ

PAR

Gaston de ROUSIERS,

Avocat à la Cour d'appel.

POITIERS

IMPRIMERIE DE A. DUPRÉ

RUE DE LA PRÉFECTURE

1874

ÉTUDE

SUR

LES DIFFÉRENTS CONTRATS DE CULTURE

USITÉS

EN DROIT ROMAIN ET EN DROIT FRANÇAIS

—

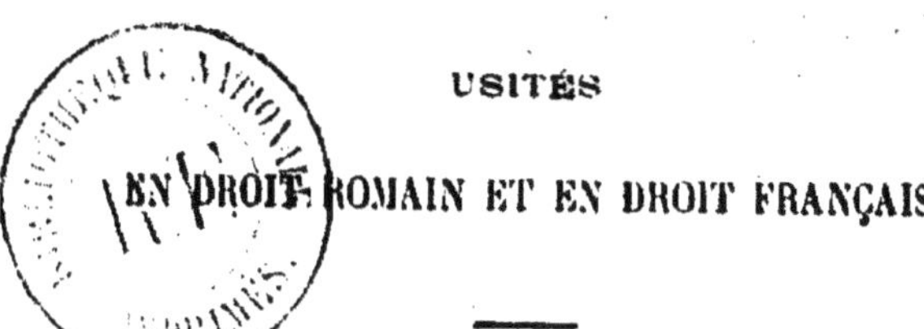

THÈSE

PRÉSENTÉE A LA FACULTÉ DE DROIT DE POITIERS

POUR OBTENIR LE GRADE DE DOCTEUR

Et soutenue le lundi 28 décembre 1874, à 3 heures du soir

DANS LA SALLE DES ACTES PUBLICS DE LA FACULTÉ

PAR

Gaston de ROUSIERS.

Avocat à la Cour d'appel.

———

POITIERS

IMPRIMERIE DE A. DUPRÉ

RUE DE LA PRÉFECTURE

—

1874

A LA MÉMOIRE DE MON PÈRE

A MA MÈRE

HOMMAGE DE RECONNAISSANCE ET DE PIÉTÉ FILIALE

A TOUS CEUX QUI ME SONT CHERS

SOUVENIR

INTRODUCTION.

———

L'exploitation individuelle par le propriétaire du sol est incontestablement de tous les modes d'exploitation le meilleur et le plus productif. L'intérêt, l'affection ordinaire du maître pour la terre qu'il possède, le sollicite aux améliorations, l'engage à faire des avances, à enrichir, à féconder un sol dont la valeur s'augmentera en proportion des peines et des dépenses qu'il y consacre. Volontiers il sacrifiera, s'il le faut, les revenus d'une année, certain que ce sacrifice, en donnant au terrain une vertu plus puissante, l'indemnisera dans la suite par une abondance et une fertilité inusitées ; bien différent du possesseur précaire, obligé de recueillir à tout prix les fruits nécessaires à payer sa possession d'emprunt, et qui d'ailleurs s'occupe peu du fonds en lui-même, étant obligé de le laisser un jour sans aucune indemnité pour payer ses efforts.

1

Malgré cependant tous ses mérites, malgré tous ses avantages, il est impossible que ce système de culture soit
universellement pratiqué dans une société bien organisée.
Tout le monde ne peut pas tenir la bêche et mettre la main
à la charrue. L'art agricole est sans doute le premier et le
plus indispensable des arts que puisse pratiquer l'homme, la
base, le fondement des autres, la source bienfaisante qui
alimente tout, et sans laquelle tout s'étiolerait et périrait
inévitablement. Mais, si l'agriculture est comme la racine de
l'arbre, comme le suc nourricier qui lui donne de la force et
de la vigueur, il y a d'autres éléments qui en sont, si l'on
veut, comme les fleurs et les fruits, et qui jouent aussi un
grand rôle pour la prospérité et le bien-être général, l'industrie, le commerce, les sciences, les lettres, et ces mille
branches, ces mille facultés de l'activité humaine qui, chacune
à un degré divers, contribuent à l'harmonie universelle, au
développement progressif des États et des peuples. Il faut
donc des hommes qui abandonnent le travail rural pour parcourir ces diverses carrières. D'autre part, les bienfaits de
la propriété foncière ne sont pas accessibles à tous. Beaucoup manquent de capitaux suffisants pour en acquérir une
portion. Ils n'ont que leurs bras, leur ardeur au travail, de
faibles ressources, et ils demandent à trouver sur le terrain
d'autrui ce qui leur manque en propre.

C'est sous l'empire de ce double besoin que naissent les
contrats de culture. Peu fréquents, inconnus même aux époques primitives où la propriété, se confondant avec la possession, embrasse uniquement le terrain que l'on peut défendre soi-même, ils deviennent plus usuels, quand l'état

social, plus régulier, permet à chaque citoyen de conserver en paix une portion de territoire supérieure à celle qu'il peut cultiver lui-même, et où d'ailleurs la terre complétement occupée ne laisse plus de place aux nouveaux venus.

Ce système d'association du *capital* et de *l'industrie*, pour me servir des expressions de l'économie moderne, peut revêtir des formes différentes, nécessairement variables avec chaque époque, avec chaque tendance sociale, dont elles sont presque toujours le reflet le plus exact. Elles se ramènent cependant à quelques types où vient se resserrer la sphère de leur action. Tantôt, en effet, le propriétaire abandonne sa terre pour un temps déterminé, se substitue, moyennant une redevance fixe, un homme, une famille qui le remplacera complétement; tantôt, au contraire, il ne fait cet abandon qu'à demi; il s'associe, il s'adjoint quelqu'un, promettant de faire les travaux nécessaires aux produits agricoles, et laissant prélever sur le fonds fourni une certaine quantité de fruits qui paieront son entrée et sa jouissance. Quelquefois, pour intéresser davantage à occuper des terrains difficiles, il assimilera presque, par les droits nombreux qu'il confère, l'étranger au propriétaire lui-même. Enfin il aliénera complétement moyennant une rente qui restera comme le signe du transfert et de la main qui a conféré la fortune au tenancier. Ces formes ont eu chacune tour à tour leur moment de faveur et de pratique, les unes correspondant surtout à des propriétés morcelées, à des patrimoines peu considérables que l'œil de leur possesseur embrasse facilement et ne laisse qu'à regret, les autres représentant un triste état de la vie agricole, des friches, de vastes étendues qui sont comme un fardeau accablant dans la main de quelques puissants, et qu'ils délaissent volontiers pour les tirer du triste état de langueur où elles gémissent. Nous allons successivement examiner les règles, les principes juridiques qui ont régi ces divers contrats depuis le droit romain jusqu'à notre droit actuel.

PREMIÈRE PARTIE

DROIT ROMAIN.

Les Romains furent, à l'origine, un peuple de laboureurs. Chacun y cultivait de sa propre main le petit lot de terre qui lui était échu ; on n'abandonnait la charrue que pour prendre les armes, et aussitôt la victoire remportée on retournait bien vite à son domaine parer ses instruments aratoires du laurier des combats. Cincinnatus n'est que l'image popularisée des premiers héros de cette grande cité, qui ne connaissaient que deux occupations répondant à leur nature forte et vigoureuse : creuser le sol et vaincre des ennemis ! Mais les conquêtes nombreuses qui venaient chaque jour agrandir le territoire de Rome du territoire des pays voisins agrandirent aussi les parcelles primitives que Romulus avait tracées comme limites au patrimoine des citoyens. Les plus puissants s'emparèrent peu à peu, en promettant une redevance que trop souvent ils ne payaient pas, de ces vastes terrains que l'État s'était appropriés par le droit de la guerre, et, avec cet agrandissement considérable, un changement devint nécessaire dans le mode d'exploitation primitif. La plupart employèrent alors au travail des champs les captifs vaincus continuant à résider sur leurs domaines, et à surveiller, soit par eux-mêmes, soit par un esclave privilégié auquel ils déléguaient sur les autres une partie de leur puissance, ces machines animées ! Trouvait-on déjà à cette époque quelques contrats de culture ? Les patriciens, il y a lieu de le croire, associaient quelquefois par des concessions révocables *ad nutum* leurs *clients* à la jouissance du sol. Leur nom sembla l'indiquer : *clientes, quasi colentes*. La plus grande partie pourtant de la classe inférieure s'épuisait dans la misère et dans l'oiseveté, puisqu'il fallut l'énergique volonté do Licinius Stolon pour remédier à un mal si grand. En 286, il fit passer la fameuse loi *Licinienne* qui restituait au domaine public ce qui lui avait été illégitimement enlevé, fixait l'étenduc que pourraient avoir désormais les possessions rurales, le nombre des esclaves qu'on pourrait employer, et obligeait enfin de se servir d'hommes libres pour la culture ! Les riches furent ainsi forcés d'avoir recours à leurs concitoyens pauvres ; le *louage* et le *métayage* apparurent, le métayage surtout, se contractant probablement comme toutes les obligations, par le *nexum*. Mais ces contrats furent des premiers à s'affranchir de ces formalités rigoureuses et gênantes ; le Préteur protégea vite la simple convention intervenant à cet égard, et, dès avant le temps de Cicéron, ces contrats étaient tirés de la foule des simples pactes armés d'une action et déclarés valables par le simple consentement. Avec ces contrats, l'agriculture fleurit aussi, et avec l'agriculture les vertus publiques et privées, car les deux siècles qui suivirent la loi *Licinienne* furent l'âge d'or de la République romaine.

Après la prise de Carthage, tout s'altéra. « Une révolution étonnante se fit dans le corps de l'État, dit Salluste, et ceux que ni les travaux ni tant d'adversités n'avaient pu vaincre succombèrent à la douceur du repos, de l'abondance et de la prospérité. » (*Catil.*, X.) Alors, au milieu du luxe croissant, la loi *Licinienne* fut bien vite violée, d'abord en plaçant sous des noms supposés la terre excédant la limite légale ; puis, sans scrupule, on le fit ouvertement, et les *latifundia* prirent des développements inouïs. Avec eux l'agriculture languit ; l'Italie fait venir du blé de ses provinces ; elle consomme plus qu'elle ne produit ; les esclaves reparaissent de nouveau dans l'agriculture, et le peuple oisif, ne trouvant plus à s'occuper dans les campagnes, reflue vers la ville, où il se met à la solde des ambitieux qui le nourrissent par des distributions de blé quotidiennes.

Cet état de choses ne fit que s'aggraver à travers les luttes sanglantes qui marquèrent la chute de la République romaine, et quand les réformateurs, comme Tibérius Gracchus, voulurent rétablir les anciennes lois, ils furent impuissants et périrent à la tâche. La sage administration d'Auguste ne réussit elle-même qu'imparfaitement à faire refleurir l'art agricole oublié. Les immenses *latifundia* continuèrent toujours à être exploités par la culture servile. Cependant, quand les frontières de l'empire furent définitivement fixées, les populations entières ne purent plus être livrées à l'esclavage par la conquête; l'importation des esclaves cessa, et, leur nombre diminuant rapidement, on fut alors forcé de recourir aux colons libres, aux *rustici*. Columelle avait déjà conseillé d'agir ainsi aux propriétaires obligés de résider loin de leurs domaines. Le *fermage* et le *métayage* reprirent donc une nouvelle extension dans les trois premiers siècles de l'empire. Quoique singulièrement effacés, ils n'avaient jamais d'ailleurs disparu complétement. Plus tard ces deux contrats ne suffirent pas. On imagina l'*emphytéose*, qui offrait la propriété abandonnée à des conditions plus avantageuses; puis on employa une culture demi-servile; le *colonat rivant* à la terre ceux qui l'abandonnaient. Les principes régissant ces contrats furent peu à peu déterminés, régularisés par la jurisprudence prétorienne, les écrits des jurisconsultes et les constitutions impériales. Ils furent ensuite réunis, colligés de nouveau dans le vaste recueil que fit faire Justinien, où se trouvent consignés, dans un ordre meilleur et sous une expression plus parfaite, tous les travaux qui avaient fait du droit romain une œuvre si belle, un édifice si imposant. C'est tels qu'ils sont réglementés par les Institutes, le Digeste et le Code, que nous allons examiner le *louage*, le *métayage*, l'*emphytéose* et le *colonat*.

———

I

DU LOUAGE.

—

CHAPITRE PREMIER.

ÉLÉMENTS ESSENTIELS AU CONTRAT DE LOUAGE.—COMPARAISON AVEC LES AUTRES CONTRATS.

Le louage des terres *(locatio - conductio)* est un contrat qui intervient entre deux personnes, dont l'une, appelée *locator*, s'oblige à procurer la jouissance d'un héritage susceptible de culture *(prædium rusticum)* moyennant un certain prix *(pensio, reditus)* que l'autre, appelée *conductor, colonus*, promet de payer.

Cette définition révèle immédiatement les éléments essentiels du louage : une *chose*, un *prix*, le *consentement* des deux parties sur la chose et sur le prix. Aussitôt que ces trois faits concourent et se trouvent réunis, le contrat devient parfait. Cependant, si les parties, d'un commun accord, avaient décidé qu'un écrit serait dressé comme preuve, comme monument de leur convention, le contrat serait suspendu et ne deviendrait valable qu'après la rédaction de cet écrit. Cette innovation de Justinien relative à la vente étend son domaine dans le louage. De même, si des *arrhes* avaient été fournies, les deux contractants resteraient libres de se dédire, l'un en perdant ce qu'il a donné, l'autre en restituant le double de ce qu'il a reçu. C'est ce que nous apprennent les Institutes (liv. II, tit. xxiii, *Vend. emp.*). Reprenons maintenant, pour les éclaircir, les éléments cités.

1° Tout d'abord un *héritage rural.*—Mais qu'entend-on par

héritage rural ? La chose, la plupart du temps, ne souffre aucune difficulté. Cependant, dans certains cas, il peut y avoir doute sur la nature du louage : par exemple si l'objet de la location comprend à la fois des fonds de terre et des bâtiments. Il faut alors, pour s'éclairer, rechercher la commune intention des parties et appliquer la règle « *accessorium sequitur principale.* » Ainsi, est-ce la culture qu'on a eue spécialement en vue, les bâtiments étant considérés comme simples bâtiments d'exploitation ? le bien est rural ; l'exploitation est-elle au contraire accessoire, comme s'il s'agit d'une magnifique villa, entourée de quelques parcelles de prairies ou de jardin ? ce sont les règles de baux de maisons qu'il faut appliquer.

2° Le *prix.* — Il doit être *certain, sérieux*, et peut consister en *denrées* aussi bien qu'en *argent monnayé.*

Certain. Ainsi, il faut que ce soit la loi même du contrat qui le détermine. La convention, sans cela, rentrerait dans la classe des pactes innomés. C'est ce que nous apprend un passage des Instizutes (*de loc.*, liv. III, t. xxiv), se plaçant dans l'hypothèse d'un foulon auquel on a porté un habit à nettoyer, sans fixation de salaire, sauf à le déterminer ensuite, et ceci s'applique aux autres sortes de louage. Dans cette hypothèse, *pacte innomé*, les parties devront avoir recours à l'action *praescriptis verbis*. Cette question faisait, à l'époque classique, l'objet d'une controverse entre les Sabiniens et les Proculéiens. Elle a été tranchée par Justinien. Mais le prix doit-il être nécessairement indiqué au moment du contrat ? ne pourrait-il pas être laissé à l'arbitrage d'un tiers ? Cette question aussi divisait autrefois les jurisconsultes. Justinien l'a également tranchée dans le sens de l'affirmative. Il y a louage conditionnel pour un prix encore inconnu, « *sub hac conditione ut ipse qui nominatus sit, pretium definierit* » (l. 15, C., *de cont. empt.*); il est indispensable, par exemple, ajoute le texte, que les parties elles-mêmes nomment l'arbitre; il faut qu'elles soient suffisamment liées pour que le prix puisse être ultérieurement déterminé sans un nouvel acte de volonté, et, en conséquence, du consentement dès à présent donné par elles. Aussi, si l'on n'avait pas nommé l'arbitre ; si l'on s'était borné à louer pour un prix dont on conviendrait plus tard ou fixé par une personne qu'on désignerait dans la suite, n'y aurait-il pas louage : « *Si merces promissa sit, generaliter arbitrio, locatio et conductio contrahi non videtur.* » De même, si l'arbitre nommé se trouvait dans l'impossibilité de remplir sa mission, le contrat tomberait par là même (l. 15, C., *in fine*, déjà citée).

Réel, sérieux. Le prix ne le serait pas si l'on en faisait la remise dans l'acte qui le constate. De même, si sa disproportion, par trop grande avec la valeur de l'objet, montrait d'une manière évidente qu'il n'a été indiqué que pour la forme, comme une plaisanterie : « *Si quis conduxerit nummo uno, conductio nulla est* » (l. 46, D., *loc.*) Mais le prix peut être sérieux quoique vil, c'est-à-dire quoique notablement inférieur à celui que vaut la location du domaine. Il n'aurait été nul qu'entre parties incapables de se faire des avantages gratuits. Entre personnes capables au contraire, et du moment où il n'y a pas dol, il suffit qu'il ne soit point imaginaire : n'est-il pas permis à chacun de chercher à obtenir les meilleures conditions qu'il lui est possible? Paul le dit très-bien dans la loi 22, §3, D., *loc.*: « *Quemadmodum in emendo et vendendo naturaliter concessum est, quod pluris sit, minoris emere quod minoris sit, pluris vendere, et ita invicem se circumscribere, ita in locationibus quoque et conductionibus juris est.* » Une remise faite après coup laisserait même au prix son caractère sérieux : elle n'altère pas, en effet, le caractère primitif de l'acte ; il n'y a que celle faite au moment du contrat qui en empêche la formation (l. 5, D., *loc.*).

Enfin *il peut consister indistinctement en argent ou en denrées.* Cette question a pourtant vivement divisé les commentateurs. Plusieurs, entre autres Accurse et Vinnius, voulaient que l'argent monnayé fût seul susceptible de former le prix. Si l'on donnait une chose pour une autre, disaient-ils, il n'y aurait pas louage mais échange, et ils présentaient à

l'appui de leur opinion un texte des Instilutes où cette ques·
tion est examinée : « Une personne a remis à une autre la
jouissance et l'usage d'une chose , à la condition que cette
autre personne lui remettrait l'usage ou la jouissance d'une
autre chose » (l. 3, 24, § 2). Qu'y avait-il dans cette convention? un louage , disaient les Sabiniens , un contrat innomé , répondaient les Proculéiens, et Justinien sanctionnait
cette opinion dernière. Mais cette espèce n'est pas du tout la
nôtre : il s'agit ici d'une jouissance cédée en échange d'une
jouissance. Évidemment il n'y a pas louage ; car, pour qu'il
y ait louage, il faut que l'émolument destiné à payer le locateur de la jouissance dont il se prive lui soit transféré en
propriété, qu'il soit libre d'en disposer à son gré ; et c'est ce
qui a lieu pour les denrées que nous lui offrons. Ces denrées
lui appartiendront au même titre que de l'argent: il pourra
les vendre, les consommer comme bon lui semble , ce qu'il
ne pourrait pas faire s'il avait une simple jouissance.

D'ailleurs, il y a encore mieux que cette discussion ration-
nelle. Le système adverse est péremptoirement réfuté par un
texte formel, et ce texte, nous le trouvons au Code (l. 21,
loc.), où les empereurs Dioclétien et Maximien disent : « *Si
olei certa ponderatione fructus anni locasti.* » En vain vou-
drait-on dire que le mot *locasti* n'est pas ici pris dans un sens
propre. Cujas fait très-bien justice de cette opinion , par cette
simple remarque que non-seulement le texte est placé dans
le titre *De locato*, mais encore qu'il emploie l'expression de
contrat de bonne foi, *de contractu bona fide habito.* Cette
expression ne serait pas employée si, au lieu d'un louage, on
supposait un autre contrat qui lui fût analogue. Enfin nous
pouvons encore ajouter un argument d'analogie excessivement
puissant. La même controverse sur la nature du prix s'était
élevée à propos de la vente. Les Proculéiens voulaient que le
prix fût en argent; car s'il eût consisté en un autre objet,
disaient-ils, il aurait été souvent impossible de distinguer
lequel des deux objets était le prix de l'autre, ni lequel des
deux contractants était vendeur ou acheteur. Mais, dans le

cas où il était certain qu'un des deux objets servait de prix à l'autre, comme si un domaine avait été vendu pour un esclave, l'opinion des Sabiniens, qui voulait que le prix pût consister en autre chose qu'en argent, fut sanctionnée par une constitution de l'empereur Gordien, conservée par Justinien (l. 4, C., *de rer. perm.*). Or, dans le louage, il ne peut jamais y avoir doute sur les qualités réciproques des contractants quand le prix consiste en denrées. Il faut donc décider que cette circonstance n'altère en rien la nature du contrat.

3° *Consentement.* — Il doit porter à la fois sur la nature de l'acte, sur la chose, sur la durée et sur le prix. L'erreur sur un de ces éléments indispensables vicierait le contrat, de même que si quelque machination frauduleuse ou quelque pression soit morale, soit physique, avait forcé la volonté. Pour le prix cependant, il faut, en ce qui concerne l'erreur, faire avec Pomponius une distinction et dire « que si le *locator* a cru louer pour *dix* et que le *conductor* ait eu l'intention de louer pour *cinq*, il n'y a rien de fait, *nihil agitur*. Si au contraire le *conductor* a cru louer pour *dix* quand, en réalité, on lui a loué seulement pour *cinq*, il y aura louage *quanti putavit locator*, c'est-à-dire pour *cinq* » (l. 52, D., *loc.*); cette décision est très-équitable : « *Quod plus sit, semper inest et minus.* »

Enfin il doit émaner de *personnes capables*. Il y a d'abord certaines incapacités spéciales : par exemple, les militaires pendant la durée de leur service ne peuvent prendre à bail : « *Armis autem et non privatis negotiis occupentur* »(l. 31, C., *loc.*). La sanction même est très-sévère pour les deux parties qui ont violé la loi : le militaire est dégradé et déclaré infâme, et le propriétaire perd ses fermages (l. 35, C.; l. 50, D., *de loc.*). Les curiales ne peuvent pas non plus louer les terrains d'autrui (l. 30, C., *de loc.*). On ne veut pas que les actions du fisc contre les curiales soient entravées par les réclamations des bailleurs. Ceci était également défendu aux clercs (nov. 123, ch. 6), pour qu'ils ne fussent pas détournés de leurs devoirs et ne dérogeassent pas à la dignité de leur état. Cependant ces prohibitions ne s'appliquaient, pour ces deux classes de personnes, que si elles avaient agi par esprit de commerce ou d'industrie ; dans la limite de leurs besoins personnels, elles redevenaient libres de contracter. Citons aussi les tuteurs et les curateurs, auxquels il était défendu de prendre à bail les biens de César avant d'avoir rendu leurs comptes (l. 40, D., *loc.*). On voulait éviter le concours de deux créances privilégiées.

En dehors de là, il suffit pour prendre à bail d'être capable de s'obliger, pourvu toutefois que la chose affermée ne vous appartienne pas déjà : « *Conductio rei suæ non consistere potest.* » Cette location cependant n'est pas nulle si j'afferme en connaissance de cause, sachant parfaitement que c'est de mon propre bien qu'il s'agit ; seulement elle implique alors transfert de propriété au profit de celui à qui je loue (l. 28, D., *de acq. vel am. poss.*; l. 20, C., *loc.*). Elle serait même valable purement et simplement, sans impliquer aucune aliénation, si quelque droit sur l'usage ou sur les fruits de la chose était détaché de la propriété : ainsi je pourrais parfaitement tenir mon bien en location soit d'un usufruitier, soit d'un créancier gagiste, ce qui arrive même fréquemment (l. 37, D., *de pig. act.*).

Le pouvoir de s'obliger suffit également pour donner à bail. Le louage n'opérant le transport d'aucun droit, pas même celui de possession, il s'ensuit naturellement que la qualité de propriétaire n'est en aucune façon nécessaire pour affermer un bien. La chose d'autrui, même quand on n'en a pas l'administration, est donc susceptible d'être affermée (l. 7, D., *loc.*). La convention passée à cet égard produira des effets réciproques entre le bailleur et le preneur, sauf à se résoudre en dommages-intérêts si le propriétaire venait un jour à revendiquer. A plus forte raison la faculté de louer appartient-elle à celui qui a l'administration de la chose, comme l'usufruitier, le créancier gagiste qui doit même le faire, obligé qu'il est de tenir compte au débiteur des profits qu'il a pu retirer. Il faut en dire autant du fermier lui-même : « *Nemo prohibetur rem quam conduxit fruendam alii lo-*

care » (l. 6, C., *loc.*), toutes ces locations devant, bien entendu, tomber avec le droit de celui qui les consent.

Tels sont les éléments essentiels du louage. Il nous reste, pour en faire ressortir encore mieux la nature, à le rapprocher de certains contrats avec lesquels on lui reconnaît de grandes affinités, notamment la *vente* et l'*usufruit*.

Il a d'assez nombreux rapports avec la *vente* : « *Locatio et conductio proxima est emptioni et venditioni iisdemque regulis consistit* » (Inst., liv. III, 24) : ils appartiennent en effet à la même classe de contrats, étant l'un et l'autre consensuels et synallagmatiques, n'exigeant pour leur validité, leur perfection que trois éléments : *res, pretium, consensus*; et nous avons vu, comme le disent les Instituts, bon nombre de règles qui leur étaient communes : par exemple, pour la manière d'exprimer le consentement, de fixer la prestation à fournir. On peut ajouter aussi que, pour les pactes obscurs, ils s'interprètent contre le locateur comme contre le vendeur. A eux de s'expliquer clairement : « *Veteribus placet pactionem obscuram, vel ambiguam, venditori et qui locaverit nocere* » (l. 39, D., *de pactis*). Il y a même des cas où les points de contact deviennent si considérables, qu'on hésite sur la qualité à attribuer au contrat en question : « *Adeo autem familiaritatem aliquam habere videntur emptio et venditio, item locatio et conductio, ut in quibusdam quæri soleat utrum emptio et venditio sit, an locatio et conductio* (l. 2, D., *loc.*) : quand il s'agit, par exemple, de certaines concessions de jouissance d'une durée très-longue : *Mancipibus ementibus, id est conducentibus in centos annos*, disait Hyginus ; et, dans le louage d'industrie, les cas de doute étaient encore plus fréquents. Il faut bien se garder cependant de confondre ces deux contrats, car, s'ils se ressemblent de certains côtés, ils ont entre eux des différences capitales, essentielles.

D'abord, au point de vue du droit qui en découle. Dans la vente, le vendeur s'oblige à faire avoir la chose à l'acheteur à titre de propriétaire, à lui transmettre tout le droit qu'il y a ; dans le louage au contraire, on ne s'oblige point à faire avoir la chose au conducteur, mais seulement à l'en faire jouir, à l'en faire user, à lui procurer l'émolument produit par elle. La tradition qui intervient après la vente fait naître un droit réel. Le louage n'engendre jamais qu'une simple créance de jouissance, qu'un droit personnel.

La seconde différence est celle relative aux risques. Aussitôt que le contrat de vente est parfait, qu'il y ait ou non livraison, les risques de la chose vendue passent à l'acheteur, et nonobstant la perte de l'objet par cas fortuit, le vendeur peut exiger le paiement du prix. C'est ce qui résulte de textes nombreux : « *Post perfectam venditionem, omne commodum et incommodum quod rei venditæ contingit, ad emptorem pertinet* » (l. 1, C., *de peric. et comm. rei vend.*). — « *Cum emptio et venditio contracta sit*, disent de leur côté les Institutes, *periculum rei venditæ statim ad emptorem pertinet, tametsi adhuc ea res emptori tradita non sit* » (l. 3, t. xxiv). Et on peut ajouter encore : (l. 1, D., *de peric. et comm. rei vend.*; l. 5, § 2, D., *de resc. vend.*). Le locateur au contraire, en pareil cas, ne peut pas réclamer ses fermages, et doit même les restituer s'il les a reçus (l. 19, § 6, D.; l. 33, D., *locati*) : « *Si colonus tuus fundo frui ab eo prohibetur quem tu prohibere propter vim majorem aut potentiam ejus non poteris, nihil amplius ei quam mercedem remittere aut reddere debebis,* » dit cette dernière loi. Mais cette même loi contient aussi un paragraphe qui semble détruire la distinction par nous faite entre le louage et la vente : « *Si vendideris mihi fundum, écrit Africain, ipse priusquam vacuus traderetur, publicatus fuerit, tenearis ex empto ; quod hactenus verum erit, ut pretium restituas.* » Comment concilier ce texte avec les autres ? Quelques docteurs, et entre autres Cujas (1), ont prétendu que la loi 33 exprimait la vraie doctrine, suivie en pratique, que les autres textes énonçaient une règle abstraite de pure théorie. — Ceci nous semble bien difficile à admettre : car enfin pourquoi ici la vérité plutôt qu'ailleurs ? Une

(1) Il revint cependant sur cette idée, tout en continuant à la trouver plus équitable et plus juste (*Recitationes in Codicem*, l. IV, t. xviii).

opinion déposée presque par allusion dans une phrase inci-
dente anéantirait de nombreux textes aussi formels, aussi
clairs que possible? Ce serait tout au moins singulier.
D'autres, et parmi eux M. Molitor (*Oblig.*, t. I, p. 365), font
remarquer que le texte s'applique à une espèce particulière,
celle de la *confiscation!* Or le fisc a pu revendiquer le fonds,
par exemple, à cause de quelques délits commis par le vendeur, ou parce que le bien-fonds faisait partie de l'*ager publicus*. Alors, la revendication ayant une cause antérieure à la
vente, le vendeur s'en trouve garant envers l'acheteur, et
devra restituer le prix, non pas parce qu'il supporte le risque,
mais parce qu'il est responsable de l'éviction. Cette explication serait parfaite. Malheureusement le texte la renverse, en
comparant la confiscation à un ébranlement du sol : « *Quemadmodum si insulam ædificandam locasses et solum cor-
ruisset, nihilominus teneberis.* » M. Demangeat (t. II, p. 308)
y voit les restes d'une vieille doctrine condamnée. Le plus
simple est peut-être d'y trouver une divergence d'opinions,
ou plutôt une erreur; car Africain se réfute ailleurs, et
n'hésite pas à déclarer sans ambiguïté que la chose vendue
est aux risques de l'acheteur du jour où la vente est parfaite
(l. 39, D., *de solut.*).

Quelque explication d'ailleurs qu'on adopte, nous mainte-
nons la première solution, reproduite tant de fois non-seulement dans le Digeste, mais encore dans les Institutes et le
Code, et qui fait pour les risques une différence entre la
vente et le louage. Disons maintenant sur quoi se base cette
différence.

Quelques auteurs la font dériver du caractère conditionnel
qu'ils attribuent aux obligations naissant du louage. Le locateur cède l'usage futur de sa chose; or, comme dans toute
cession soumise à une condition suspensive, les risques sont
à la charge du cédant jusqu'à l'événement de la condition;
mais, pour cela, il faudrait que la créance résultant du louage
fût conditionnelle, et les textes indiquent qu'elle n'a pas ce
caractère. Ne voyons-nous pas, en effet, que si un esclave

avait loué ses services à tant par an, le droit au loyer était acquis au commencement de chaque année, *initio cujusque anni*, à celui qui à cette époque avait droit à ses services? (l. 25, § 1, D., *de usuf.*, et l. 18, § 3, *de stip. rer.*). Une telle créance n'était donc pas conditionnelle; et enfin la loi 20, D., *loc.*, autorise à faire un louage conditionnel: « *Jam enim non dubitatur quin sub conditione rei veniri aut locari possit.* » Si le louage par lui-même engendrait des obligations conditionnelles, il n'y aurait pas lieu à discuter sur la validité d'une pareille clause. Il faut donc chercher ailleurs.

Le motif de la différence c'est que, dans la vente, les obligations une fois formées sont indépendantes l'une de l'autre; l'une peut très-bien s'éteindre et l'autre continuer à subsister, car la vente est un contrat instantané : il lui suffit d'avoir ses éléments à un moment donné. Les effets du louage au contraire sont successifs, se produisant jour par jour, et les deux obligations sont corrélatives, destinées à se solder mutuellement; l'une venant à manquer, l'autre doit se résoudre comme n'ayant plus de cause.

On peut citer encore une troisième différence : c'est que la vente est rescindable pour lésion d'outre moitié (l. 2, C., et 8, in fine, *de resc. vend*). La location, au contraire, ne peut être rescindée que pour erreur ou vice du consentement, jamais sous prétexte qu'elle a été faite avec stipulation d'un prix moindre que la valeur de la chose : « *Prætextu minoris pensionis rescindi locatio non potest* » (l. 23, D., *loc.*).

Le louage n'a pas seulement des rapports avec la vente, il se rapproche aussi de l'*usufruit* par certains côtés. Ainsi tous les deux acquièrent les fruits par perception et non par la simple séparation du sol (Inst., 2, § 36, *de div. rer.*). Tous les deux sont restreints, limités dans leur jouissance; tous les deux doivent administrer en bon père de famille, et ne pas changer la destination de la chose. Les deux contrats peuvent aussi affecter les mêmes modalités dans leur constitution, être consentis purement et simplement, ou sous condition, ou à terme.

Mais les différences sont encore plus nombreuses que les ressemblances. Ainsi l'usufruit s'éteint nécessairement à la mort de l'usufruitier ; le preneur transmet au contraire ses droits à son héritier. L'usufruit peut dériver d'un testament, d'un autre contrat à titre gratuit ; le preneur, au contraire, ne tient jamais son droit que de la convention et d'un prix payé.

L'usufruitier a un droit *réel*, le preneur n'a contre son bailleur qu'un simple droit de créance. Ceci entraine de grandes conséquences.

Au point de vue des risques, d'abord. Si la chose vient à périr, c'est tant pis pour l'usufruitier. Le preneur, au contraire, en pareille circonstance, est dispensé des loyers ; de même, l'usufruitier nanti pour ainsi dire d'une parcelle détachée du domaine, complétement indépendante de la nue propriété, n'a rien à réclamer si un accident le prive de ses récoltes, pas plus qu'un propriétaire ne peut demander d'indemnité à son voisin. De plus, tout ce que peut faire le propriétaire ne le touche pas. Ainsi l'aliénation de la chose ne trouble en rien sa jouissance, qu'il peut toujours protéger par des interdits, par des actions qui lui sont propres ; tandis que le preneur, n'ayant à sa disposition qu'une simple créance, peut être expulsé par les tiers acquéreurs, et reste seulement protégé vis-à-vis du bailleur par une action en dommages-intérêts.

CHAPITRE II.

ACTIONS QUI NAISSENT DU LOUAGE.

Le contrat, une fois formé, engendre des obligations réciproques, toutes les deux sanctionnées par une action qui emprunte son nom à la qualité de celui qu'elle garantit : *actio conducti*, protégeant les droits du *fermier* corrélatifs aux obligations du *locateur* ; *actio locati*, protégeant les droits du *loca-*

teur corrélatifs aux obligations du *fermier*. Il y a cependant un cas où les obligations ne sont pas réciproques : quand la *locatio* est ajoutée comme accessoire au contrat de vente.

Ainsi, par exemple, le vendeur stipule que l'acheteur tiendra le fonds à ferme jusqu'à ce qu'il ait payé le prix, se réservant par là même la propriété : l'acheteur seul sera tenu *ex locatione-conductione ;* le vendeur n'aura à s'occuper ni des pertes qui pourraient survenir, ni des réparations qui pourraient être nécessaires ; l'acheteur n'a contre lui que l'*actio empti*, tandis que lui est tenu des deux, l'*actio venditi* pour payer le prix, et l'*actio locati* pour ses fermages : *« Interdum locator non obligatur, conductor obligatur, veluti cum emptor fundum conducit, donec pretium ei solvat »* (l. 20, § 2, D., *loc.-cond.*). On peut aussi citer une espèce particulière dans laquelle chacune des parties a les deux actions : c'est celle où deux copropriétaires sont convenus de fixer un prix moyennant lequel chacun d'eux jouirait alternativement d'année en année du bien commun : chacun de ces propriétaires est à la fois *locator* et *conductor*. Aussi la loi 35, D., *loc.*, décide que si l'un, avant de finir son année de jouissance, a fait périr les fruits, l'autre aura contre lui les actions *locati* et *conducti :* l'action *locati* en raison de sa part qu'il a donnée en location, l'action *conducti* en raison de l'autre part qu'il a prise en *location*. Mais ce ne sont là que des exceptions. Occupons-nous maintenant de ce que comprennent les deux actions.

SECTION I.

OBLIGATIONS DU BAILLEUR SANCTIONNÉES PAR L'*actio conducti*.

Le *locator* s'engageait vis-à-vis du fermier à lui procurer une jouissance *utile*, *complète* et *constante* du fonds loué. Il promettait *« re uti licere, re frui licere, »* ce qui entraînait comme corollaire, outre la délivrance, l'obligation de garantir contre les troubles qui pourraient survenir, contre l'éviction qui pourrait le frapper, et contre les vices qui rendraient la chose impropre à l'usage auquel elle était destinée.

Pour procurer une *jouissance* utile et *complète*, il fallait en premier lieu délivrer la chose, la mettre à la disposition du fermier, avec tous les accessoires nécessaires à son exploitation et à son entretien. Ces accessoires variaient avec les lieux et les coutumes. Ils comprenaient généralement les étables pour les troupeaux, les bâtiments pour serrer les récoltes, les outils de labour, les pressoirs, les cuves nécessaires à la vendange, les moulins à olives, ainsi que les meules, roues, poulies, cordages et treuils à l'aide desquels on les faisait fonctionner ; les chaudières même où elles subissaient leur première préparation. Les sacs cependant n'y étaient pas compris, selon l'énumération détaillée que nous a donnée Ulpien pour cette production importante du midi de l'Italie (1) (l. 10, § 2, D., *loc.*). Ce qui concernait spécialement l'agrément ne rentrait pas comme accessoire : les maisons de plaisance par exemple, la chasse qui n'est pas considérée comme un fruit du fonds : « *Venationem fructus fundi negavit esse, nisi fructus fundi ex venatione constet* » (l. 26, D., XXI). Il en est de même des actions que le locateur pourrait avoir sur la chose louée, comme l'action *furti*, l'action *Aquilia*, l'interdit *quod vi aut clam*. C'est une différence avec la vente qui se comprend très-bien : les risques restent à la charge de celui qui loue, il garde l'émolument de ses actions : « *Commoda rerum debent incommoda sequi.* » Tout cela, bien entendu, sauf les conventions des parties, qui peuvent, à leur gré, agrandir ou diminuer ces obligations.

A défaut également de convention, la chose doit être délivrée immédiatement après le contrat ; le preneur peut mettre le *locateur* en demeure sans lui offrir la *merces*, et celui-ci ne pourrait pas, comme dans la vente, opposer l'exception *non adimpleti contractus*, parce que la *merces* ne se doit

(1) Venit hyems, teritur Sicyona bacca trapetis.

(Virgile.)

régulièrement qu'après l'usage de la chose, ou les termes stipulés. Nous croyons aussi qu'en cas de refus, le *locator* pourrait être condamné à souffrir l'occupation *manu militari*. On peut, en effet, exécuter cette obligation de la sorte, sans faire aucune violence à la personne, et il n'y a pas lieu d'appliquer ici la maxime : « *Ad factum nemo precise cogi potest.* »

Tous ces objets, bâtiments, terres, attirail, qui doivent être délivrés, doivent l'être en bon état, *non vitiata ;* et si quelques défauts rendaient les choses impropres à remplir l'office que les parties avaient en vue en contractant, il y avait lieu de la part du fermier à agir contre le *locator* pour se faire indemniser. L'action aboutissait tantôt à une simple diminution de fermages, ou à une simple restitution s'ils avaient été payés [et la loi fait bien remarquer que cette restitution s'obtient par l'*actio conducti*, et non par la *condictio indebiti ;* cette dernière, en effet, ne s'applique que si on a payé sans devoir, et d'ailleurs elle est moins avantageuse, car elle fait rendre uniquement ce qu'a conservé le créancier à qui on a payé, tandis que la première fait rendre tout sans distinction (l. 19, § 6, D., *loc.*)]; tantôt elle faisait obtenir en outre des dommages-intérêts, jusqu'à concurrence du préjudice éprouvé.

Le *locator* était-il de bonne foi, sans faute à se reprocher? il n'avait alors dans ce cas qu'à subir la perte du prix stipulé. Ulpien cite comme exemple l'espèce d'une prairie où croissaient des herbes vénéneuses. Si le *locator* ignorait cette circonstance, il était quitte en reprenant sa chose, sans recevoir le prix ; mais il n'était pas tenu de la perte des troupeaux qui auraient brouté ces herbes malfaisantes (l. 19, § 1, D., *loc.-cond.*). Il est vrai que ce même Ulpien donne aussi l'exemple d'un tonneau loué en mauvais état qui corrompt ou laisse échapper le vin qu'on lui confie, et, sans distinction, le jurisconsulte accorde au locataire le droit de demander une indemnité. On ne saurait voir là une contradiction avec la décision précédente. Dans la seconde hypothèse, il s'agit de tonneaux loués par un marchand ou par un fabricant que sa profession obligeait à connaître la qualité des objets qu'il livrait : « *Imperitia culpæ adnumeratur.* » Un artisan est coupable de ne pas connaître son métier.

Mais ce n'est pas seulement une jouissance *utile* qu'il fallait procurer. Cette jouissance devait être constante, paisible, d'une durée égale au bail. C'eût été peu, en effet, pour le fermier de recevoir en parfait état la livraison des objets affermés. Son droit consiste dans une jouissance continue qui doit lui être fournie à chaque instant, à chaque minute, et si quelqu'un vient le gêner, le troubler dans cette jouissance, le *locator* doit faire cesser le trouble ou l'indemniser du dommage qu'il cause; pour taxer le *quantum* de cette indemnité, il y avait de nombreuses distinctions à faire.

Supposons d'abord *la cause d'éviction*, du trouble, existant au *moment du contrat*. Dans ce cas, que l'éviction provienne d'un tiers ou du fait du bailleur, qu'il soit ou non de bonne foi, peu importe, il doit payer des dommages-intérêts « *in id quod interest frui non licere,* » c'est-à-dire pour la perte subie et pour le gain manqué, « *id est quantum abest, et quantum lucrari potuit.* » Ainsi, par exemple, le *locator* avait-il donné à bail le bien d'autrui, et le propriétaire vient-il par son action en revendication expulser le fermier, il n'y aura pas lieu de rechercher si, oui ou non, le *locator* agissait en connaissance de cause, s'il avait la croyance plausible que l'immeuble lui pût appartenir. Sa situation est la même dans les deux hypothèses. Il devait se renseigner et bien connaître ses droits sur le fonds qu'il louait. Il a manqué à son obligation de fournir l'avantage convenu; qu'il soit responsable. Ulpien, il est vrai, d'après l'avis conforme de Pomponius, apportait sur ce point un tempérament : « Le locataire d'une maison évincée devait se contenter d'une autre maison aussi commode pour lui, si le locateur lui en offrait une et qu'il fût d'ailleurs de bonne foi » (l. 9, D., *de loc.*, in fine); mais cette décision ne s'étendait pas au cas de bail à ferme. Labéon

(l. 60, *in fin.*, D., *loc.*), en reproduisant cette loi, s'occupe uniquement du bail de maison, et ceci était justice ; car le fermier, en quittant une exploitation qu'il connaissait, et à laquelle ses hommes et ses bestiaux étaient habitués, éprouvait un bien plus grand dommage que le locataire d'une maison quand il changeait de logement, et c'est cet inconvénient que sentait très-bien le jurisconsulte Paul (l. 24, § 4, D., *loc.*), quand il donnait l'action *conducti* à un fermier pour toute la durée d'un bail de *cinq ans*, bien que le *locator* ne l'eût empêché de jouir que durant une ou deux années ; car, disait-il, le fermier avait dû prendre à bail un autre fonds, et il ne pouvait ni le quitter pour reprendre le premier, ni les cultiver tous les deux à la fois sans un notable préjudice.

Plaçons-nous maintenant dans le cas inverse. La cause du trouble, de l'éviction, n'existe pas au moment de la convention ; elle est postérieure, *nova*. Il faut alors voir de qui elle émane, si c'est du fait *du propriétaire* ou du fait *d'un tiers*. Si c'est du fait du propriétaire, il faut examiner s'il y a faute de sa part. Dans ce cas alors, il est tenu à tous dommages-intérêts pour la perte causée au fermier : si, par exemple, il a vendu, légué le fonds loué sans veiller à ce que l'acheteur ou le légataire respectassent le bail pendant sa durée (l. 25, § 1, D., *loc.*). Si le propriétaire au contraire est exempt de reproche, de faute, s'il agit en vertu d'une juste cause, il n'y a lieu qu'à la remise de tout ou partie du prix sans dommages-intérêts. Telle est, par exemple, cette espèce prévue par Julien (l. 15, § 9, D., *loc.*) : « J'ai loué le fonds Cornélien à Titius, qui meurt laissant héritier son fils mineur. Ce mineur, avec l'assistance de son tuteur, répudie la succession ; dès lors j'ai loué le fonds à une autre personne. Devenu majeur, le fils de Titius obtient la *restitutio in integrum* : il ne peut, en revenant ainsi sur son premier acte, révoquer le bail que j'ai consenti à un tiers. Si le second bail est d'un prix plus élevé que le premier, il n'en peut réclamer aucun bénéfice ; tout ce qu'il peut obtenir par l'action *conducti*, c'est la restitution de ce prix s'il a été payé par Titius, sinon la décharge de ce prix. » Mais si le tuteur l'avait mal à propos fait abstenir de la succession, il aurait recours contre lui par *l'action* de tutelle, et si le locateur avait colludé avec le tuteur, il aurait également recours contre lui (ll. 17 et 19, D., *loc.*).

Il en serait de même si, par un autre motif quelconque non imputable au bailleur, l'usage de la chose devient impossible : si, par exemple, le fonds loué a été vendu publiquement, confisqué, *publicatus* (l. 33, *loc.*, D.), ou détruit par un autre cas de force majeure. De même, si des actes de violence qu'on n'a pu empêcher privent le preneur de sa jouissance, le forcent à l'abandonner ; si les bâtiments s'écroulent par suite de vétusté, et nécessitent des réparations qui interrompent le droit du fermier ; dans toutes ces hypothèses, il n'y aura jamais ouverture qu'à une remise proportionnelle de loyers.

Citons encore une espèce où le fermier peut agir *ex conducto* pour obtenir une remise de prix ou une restitution, s'il a payé, bien qu'il ne soit pas pourtant privé de la jouissance : c'est le cas où le *colonus* exerce cette jouissance en vertu d'une autre cause que le contrat. Le propriétaire, par exemple, a légué à son fermier l'usufruit des fonds loués ; ce fermier pourra *ex conducto* actionner l'héritier, qui devra le tenir quitte « à partir du jour où l'usufruit aura été acquis au fermier (l. 30, § 1, D., *de usuf. leg.*).

Nous avons jusqu'ici raisonné dans l'hypothèse d'une perte de tout ou partie du fonds. Qu'arriverait-il si la perte ; au lieu de frapper le fonds lui-même, portait sur les produits, sur les récoltes qui y tiennent ? Ici encore il y a lieu d'exercer l'action *conducti* pour obtenir une remise de fermage. C'est une conséquence logique de l'obligation de *faire jouir* imposée au locateur par la nature du contrat. Il ne saurait en effet être question de prix lorsque le conducteur a été privé de l'émolument, de l'usage qu'il était en droit d'attendre. Le prix n'est dû qu'en proportion de cet usage ; les deux obligations sont connexes, et la chute de l'une doit entraîner la chute de l'autre. Tous les auteurs cependant n'y voient pas une suite logique de l'*actio conducti*. Quelques-uns prétendent que cette remise n'est ordonnée que par un tempérament d'équité. C'est une erreur ; car à défaut de cette idée vraie « que les fruits encore attachés à la terre font partie du sol, et que leur destruction équivaut à la destruction d'une partie du sol lui-même, » il n'y a qu'à jeter un coup d'œil sur l'économie de la loi 15, au D., *loc.*, pour être convaincu que telle était l'idée des jurisconsultes. Le § 1 pose ce principe : L'action *conducti* naît par suite d'une privation de jouissance : « *Competit actio ex his causis fere, ut puta si re quam conduxit, frui ei non liceat.* » Puis elle énumère les cas dans lesquels le fermier est ainsi privé de jouissance, cite ceux où la chose est détruite en partie, continue par ceux qui frappent les récoltes sur pied, et termine par celui qui détruit le fonds tout entier. Il n'y a dès lors pas de doute que tout se rapporte et se rattache à la première pensée, « la *privation de jouissance;* » mais pour qu'il y ait lieu à la remise, de nombreuses conditions sont exigées.

Il faut d'abord que la perte résulte d'un cas fortuit, d'un accident que les forces humaines soient dans l'impossibilité d'empêcher : « *Omnem vim cui resisti non potest dominum colono præstare debere ait Servius* » (l. 15, § 2, D., *loc.*). Il faut également que cet accident n'ait pu raisonnablement être prévu par les parties, ni dans sa cause, ni tout au moins dans ses effets. C'est ce qui ressort de la loi 15, § 2, *loc.*, déjà mentionnée. Nous voyons en effet citer comme exemples de cas où la diminution peut être demandée les débordements des fleuves, les ravages inaccoutumés des oiseaux, les tremblements de terre, les brouillards, les gelées excessives, toutes choses qui sortent de l'ordre régulier : « *Ut puta fluminum, graculorum, sternorum, et si quid simile acciderit, aut si incursus hostium fiat... si uredo fructum oleæ corruperit, aut solis fervore non assueto acciderit... si ager terræ motu ita corruerit ut nusquam sit, damno domini esse.* » Nous voyons au contraire laissées à la charge du fermier les dégradations qui naissent de la chose même, *ex re* : « *Si qua tamen vitia ex re oriantur, hæc damno coloni esse, veluti si vinum coacuerit,* si *raucis aut herbis segetes corruptæ sint.* » Il faut traiter de la même façon les dommages résultant des intempéries habituelles des saisons, du froid, du chaud, du vent, des crues modérées des fleuves. Tout ceci a dû être prévu : « *Intelligamus hæc omnia esse opera providæ solertisque naturæ,* » peut-on dire avec Cicéron. Si, au contraire, tous les fruits avaient disparu par une sécheresse excessive ou par quelque autre fait en dehors de la marche accoutumée de la nature, on retrouverait le cas fortuit autorisant la remise ; car si les parties se sont attendues à une sécheresse, elles n'ont pu songer à des effets aussi désastreux produits par elle. C'est ce que décide encore la loi 15, dans le paragraphe cité plus haut.

Le dommage doit, en outre, être d'une certaine importance : « *Si plus quam tolerabile est, læsi fuerint fructus. Alloquin modicum damnum, æquo animo ferre debet colonus cui immodicum damnum non aufertur* » (l. 25, § 6, D., loc.). Il y a en effet dans le bail un certain caractère aléatoire, et le fermage ne peut être la représentation exacte de la récolte, qui est une chose essentiellement variable. Mais quand est-ce, au juste, que la perte devenait assez considérable pour donner lieu à l'action ? Les textes, à cet égard, se tiennent dans les plus grandes généralités. Les commentateurs ont essayé d'y suppléer. D'après un des plus anciens glossateurs, Jean, et son idée fut longtemps dominante, on s'en tenait à l'opinion locale, *ex vulgi opinione,* pour savoir s'il y avait stérilité ou abondance. D'après Bartole, il fallait que la récolte ne donnât même pas la semence, ou ne couvrît que les frais de culture. Il est probable que ce point était laissé à l'appréciation du juge.

Le dommage ne devait pas être compensé par les bénéfices des autres années (l. 15, § 4, D., loc.) : « *Si uno anno remissionem quis colono dederit ob sterilitatem, deinde sequentibus annis contigit ubertas, nihil ob esse domino remissionem ; sed integram pensionem, etiam ejus anni quo remisit, exigendam.* » Aucun texte ne résout encore ici la question de savoir quand les bénéfices étaient assez considérables pour se compenser avec les pertes. Les anciens commentateurs s'en sont beaucoup occupés pour la trancher chacun à leur manière, et François de Clappiers comptait, paraît-il, huit opinions différentes sur la manière de faire ce calcul (*Causes*, quest. 45). C'était probablement aussi un point laissé à l'arbitrage du juge. Ce que nous savons, par exemple, c'est que la compensation s'opérait quand bien même la remise de fermage, pour les premières années stériles, aurait été volontaire et qualifiée *donation ;* car il fallait voir dans cette remise ce qu'elle était au fond sans trop s'attacher aux mots, une transaction et non une donation : « *Et si verbo donationis remiserit , idem erit dicendum : quasi non sit donatio, sed transactio* » (l. 15, § 4, D., *loc.*). Il en serait différemment si les premières années avaient été abondantes, et que la remise ait eu lieu pour la dernière qui venait d'être stérile. Dans ce cas alors, il y aurait vraie donation, et le propriétaire, connaissant l'abondance des premières années , ne pourrait révoquer la remise : « *Si novissimus erit annus sterilis in quo ei remiserit, et si superiores uberes fuerunt , et scit locator, non debere eum ad computationem vocari* » (l. 15, § 4, D., in fine, *loc.*).

Il fallait *aussi que les fruits fussent adhérents au sol* , car alors seulement ils font partie du fonds: « *Fructus quandiu solo cohærent, fundi sunt* » (l. 61, § 8, D., *de furt.*). Aussitôt qu'ils sont perçus, ils deviennent la propriété du fermier : « *Et quoniam perceptione facti sunt conductoris, ejus periculo sunt,* » disait très-bien le président Favre.

Enfin aucune clause spéciale ne devait avoir mis les cas fortuits à la charge du fermier : « *Si quis fundum locaverit, ut etiam si quid vi majore accidisset, hoc ei præstaretur, pacto standum esse* » (l. 9, § 2, *de loc.*). Cette clause était même fréquente dans la pratique ; car Alexandre Sévère, dans un rescrit, semble s'étonner qu'elle n'ait pas été insérée dans le bail d'un certain fermier Hyginus qui le consultait à cet égard, suivant la coutume de son pays : « *Si tamen expressum non est in locatione (ut mos regionis postulabat)* » (l. 8, C., *de loc.*).

Si la stérilité donne lieu à une remise de fermage, les bénéfices, eux, quels qu'ils soient, ne donnent jamais lieu à une augmentation. Telle est la disposition formelle de Gaïus (l. 25, § 6, *de loc.*): « *Colonus cui immodicum damnum non aufertur.* » Malgré le texte cependant, cette idée a été combattue par d'anciens commentateurs, entre autres Accurse, Sébastien Médicis, Bartole. Ce dernier pliait même le texte à son explication, prétendant que la particule *im* avait tantôt un sens négatif, tantot un sens augmentatif, et que là on pouvait lire comme s'il y avait *valde modicum*. Une pareille interprétation est puérile ; mais l'idée n'est pas plus soutenable au point de vue rationnel qu'au point de vue juridique. En effet, le louage, quand bien même il soit un contrat commutatif, n'exige pas une égalité mathématique, toujours constante pendant sa durée. D'ailleurs, qu'a promis le locateur ? faire jouir le fermier : « *Re uti licere, re frui licere ?* » Or, le fermier qu'a-t-il fait, sinon jouir et profiter des bénéfices naturellement attachés à la jouissance ? Il n'y a là renversé aucun des éléments servant de base au contrat : « *Conductor habet per se contractum, et ex contractu jus percipiendorum fructuum quanticunque sint, nec aliter fuerat contracturus,* » disait très-bien Paul de Castres. Au contraire, quand des pertes très-considérables affectent la jouissance du fermier, une base du contrat se trouve renversée ; car le locateur, qui avait promis de faire jouir, reste au-dessous de ses engagements : il n'y a plus de jouissance quand les produits sont taris dans leur source.

Dans l'obligation imposée au *locateur* de fournir une jouissance complète, nous pouvons faire rentrer le paiement des impôts et de toutes les charges réelles ordinaires et extraordinaires qui frappent la propriété en elle-même. Ces charges doivent, en effet, être acquittées par le bailleur (l. 2, C., *de ann. et trib.*; l. 1, D., *de via public.*). On peut aussi y faire rentrer l'obligation de rembourser les impenses nécessaires. Le locateur était tenu de les faire, et si quelqu'un les a faites pour lui, il n'est que justice de lui en tenir compte. D'ailleurs, si elles pouvaient être enlevées sans dégradation, le preneur aurait le droit de le faire : c'est ce que dit formellement la loi 55, D., *loc.* En ce qui concerne les dépenses utiles et voluptuaires, ce droit d'enlèvement existe aussi. C'est ce qui résulte encore de la loi 55, qui vise les impenses utiles comme les impenses nécessaires, et du texte encore plus général de la loi 19, § 4, D., *loc.*: « *In conducto fundo, si conductor opera aliquid necessario vel utiliter auxerit, vel ædificaverit, vel instituerit, cum id non convenisset, ad recipienda ea quæ impendit, ex conducto cum domino fundi experiri potest* » (l. 55, D., *loc.*). — « *Si ostium vel quædam alia ædificio inquilinus adjecerit, Labeo scripsit competere ex conducto actionem ut ei tollere liceat,* » en donnant caution, ajoute le texte, de ne rien abîmer et de remettre les lieux dans leur état primitif (l. 19, § 4, D., *loc.*).

Cette permission d'enlever ce dont il a enrichi le fonds trace encore une différence entre l'usufruitier et le colon ; le premier, en effet, ainsi que l'*habitator*, se voit refuser ce droit par deux lois positives (l. 19, D., *de rei vindic.* ; l. 15, *de usuf.*) ; et cette différence, bien que son équité ait été contestée par Cujas, nous paraît très-facile à justifier. Le louage en effet étant un contrat de bonne foi, chacune des parties peut réclamer à l'autre ce que commande l'équité, tandis que l'usufruitier et l'*habitator*, n'ayant qu'un droit réel, ne peuvent rien demander au nu propriétaire qui n'a contracté vis-à-vis d'eux aucune obligation. Ainsi se concilient très-bien les textes divers que nous avons cités.

Mais que décider si les améliorations faites n'étaient pas susceptibles d'enlèvement ? le preneur pourrait-il demander une indemnité au locateur ? Quelques auteurs l'ont prétendu, surtout pour les dépenses utiles ; mais la loi 55, qu'on invoque à cet égard, ne parle que du retrait ; elle donne action pour reprendre, *ad recipienda*, nullement pour se faire rembourser. La loi 61, D., *loc.*, dont on voudrait aussi tirer argument, n'en fournit pas non plus, à notre avis. Elle se place dans une hypothèse toute spéciale : « Un colon a planté des vignes sans y être obligé ; puis le propriétaire, à cause de ce produit nouveau, augmente le canon, et il congédie le colon en exigeant de lui ce fermage ainsi augmenté. Alors celui-ci demande, en retour de cette augmentation de prix, l'indemnité des dépenses qu'il a faites pour la plantation de la vigne. Scœvola décide alors que l'indemnité ne peut être refusée. » Il y a loin de là, nous le voyons, à une action accordée en général pour toute dépense utile. Nous croyons donc qu'en thèse ordinaire, le preneur n'a rien à réclamer. On peut très-bien supposer, et avec raison, qu'il a fait don à l'immeuble des additions qu'il savait ne pouvoir en détacher.

NATURE DES OBLIGATIONS DU BAILLEUR, ET DE L'ACTION
QUI EN RÉSULTE.

Après les explications que nous venons de donner sur les obligations du *locateur* et l'action qui permet au fermier d'en poursuivre l'exécution, disons, pour terminer, quelle est la nature de cette action et, partant, la nature des obligations qu'elle sanctionne.

Cette action est de *bonne foi*, embrassant par conséquent dans sa formule non-seulement les clauses rigoureusement prévues, mais encore tout ce que l'équité peut y faire entrer. Elle est personnelle puisque, pour arriver à sa réalisation, il faut s'adresser à un individu déterminé, astreint, *ad aliquid faciendum*, ce qui est le caractère du droit personnel. Enfin elle se donne aussi bien contre les héritiers que contre le locateur lui-même. Mais se donne-t-elle contre chacun pour le tout ? chacun, au contraire, n'en n'est-il tenu que pour une part déterminée ? en d'autres termes, l'obligation du locateur est-elle divisible ou indivisible ? Grave question qui a soulevé des controverses nombreuses. Nous savons ce qu'on entend par obligation *indivisible*. Il y en a deux classes : les unes dont l'objet n'est pas susceptible de division soit matérielle, soit intellectuelle, indivisibilité *natura* ; les autres, dont l'objet, quoique susceptible de *division*, ne peut cependant être presté que tout à la fois : « *Quædam præstationem partium non recipiunt... quædam partis quidem dationem natura recipiunt, sed nisi tota dantur stipulationi satis non fit* » (l. 2, § 1, D., *de verb. oblig.*). Les obligations du locateur rentrent-elles dans cette catégorie ? il faut d'abord distinguer les différents chefs d'obligation.

Pour celle de livrer, il semble bien que rien ne s'oppose à ce qu'elle soit exécutée partiellement. Cependant, nous trouvons un texte disant formellement le contraire, et imposant son indivisibilité, au moins quant au paiement, *quoad solutionem* (l. 72, D., *de verb. oblig.*). Après avoir en effet indiqué certaines obligations indivisibles, il ajoute : *ut puta fundum tradi.* Cependant nous reconnaîtrons malgré cela, en général, à l'obligation de livrer le caractère de divisibilité ; et, sans examiner les dix-sept opinions citées par Dumoulin à cet égard, nous dirons avec lui qu'il s'agit ici d'une livraison avec des circonstances qui rendent l'obligation *indivisible :* par exemple, si, voulant bâtir, je conviens avec mon voisin qu'il me livrera sa pièce pour servir de chantier : cette fin, en effet, rend l'obligation insusceptible de division partielle (*Tract. de div. et indiv.*, p. 2, n⁰ˢ 278 à 359).

Quid maintenant quant à l'obligation de garantie ? C'est le cas le plus grave. Il n'y a rien, dans le Digeste et dans le Code, de spécial à cet égard pour le louage ; mais on peut et on doit y appliquer ce qui est dit pour la vente, puisque c'est la même nature d'obligations. Or, qu'est-il dit pour la vente ? Il semble résulter tout d'abord de l'examen des textes qu'il y a une grande différence entre l'action et l'exception. L'exception serait divisible, et l'action indivisible. Nous lisons en effet dans la loi 14 (C., *de rei vindic.*) : « *Cum a matre domum filii, te sciente, comparasse proponas, adversus eum dominium vindicantem, si matri non successit, nulla te exceptione tueri potes. Quod si venditricis obtinet hereditatem, doli mali exceptione, pro qua portione ad eum hereditas pertinet, uti non prohiberis.* » Le texte est clair. Passons maintenant à l'action, et les lois se pressent pour dire le contraire : « *Si ei qui mihi vendidit, plures heredes exstiterunt, una de evictione obligatio est, omnibusque denunciari et omnes defendere debent* » (l. 69, D., *de evict.*). — « *Venditoris heredes in solidum omnes conveniendi sunt, omnesque debent sustinere, et quolibet eorum defugiente cæteris sustinere, nihil prodest, quia in solidum defendenda est venditio* » (l. 139, D., *de verb. oblig.*). Enfin Paul, parlant de l'obligation de garantie, dit : « *Aliud quod solidum petendum est, licet in solutionem admittat secutionem* » (l. 85, § 6, *de verb. oblig.*).

N'y a-t-il pas un défaut de logique dans ces décisions opposées ? Pourquoi, si l'obligation de garantie est divisible quand elle est opposée à l'héritier par voie d'exception, n'est-elle pas aussi divisible quand elle est demandée par voie d'action ? L'exception, qu'est-ce donc autre chose que l'action de garantie intentée avant la réalisation de l'exception ? Quelques auteurs, notamment Dumoulin, acceptaient cette contradiction, qui, dans la pratique, produisait peu d'effets désastreux pour l'héritier, l'action se transformant la plupart du temps en dommages-intérêts, et devenant *divisible*. D'autres, choqués de ce défaut de logique, voulaient concilier les textes. On avait essayé de dire que les deux étaient indivisibles, action et exception ; et alors, pour expliquer la loi 14, C., *de rei vind.*, on prétendait qu'il ne s'agissait là que d'une décision d'espèce, que l'acquéreur connaissait le vice de son acquisition ; il était facile de répondre que cette circonstance était indifférente, et ne pouvait rendre divisible une obligation indivisible. Enfin d'autres laissaient à ce texte sa signification propre, et corrigeaient, expliquaient ceux relatifs à l'action, pour les faire cadrer avec lui. C'est l'opinion qui nous paraît la meilleure. En effet, supposons qu'il n'y ait qu'un héritier, le preneur est évincé d'une partie de la chose : peut-il agir en garantie pour le tout ? Non, répond la loi 1, D., *de evict.* : « *Cum pars evincatur, si quidem pro indiviso evincatur, regressum habet pro quantitate evictæ partis ; quod si certus locus sit evictus, non pro indiviso portio fundi, pro bonitate loci erit regressus* ». Eh bien ! si nous supposons le preneur menacé d'une éviction totale, et que par une transaction le locateur obtienne du tiers évinçant l'abandon de la moitié de ses prétentions, le preneur ne pourra pas agir pour le tout, puisqu'il ne souffre l'éviction que pour moitié. Voici donc l'obligation de garantie partiellement exécutée.

Il y a plus ! quel est l'effet caractéristique essentiel de l'indivisibilité ? c'est de permettre au créancier de demander à un seul débiteur l'exécution totale. Or ici les textes ne permettent pas cela : il faut qu'il les mette tous en cause : « *In solidum omnes conveniendi sunt* » (l. 139, *de verb. oblig.*). — « *Omnibus denunciari et omnes defendere debent* » (l. 62, *de evic.*). Ajoutons encore que Paul, quand il définit les obligations indivisibles, ne parle pas de l'obligation de garantie (l. 2, § 1, D., *de verb. oblig.*). Ce n'est que plus tard, quand il se préoccupe de l'exécution des obligations (l. 85, *eod. tit.*), qu'il range dans une catégorie à part l'obligation de garantie avec l'obligation avec clause pénale, en ayant bien soin de reconnaître la possibilité de leur exécution partielle, quoiqu'il permette de les demander *in solidum* : « *Quod solidum petendum est, licet in solutionem admittat secutionem.* » Comment expliquer maintenant cette indivisibilité apparente ? C'est, à notre avis, un effet de la clause pénale et non de l'obligation de garantie. En effet, dans les textes relatifs à la vente que nous avons parcourus, il n'est question que de la *stipulatio duplæ*, autrement dit la stipulation d'une clause pénale en fait d'éviction. Or la clause pénale rendait l'obligation divisible indivisible, en ce sens que la peine était encourue si l'exécution de l'obligation ne se faisait qu'en partie : d'où la conséquence que chaque débiteur devait l'exécuter pour le tout, s'il voulait éviter la peine ; mais ce n'était nullement là l'effet de l'obligation de garantie. Sous le droit prétorien, les effets rigoureux attachés à la clause pénale se modifièrent. On accorda l'*exceptio doli mali* contre les créanciers envers qui l'obligation avait été exécutée. Les effets de l'indivisibilité de la clause pénale finirent même par disparaître, et, dans la *duplæ stipulatio*, le seul vestige de l'ancien droit qui aurait survécu était cette règle : La vente doit être défendue pour le tout : « *In solidum defendenda est venditio.* » Nous avons déjà fait remarquer, ce qui vient à l'appui de cette thèse, que l'obligation de garantie est mise à côté de l'obligation, avec clause pénale, dans une clause à part. En dehors donc de la clause pénale, l'action de garantie, à moins de convention contraire, reste parfaitement divisible.

SECTION II.

OBLIGATIONS DU FERMIER SANCTIONNÉES PAR L'*actio locati*.

En échange de la jouissance qu'il reçoit du propriétaire, le fermier se soumet de son côté à des obligations envers lui : il doit *payer le prix convenu*, jouir *de la chose* en bon père de famille, et la *restituer* à la fin du bail dans l'état où il l'a prise.

Payer les fermages. C'est là l'obligation principale, essentielle. Il doit le faire aussitôt que le terme fixé est échu. Il pourrait même y être contraint auparavant si, sans cause, sans motifs plausibles, il avait abandonné la chose louée : « *Si fundus in quinquennium pensionibus locatus sit, potest dominus, si deseruerit fundi culturam colonus, cum eo statim agere* » (l. 24, § 2, D., loc.) ; et à dater du jour de la demeure, comme dans tout contrat de bonne foi, les intérêts s'ajouteraient de plein droit à la somme échue, sauf, bien entendu, les conventions contraires formées à cet égard. Ce n'est pas, du reste, le fermier seul qui peut être poursuivi par l'*actio locati* : en cas de sous-location, ce qui est, nous le savons, parfaitement permis (l. 6, loc.), le sous-fermier devient directement l'obligé du bailleur primitif jusqu'à concurrence de la somme due par son cédant immédiat, le surplus, bien entendu, restant le bénéfice de celui-ci (l. 15, § 5, D., de pig. act.). Mais n'est-ce pas contraire aux principes juridiques de voir le propriétaire profiter ainsi d'une convention dans laquelle il n'a pas été partie ? Non, car il faut dire avec Ulpien : ce n'est pas du pacte fait par le fermier principal que profite le propriétaire, mais de celui qu'il a fait lui-même, en vertu de la convention tacite qui est censée intervenue à cet égard, cette convention résultant de l'occupation des lieux par le sous-fermier, et de l'acquiescement donné par le propriétaire à cette occupation : « *Videtur tacite et cum domino hoc convenisse ut non pactio proficiat domino, sed sua propria* » (l. 15, § 5, D, *de pig. act.*, déjà citée).

Le paiement doit être fait au bailleur lui-même, et Papinien l'annule quand il est fait au possesseur de mauvaise foi. Le preneur a été trop imprudent de ne pas payer à celui avec lequel il avait contracté (l. 55, D., *de cond. ind.*). Ce paiement, croyons-nous aussi avec M. Molitor (*Oblig.*, p. 661), doit être fait au domicile du locateur, bien qu'en général, à défaut de convention, il s'effectue au domicile du débiteur. Il induit cette exception de la loi autorisant le locateur à faire résilier le bail après un retard de deux ans.

Jouir en bon père de famille. Le fermier, tout en payant son prix, n'a pas sur la chose un droit absolu, et ne peut pas s'y comporter à sa guise. Les textes l'obligent à donner des soins au fonds loué. Ainsi il ne doit pas épuiser les terres en obtenant d'elles des produits forcés ; il doit les faire cultiver en temps opportun, soigner les animaux, entretenir les édifices, les clôtures, se conformer à toutes les clauses particulières du bail : « *Conductor omnia secundum legem conductionis facere debet ; et ante omnia colonus curare debet ut opera rustica suo quoque tempore faciat, ne intempestiva cultura fundum deteriorem faciat ; præterea villarum curam agere debet, ut eas incorruptas habeat* » (loi 25, § 3, D., *loc.*). Mais jusqu'à quel point s'étendait sa responsabilité ? quelle diligence devait-il montrer ? de quelle faute était-il tenu ? Dans tous les cas, le preneur n'est jamais tenu de la faute très-légère. Même pour ceux qui admettent ce degré extrême de diligence, basé sur la diligence de l'homme le plus soi-

gneux qu'il soit possible. de trouver, en faisant trois catégories de diligence et trois catégories de faute, elle est bannie
du louage des choses. Il y a bien, à la vérité, deux textes par
lesquels, au premier abord, cette décision semblerait être
contrariée, notamment par la loi 25, § 7, D., *loc.*, où il est
dit : « *Culpa abest, si omnia facta sunt quæ diligentissimus
quisque observaturus fuisset ;* » puis aux Instituts (liv. III,
loc., § 5) : « *Custodia talis desideratur qualem diligentissimus
paterfamilias suis rebus exhibet.* » Mais, pour le Digeste, il
s'agissait d'un cas tout spécial. Il est question d'un louage
d'industrie, et, si le texte va jusqu'à imputer la faute très-
légère, il s'agit d'un individu faisant métier de transporter
des marchandises casuelles, et de qui on pouvait exiger une
diligence très-exacte. Quant aux *Instituts*, on fait remarquer que souvent, dans la législation romaine, le superlatif
s'emploie pour le positif. D'ailleurs, au besoin, les textes se
presseraient en foule pour contredire ces deux-là et ne punir
que la simple faute, *culpa*, n'exiger que la *diligentia* ordinaire, aussi bien ceux qui parlent de la théorie des fautes en
général que ceux qui sont spéciaux au titre *locati* (l. 23, *de
reg. juris* ; l. 5, § 2, com. *vel cont.*, D.; l. 0, § 3, D., *loc.*, 11,
§ 3, 13 ; § 1, 31, idem). Mais tous les auteurs admettent aussi
qu'il faut, pour s'affranchir de la responsabilité, une diligence
plus grande que celle apportée d'ordinaire à ses affaires, si
on a l'habitude de ne guère les soigner ; on prend pour type
le bon père de famille, l'homme habile dont Alfenus a dit :
« *Eam diligentiam quam debent homines frugi et diligentes
præstare* » (l. 2, D., *peric. et comm. rei venditæ*), et dont Cicéron disait de son côté : « *Diligentiam quæ intelligitur in
solo esse sapiente.* » Il serait donc tenu, pour me servir de
l'expression des commentateurs, de la *culpa levis in abstracto*,
qu'elle résultât d'un acte ou d'une omission, *vel faciendo vel
omittendo.*

Cependant la question peut devenir plus délicate quand
l'*actio locati* se trouve en concours avec l'action résultant de
la loi *Aquilia.* Cette loi, on le sait, s'applique quand il y a

dommage causé par un corps à un corps, *corpus corpore
læsum :* en cas d'incendie, par exemple, pour rentrer dans le
sujet qui nous occupe. Or, quand ces deux actions concourent, les lois permettent au locateur de choisir celle qui lui
convient (l. 25, § 5, D., *loc.*; l. 8, § 1, D., *ad leg. Aquil.*), et
la loi *Aquilia* punit la faute très-légère : « *In lege Aquilia et
levissima culpa venit,* » dit Ulpien (l. 44, D., *ad leg. Aquil.*).
Donc, si la faute très-légère échappe à l'action *locati,* elle revient par l'action de la loi *Aquilia,* au moins quand il s'agit
de la faute *in faciendo,* la seule qui tombe sous le coup de
cette loi. Cette conclusion n'est pas juste. Sans doute, l'action
Aquilienne concourait souvent avec l'*actio locati;* et comme
elle donnait, pour l'estimation des dommages-intérêts, des
règles plus sévères, le locateur était parfaitement libre de la
préférer, puisqu'il y trouvait son avantage ; mais pour cela, il
fallait que l'action *Aquilienne* prît naissance ; et quand la
convention voulait que le débiteur demeurât irresponsable,
quand elle s'opposait à une action en justice, parce que, tout
mûrement posé, il n'y avait pas faute imputable, impossible
d'admettre que l'action *Aquilienne* brisât ce résultat : il n'y
avait pas faute contractuelle, il n'y avait pas non plus faute
Aquilienne, il n'y avait faute d'aucune sorte. Et la preuve de
cela, la loi 27, § 20, D., *ad leg. Aquil.,* la fournit. Ulpien décide
en effet ponctuellement que la stipulation insérée dans un
contrat de louage pour régler la prestation des fautes et
décharger le débiteur de la responsabilité légale influe aussi
bien sur l'action *Aquilienne* que sur l'action *locati,* et ici,
dans notre cas, la loi tacite du contrat affranchit le débiteur,
le preneur, de la faute très-légère ; or, agissant dans ces
limites, le preneur aura agi d'après son droit, et, quand on
avait agi en vertu de son droit, la loi *Aquilia* n'avait plus
aucune efficacité : « *Injuriam hic accipere nos oportet, quod
non jure factum est, hoc est contra jus* » (l. 5, §1, D., *ad leg.
Aquiliam*).

Les cas fortuits, bien entendu, pas plus que la faute très-
légère, ne retombaient sur le preneur : « *In judicio tam locati*

quam conducti, dolum et custodiam, non etiam casum cui resisti non potest, venire constat » (l. 28, O., *loc.*), et encore ne faudrait-il pas que ces cas fortuits fussent la conséquence d'une faute précédemment commise. Dans ce cas alors il serait responsable. Ainsi, s'il ne répondait pas, par exemple, de l'incendie causé par le feu du ciel ou par une main étrangère, il en serait au contraire tenu s'il avait laissé dans ses bâtiments, malgré la défense qui lui en avait été faite, une matière inflammable, et que cette matière ait pris feu même par hasard. Il ne devait, en effet, avoir aucun feu. « *Ignem ne habeto* », lui avait-on fait promettre, et le seul fait d'en avoir eu constitue la négligence qu'il doit réparer (l. 2, § 1, D., *loc.*) : « *Si hoc in locatione convenit, ignem ne habeto et habuit, tenebitur, etiamsi fortuitos casus admisit incendium, quia non debuit ignem habere.* » Si, au contraire, on lui avait permis d'avoir un feu qui ne fût pas dangereux, *innocens ignis*, il ne deviendrait responsable que si, par imprudence, il lui avait occasionné ce caractère : « *Si lege locationis ut innocentem ignem habeant denunciatum sit, si quidem fortuitos casus incendii causam intulerit, non præstabit periculum locator; si vero culpa locatoris quam præstare necesse est, damnum fecerit, tenebitur* » (l. 0, § 3, D., *loc.*).

Le fermier n'était pas à l'abri de reproche en s'abstenant de commettre des détériorations. Son obligation allait plus loin : il devait empêcher les tiers d'en commettre : « *Prospicere debet conductor ne aliquo vel jus rei, vel corpus deterius faciat vel fieri patiatur* » (l. 2, § 2, D., *loc.*). Cependant, à en croire Julien (l. 10, D., *com.*), ce serait assez d'être garant de sa propre faute. La surveillance la plus exacte ne peut empêcher que d'autres nous fassent tort : « *Qua enim cura aut diligentia consequi possumus, ne aliquis damnum nobis injuria det.* » Mais Ulpien, d'après l'avis de Marcellus, réfute très-bien cette opinion, que le simple bon sens réfute d'ailleurs lui-même. Il y a des cas nombreux, en effet, où l'on peut éviter le dommage d'autrui, et alors, si le preneur ne le fait pas, la justice dit qu'il doit être responsable ; mais si réellement il a été dans l'impossibilité de le faire, alors qu'il soit déchargé. C'est d'après cette distinction qu'il faut régler l'affaire, et, partant de cette théorie, Ulpien décidait avec beaucoup de raison qu'un fermier qui s'était enfui à l'approche d'une armée, et dont la ferme avait été dévastée par les soldats, était tenu de l'*actio locati* s'il était prouvé qu'il aurait pu, en avertissant le locateur, en résistant aux soldats, empêcher le dommage qu'ils avaient causé (l. 13, § 7, D., *loc.*). Gaïus allait même jusqu'à rendre le fermier responsable des dégradations commises par ses ennemis particuliers dans le but de lui faire du tort (l. 25, §2, D., *loc.*) : il était coupable, en effet, d'avoir par sa conduite attiré sur lui la haine et la vengeance d'autrui.

Si la surveillance du fermier doit s'étendre jusqu'aux faits des étrangers, jusque même sur ses propres passions, pour ne pas attirer la haine de voisins malicieux, il ne faut pas s'étonner qu'elle dut être rigoureusement exercée sur les personnes de sa maison, telles que ses enfants, ses esclaves, ses hôtes. Et Ulpien décide même, d'après Pomponius, que le seul fait d'avoir admis dans sa maison ceux qui avaient commis le fait dommageable était une faute dont il était tenu. Mais cette responsabilité, jusqu'où s'étendait-elle ? Était-il tenu personnellement, ou suffisait-il qu'il abandonnât noxalement ses esclaves, qu'il cédât ses actions contre ceux qu'il avait admis chez lui ? Si le fermier n'est pas en faute, s'il a des excuses à présenter, il peut faire cesser les poursuites du *locator* en faisant l'abandon noxal, ou en cédant ses actions, « *si culpa colonus careret* » (l. 27, § 11, D., *ad leg. Aq.*). Au contraire, « *si culpam in inducendis admittit* » (l. 11, D., *loc.*), il est personnellement responsable.

Si le fermier avait eu l'imprudence de souscrire à cette clause, « qu'il promettait d'empêcher toute dégradation de la part des tiers, il était responsable même des dégradations auxquelles il n'avait pu s'opposer : c'était à lui à garder le fonds de manière à écarter tout malfaiteur (l. 20, D., *loc.*).

Restituer la chose louée. Enfin, la dernière obligation du

fermier était de restituer la chose louée, et il devait le faire
même quand il élèverait des prétentions sur la propriété,
sauf, la restitution opérée, à revendiquer, s'il croyait en avoir
le droit : « *Si quis conductionis titulo agrum vel aliam quam-*
que rem accepit, possessionem prius restituere debet, et tunc
de proprietate litigare » (l. 25, C., *loc.*). Il ne peut que la retenir pour impenses nécessaires (l. 55, §1, D., *loc.*; l. 18, § 4,
de pign. act.), et si, sans un juste motif, il refusait de la restituer, il serait considéré comme spoliateur, et condamné à
payer la valeur de la chose, tout en opérant la restitution
(l. 34, C., *loc.*).

Mais si, comme il arrivait fréquemment, le *locator* avait
vendu au moment du bail l'attirail destiné à l'exploitation de
la ferme, et même si l'estimation en avait été faite, ce qui,
comme pour la dot, valait vente (l. 3, D., *loc.*), le fermier
n'avait qu'à payer le prix et n'était pas tenu à la restitution
à la fin du bail. Il aurait été également dispensé de restituer
si quelque événement de force majeure avait détruit la chose :
« *Debitor certæ rei fortuito casu liberatur.* » C'eût été à lui,
bien entendu, de prouver le fait et d'établir sa non-responsa-
bilité. Il avait promis une *diligence spéciale :* c'est à lui de
montrer qu'il a satisfait à son obligation. S'il s'agissait de
dol, il en serait différemment : on devrait l'établir contre lui,
car le dol ne se présume jamais.

ACTIONS AUTRES QUE L'ACTION *locati* APPARTENANT AU BAILLEUR.

Tels étaient donc les cas pour lesquels le *locator* était libre
d'exercer son action *locati*, action personnelle par laquelle il
pouvait contraindre le fermier à l'exécution de ses obligations ;
mais s'il n'avait eu en main que cette simple action, son recours eût été souvent illusoire. C'était en effet, paraît-il, tous
les auteurs s'accordent à le dire, une classe plus riche en
misère qu'en argent, que celle des fermiers, et dont la clientèle se composait généralement de nombreux créanciers. Il

était donc prudent au bailleur de prendre des garanties pour assurer ses droits. Quelquefois le fermier offrait des fidéjusseurs. S'il n'en trouvait pas, il donnait des gages. Mais ici une difficulté se présentait : pour constituer un gage, la dépossession du débiteur était exigée, et ces objets dont il fallait se dépouiller, il en avait presque toujours un besoin urgent pour ses travaux agricoles.

Un préteur Servius, dont on ne connaît pas bien au juste la date précise de l'existence, mais qu'on a tout lieu de supposer contemporain de Cicéron, remédia à cette situation, en permettant au fermier de garder par-devers lui, tout en les grevant de droits réels, les objets qui garnissaient sa ferme ; et, pour éviter l'inconvénient du déplacement, il accorda au bailleur une action, l'action *Servienne*, qui lui permettait de saisir même chez des tiers les objets ainsi affectés à son profit. Plus tard, la loi affecta de la sorte, sans convention, au paiement des fermages et à l'exécution du bail, les fruits provenant du fonds affermé : « *In prædiis rusticis fructus qui ibi nascuntur, tacite intelliguntur pignori esse domino fundi locati, etiamsi nominatim id non convenerit* » (l. 7, D., *inquil. caus. pig.*). Quant aux autres objets apportés dans la ferme, une convention était indispensable pour les grever d'hypothèque. C'était une différence avec les baux de maison, où les meubles du locataire se trouvaient affectés de plein droit par la seule force de la loi.

Indépendamment de l'action Servienne, les lois accordaient encore au *locator* la ressource d'un interdit : l'interdit *Salvien*, dont le texte ne nous est pas parvenu, mais que nous savons appartenir à la classe des interdits *adipiscendæ possessionis*, c'est-à-dire destinés à faire obtenir une possession qu'on n'avait jamais eue. La question de savoir quel était l'avantage de cet interdit a été le sujet d'une grande controverse. Selon M. de Savigny, il aurait été le principe de l'action Servienne : c'était par là que le Préteur se serait risqué à faire le premier pas pour corriger la loi et protéger le locateur, et, une fois seulement l'utilité de cette pratique démontrée par l'expérience , il l'aurait convertie en règle fixe. Cette interprétation, ingénieuse peut-être, tombe devant une simple réflexion. Si l'interdit avait été le principe de l'action, il aurait dû disparaître, aussitôt l'action introduite , comme le germe devant le fruit ; les textes nous montrent, au contraire, leur existence simultanée. D'autres, comme M. Ducaurroy , prétendent que l'interdit *Salvien* a été établi postérieurement à l'action Servienne, comme une espèce de compensation , quand cette action,qui n'appartenait d'abord qu'au *locator*, fut étendue à tous les créanciers hypothécaires. Quand les meubles du fermier avaient été hypothéqués à plusieurs, le *locator* l'employait , et en se faisant attribuer la possession, jouait dans l'action Servienne le rôle de défendeur. Enfin, M. Demangeat (t. II, p. 682) , et nous inclinerions à cette solution, admet bien que l'interdit *Salvien* ait existé avant l'action Servienne ; mais il lui trouve encore une utilité particulière, après l'établissement de cette action , en ce que, pour triompher dans l'*interdit*, le bailleur n'a pas besoin de prouver que les objets apportés appartenaient au fermier , ou qu'ils ont été apportés avec le consentement du propriétaire , tandis que pour triompher dans l'action le bailleur est obligé de faire cette preuve.

Cet interdit, quoi qu'on en ait dit, n'était applicable qu'au locateur d'un fonds rural. En vain quelques auteurs ont-ils voulu prétendre que, comme l'action Servienne , il avait fini par s'étendre à tout créancier hypothécaire , en prenant le nom de *quasi-salvien*. Tous les textes ne parlent que du créancier et du propriétaire , et les autres créanciers n'ont pas un caractère assez favorable pour qu'on ait cru devoir les protéger par un interdit de cette nature.

Contre qui se donnait cet interdit ? contre le colon évidemment ; mais se donnait-il aussi contre les tiers ? sujet encore de discussion et de controverse. A en croire une constitution de l'empereur Gordien, il n'aurait pu être exercé contre d'autres que contre le fermier : « *Id enim tantummodo adversus conductorem debitoremve compelit* » (l. 1, C., de *prec. et salv.).* En conséquence, si les objets avaient passé dans les mains des tiers, le seul recours contre ces tiers était l'emploi de l'action Servienne ; mais on a tout lieu de croire que ce texte a été altéré. Théophile, dans sa paraphrase des Institutes, dit en effet formellement qu'on a l'*interdit* contre tout possesseur sans distinction, et l'opinion de Théophile, un des rédacteurs des Institutes, est ici d'un très-grand poids: Κατὰ παντὸς κατέχοντος τὰ τοῦ κολωνοῦ πράγματα κινηθήσεται Σαλβιανίων ἰντερδίκτον (liv. IV, ch. xv, § 0, *in fine).* Et cette assertion est d'accord avec d'autres textes, notamment avec un texte de Julien (liv. I, § 1, D., *de salv. inter.*) : « *Si colonus res in fundum duorum pignoris nomine intulerit, ita ut utrique in solidum obligatæ essent, singuli adversus extraneum Salviano interdicto recte experientur.* » Sans cela, du reste, cet interdit n'aurait pas une utilité sérieuse. Il n'y a donc pas à hésiter entre ces différents textes pour leur donner la préférence sur la constitution de Gordien. D'ailleurs, deux auteurs allemands, Zimmern et Huschke, soutenus en cela par M. Machelard, concilient cette dernière loi avec les autres : « Il s'agirait, dans l'espèce, d'un créancier autre que le *locator*, comme le prouve la mention de l'action utile Servienne ; et tout ce que voudrait dire Gordien, c'est que l'exercice de l'interdit Salvien suppose pour débiteur un *conductor* ; les mots *conductorem debitoremve* doivent s'entendre copulativement, de même que s'il était écrit *debitoremque* » (Machelard, *Interdits*, p. 117 et 118).

Enfin, avec l'action *locati*, avec l'action Servienne, le *locator* pouvait avoir fréquemment en mains d'autres actions pour se faire indemniser des dégâts commis sur la ferme. Ainsi l'action Aquilia lui était donnée contre le maître d'un esclave qui aurait incendié les bâtiments, les pailles de son domaine. De même, si des arbres du fonds avaient été coupés, le *locateur* aurait, outre l'action *locati* et l'action de la loi Aquilia, une action venant de la loi des Douze-Tables contre celui qui coupait les arbres furtivement, *actio arborum furtim cæsarum*, et enfin un interdit *quod vi aut clam.* Si le *colonus* avait soustrait

quelque chose, il serait aussi, outre l'action *locati*, passible de
la *condictio furtiva*.

Le *locator* qui avait à sa disposition toutes ces actions diverses était-il libre de les exercer cumulativement ? Il fallait,
à cet égard, distinguer les diverses classes d'actions. On en
connaissait trois sortes : les actions *persécutoires*, les actions
pénales et les actions *mixtes*, ayant pour but de faire obtenir
à la fois au demandeur la chose et une indemnité à titre de
peine. Parmi les actions persécutoires de la chose, une seule
pouvait être intentée, et son exercice par le *locateur* éteignait toutes les autres. C'est ce qui ressort de textes nombreux et formels (l. 34, § 1, D., *de oblig. et act.* : « *Si is cui
rem commodavero eam subripuerit, tenebitur quidem et com-
modati actione et condictione ; sed altera actio alteram pere-
mit aut ipso jure, aut per exceptionem.* » La loi 43, § 1, *de reg.
juris*, D., dit la même chose. *Quotiens concurrunt plures
actiones, ejusdem rei nomine una quis experiri debet.* » Les
actions mixtes elles-mêmes n'étaient plus données que pour
ce qu'elles contenaient au-delà de l'action déjà intentée : « *Si
ex causa furtiva condixero, cessabit pro socio actio, nisi si
pluris mea intersit* » (l. 47, D., *pro socio*). Quant aux actions
pénales, la question avait été très-longtemps discutée. Mo-
destin les assimilait aux actions persécutoires de la chose, et
pensait que l'exercice de l'une empêchait l'exercice de toutes
les autres (l. 53, D., *obl. et act.*). Paul au contraire les assimilait aux actions mixtes, et, quand l'une avait été intentée,
il ne donnait les autres que pour ce qu'elles contenaient de
plus que la première (l. 34, D., *obl. et act.*). Mais ces deux
principes furent abandonnés, et on décida, après beaucoup
d'hésitation, *post magnas varietates*, nous dit Hermogénien,
qu'on pourrait toutes les exercer cumulativement, et que jamais, à raison du même fait, l'une ne consumerait l'autre
(l. 82, D., *oblig. et act.*) : « *Cum ex uno delicto plures nascuntur actiones, sicut evenit cum arbores furtim cæsæ dicun-
tur, omnibus experiri permitti, post magnas varietates obli-
nuit,* » et de nombreux textes confirment cette décision,

entre autres (l. 180, D., *de reg. juris*, Inst. § 1, *si quando pauperie*), décision du reste excellente ; car, bien que le fait donnant lieu à ces actions soit matériellement un fait unique, ce fait a plusieurs faces, il enfreint plusieurs lois pénales, et renferme par conséquent plusieurs délits à chacun desquels s'applique une peine appropriée, objet d'une action spéciale qui ne fait pas double emploi avec les *autres*.

CHAPITRE III.

EXTINCTION DU CONTRAT DE LOUAGE. — TACITE RECONDUCTION.

Le louage finit à l'expiration du terme convenu, *impleto tempore conductionis*. C'est le mode de dissolution le plus régulier et le plus habituel. Une fois le délai expiré, à moins qu'il ne s'agisse d'un fermier des impôts ayant gagné dans sa gestion (hypothèse qui ne rentre pas dans le sujet dont nous nous occupons), il était expressément défendu au locateur de forcer le preneur à continuer son exploitation : « *Invitos conductores post tempora locationis impleta non esse retinendos sæpe rescriptum est* » (l. 11, C., *de loc.*), et le fermier qui ferait des résistances pour sortir serait condamné à une amende ; s'il restait sur le bien malgré le bailleur, et s'il empêchait de le relouer à un autre, il était même puni d'exil : « *Si privatus est, acriter cæsus exilii habeat pœnam ; si militat, decem librarum auri dispendio ferialur* » (l. 32, C., *loc.*). Il n'y avait d'exception que pour les terrains appartenant aux villes ; la loi donnait aux fermiers un droit de préférence pour les avoir aux mêmes conditions que d'autres en auraient offert (l. 4, C., *de loc. præd. civ.*).

Mais si, au su du propriétaire et sans opposition de sa part, le preneur demeurait en jouissance, il intervenait alors, par suite de cette tolérance, de cet agissement mutuel, un bail qui recevait le nom de *tacite reconduction* : « *Taciturnitate utrius-*

que partis colonus reconduxisse videtur » (l. 13, § 4, D., *loc.*). On comprend très-bien l'effet produit par ce silence en connaissance de cause. Le louage est un contrat consensuel, n'exigeant pour sa perfection, pour sa validité, ni écrit ni paroles : « *Hujusmodi contractus neque verba, neque scripturam utique desiderant, sed nudo consensu convalescunt* » (l. 14, D., *loc.*). Peu importe donc la façon dont le consentement est donné, pourvu qu'il soit certain. Remarquons-le bien cependant, ce n'est pas l'ancien bail qui continue, c'est un autre qui commence ; aussi exigeait-on la capacité des parties au moment de sa formation, et si le propriétaire était décédé ou tombé en démence, la reconduction deviendrait impossible : « *Si interim dominus furere cœperit, vel decesserit, fieri non posse* » (l. 14, D., *loc.*). Le bailleur ne peut pas être censé avoir consenti, puisque d'un côté il n'existe pas, et de l'autre il est privé d'intelligence, ce qui, pour contracter, est absolument comme si l'on n'existait pas.

La tacite reconduction n'a jamais lieu que pour un an, quand bien même le bail expiré eût été fait pour un plus long terme : « *In ipso anno quo tacuerunt videntur eamdem locationem renovasse, non etiam in sequentibus annis* » (l. 13, § 11, D., *loc.*). Ce texte nous apprend aussi que les conditions du premier bail continuaient à régir le second ; les sûretés données par le fermier étaient toujours, en vertu du consentement présumé des parties, affectées à l'exécution des obligations nouvelles ; les sûretés données par un étranger en étaient au contraire affranchies à la fin du bail ; l'étranger n'avait évidemment entendu s'engager que pour la durée de ce bail, et la convention nouvelle intervenue entre le locateur et le fermier ne pouvait être invoquée contre lui. Il faudrait de sa part un autre consentement : « *Hujus novus consensus erit necessarius* » (l. 13, § 11, D., *loc.*).

A cette cause d'extinction, les textes en ajoutent bien d'autres : d'abord la perte du fonds loué, si un fleuve ou un tremblement de terre le détruit complétement, si *ager terræ motu ita corruerit, ut nusquam sit, damno domini inesse*

(l. 15, § 2, D., *loc.*), événement assez rare ; *la résolution du droit du locateur*, événement beaucoup plus commun et que la loi assimile à la perte du fonds loué (l. 0, D., *loc.*). Ainsi un usufruitier a consenti un bail pour cinq ans ; puis il meurt avant ce délai : le bail est résilié, l'extinction de l'usufruit a rendu l'obligation du locateur impossible ; l'héritier n'est pas même tenu de dommages-intérêts envers le preneur, qui devait s'attendre à cette expulsion, et ne souffre dès lors aucun préjudice, pourvu toutefois que l'usufruitier n'ait pas trompé sur sa qualité. S'il l'eût fait, l'obligation subsisterait, et l'héritier qui ne pourrait la remplir serait passible de dommages-intérêts (l. 0, D., *loc.*).

Toutes les résolutions de droit ne sont pas cependant assimilées. C'est ainsi que le mari, propriétaire des biens dotaux pendant le mariage et qui les loue, ne voit pas restreindre ses obligations si, par l'effet du divorce, ces biens retournent à la femme qui les avait donnés ; la situation est bien différente de celle de l'usufruitier : l'usufruit porte inhérente à lui-même la cause qui un jour ou l'autre rendra la prestation promise impossible. La constitution de dot ne renferme pas au contraire cet élément de mort : c'est par un fait volontaire, postérieur, que le droit du locateur se trouve anéanti ; le preneur n'a pu le prévoir, et il ne doit pas en porter la conséquence. Le bail cessant en principe devrait donc subsister par les dommages-intérêts. Seulement la loi autorise le mari à ne restituer le bien qu'à la condition de l'engagement pris par la femme de respecter le bail passé, pourvu aussi qu'il fournisse caution de lui tenir compte chaque année des fermages (l. 25, § 4, D., *sol. mat.*).

L'aliénation a aussi pour effet de mettre fin au louage tant de la part du bailleur que de celle du preneur : « *Emptorem quidem fundi necesse non est stare colono, cui prior dominus locavit, nisi ea lege emit* », dit la célèbre loi 0, 0, *loc.* ; et ce qui est dit ici de la vente du fonds s'applique à toute espèce d'aliénation. Pour l'usufruit et pour le legs il y a un texte formel (l. 59, § 1, *de usufruct.* ; l. 120, § 2, D., *de leg.*

et fid.). Il faut dire la même chose pour la donation. Le fermier, de son côté, était libre de sortir : « *Negavit posse cogi colonum ut eum fundum coleret, quia nihil heredis interest* » (l. 32, D., *loc.*). Sur quoi se fondent ces deux droits ?

En ce qui concerne pour l'acquéreur le droit de renvoyer le preneur, Cujas en donne le motif dans cette courte observation : « *Hæc ratio est quia colonus non habet jus in re quam conduxit; legatarius vero, donatarius, fructuarius, emptor habent jus in re. Et merito igitur præferuntur colono* » (sur la loi 120, *Rép.* d'Ulp., liv. II). D'un autre côté, n'ayant pas contracté avec le preneur, et, comme simple ayant cause à titre particulier, n'étant pas astreint à exécuter les engagements qu'avait pu prendre son auteur, le *colonus* ne saurait en aucune façon l'empêcher d'exercer les droits réels qu'il peut avoir acquis sur le fonds. Mais alors, dit-on, si le *locator* peut ainsi se décharger de son obligation, que devient le principe de la force obligatoire des contrats ? Il est violé. Non, répond-on, ce principe n'est nullement violé. Le *locator* n'est pas déchargé de son obligation. L'action *conducti* est toujours réservée vis-à-vis de lui et de ses héritiers. Mais c'est à eux seulement que le preneur peut dire : « *Quem de evictione tenet actio, eumdem agentem repellit exceptio.* » Cette exception ne s'applique pas aux tiers. Alors, ajoute-t-on, le locateur transfère plus de droits qu'il n'en a ! Non encore, le *locateur* avait conservé la propriété et la possession; il ne transfère que cela. Si l'acquéreur se trouve dans une position plus avantageuse que le locateur, ce n'est pas qu'il ait plus de droits que lui; c'est seulement qu'il n'a pas contracté avec le preneur, et qu'en conséquence celui-ci ne peut lui opposer l'exception du contrat. Bien entendu, le preneur expulsé a droit à tous dommages-intérêts pour l'indemniser du préjudice causé; il pourrait même retenir le bien jusqu'au paiement de cette indemnité.

En ce qui concerne, pour le preneur, le droit de s'en aller, la loi 32, D., *loc.*, nous en donne le motif. Il peut dire au locateur :« Vous n'avez plus d'intérêt, » et à l'acheteur :« Je n'ai pas contracté avec vous ». D'ailleurs, si le successeur ne représente pas le bailleur dans ses obligations personnelles, il est juste qu'il ne le représente pas dans ses droits *in personam*.

Voilà la règle générale ; mais à côté de cette règle générale, il y a des exceptions. L'acquéreur est quelquefois obligé de respecter le bail ; et le preneur, de son côté, n'a quelquefois pas le droit de déguerpir.

Parlons d'abord du premier. L'obligation de respecter l'état présent de la propriété cédée résulte très-souvent de la clause imposée dans l'acte de transmission à celui qui acquiert : « *Nisi* (emptor) *ea lege emit. Verum si probetur aliquo pacto consensisse, ut in eadem conductione* (colonus) *maneat, quamvis sine scripto, bonæ fidei judicio, ei quod placuit parere cogetur* » (l. 9, C., *loc.*). Gaïus recommandait cette clause à tous les vendeurs (l. 25, D., *loc.*). Et contre la validité de cette convention, on ne pourrait opposer la règle de droit : « *Nec pasciscendo, nec legem discendo, nec stipulando quisquam alteri cavere potest* » (l. 73, § fin., *de reg. juris*). Car cette règle n'a lieu que lorsque je n'ai moi-même aucun intérêt à la chose ; mais lorsque j'y ai intérêt, la convention est valable : « *Si stipuler alii, quum mea interesset, ait Marcellus stipulationem valere* » (l. 38, § 20, D., *de verb. oblig.*). Or, le locateur qui vend son héritage a grand intérêt à ce que l'acheteur entretienne le bail, puisque sans cela il serait tenu des dommages-intérêts du fermier ; il peut donc valablement stipuler de l'acheteur l'entretien du bail, et l'acheteur s'oblige valablement par cette convention, directement envers son vendeur et indirectement envers le fermier.

Que dire de la convention passée entre le *locateur* et le preneur, le premier promettant au second de ne pas vendre ? Quel est l'effet de ce pacte *de non alienando* ? Annule-t-il la vente au moins en ce qu'il force l'acquéreur à respecter le bail ? Non, dit-on : même par ce pacte le locateur n'est dépouillé ni de la propriété ni de la possession, et il reste libre d'aliéner. Ce pacte, en effet, pas plus que le contrat de louage, ne confère de droit réel au preneur, et dès lors les droits de l'acheteur ne sauraient être diminués. Mais si ce pacte était en même temps muni d'une hypothèque sur la chose donnée en location, l'espèce ne changerait-elle pas ? L'acquéreur ne devrait-il pas respecter les droits du preneur ainsi garantis par le concours du pacte *de non alienando* et de l'hypothèque ? Oui, disent quelques auteurs, et ils invoquent à l'appui de cette opinion la loi 7, § 2, D., *de pign. et hyp.*, où il est dit « que si le créancier qui reçoit une hypothèque stipule que le débiteur ne vendra pas l'objet hypothéqué, ce pacte ainsi conclu entraîne la nullité de la vente future. » Et on comprend à merveille l'intérêt du créancier : le droit d'hypothèque étant assis sur le bien, le suivra à la vérité, partout où il ira ; mais, dans les mains où le créancier le saisirait, il peut se trouver des créanciers privilégiés. C'est afin d'empêcher ce concours, pour établir à son profit le *jus separationis*, qu'il a conclu semblable convention. Et pourquoi opère-t-il à l'égard des tiers, pourquoi entraîne-t-il la nullité de la vente ? La raison est toute simple : le pacte *de non alienando*, étant l'accessoire de l'hypothèque, reste imprégné de la substance du pacte principal, participe de sa nature, confère au créancier les mêmes avantages, et dès lors, comme lui, affecte la chose partout où elle passe. Le cas qui nous occupe n'est pas le même ; l'hypothèque ajoutée à une convention ne change pas la nature de cette convention ; elle ne confère pas un caractère réel au pacte *de non alienando* ; l'accessoire ne communique pas sa nature au principal. Tout ce que le preneur peut donc faire, c'est de poursuivre sur la chose louée ses dommages-intérêts.

Une seconde exception a lieu quand il s'agit de la vente des biens du fisc ; le tiers-acquéreur ne peut pas alors exercer son droit d'expulsion (1. 50, D., *de jure fisc.*). Dans toutes ces sortes de ventes, il existe un pacte sous-entendu qui oblige à respecter le bail ; la loi n'a pas voulu que le fisc se trouvât dans la nécessité de payer, du chef de l'expulsion, des dommages-intérêts à ses fermiers.

Le droit qu'a le preneur de déguerpir souffre aussi, avons-

nous dit, exception. Cette exception s'exerce quand le locateur a, dans l'acte d'aliénation, cédé ses actions. C'est du moins
l'opinion générale (Molitor, *Oblig.*, t. I, p. 601). On conteste
pourtant au nom de l'équité. L'un, dit-on, peut expulser : il
n'est pas juste que l'autre ne puisse abandonner les lieux
loués. Mais il est facile de montrer que la situation n'est
point inégale, comme on le prétend : le preneur expulsé peut,
en effet, recourir en dommages-intérêts vis-à-vis de son bailleur, par l'action *conducti;* or, le preneur peut quitter aux
mêmes conditions, en payant des dommages-intérêts au
cessionnaire.

Enfin, le louage n'existant que par des obligations réciproques, il est juste que si l'une des parties cesse d'exécuter
ses engagements, l'autre en soit également déchargée.

Ainsi la détérioration du fonds par une exploitation vi-
cieuse, l'abus de jouissance autrement dit, entraîne la résiliation. Ceci cependant a été contesté, du moins quand l'abus
n'est pas irrémédiable. Le preneur, a-t-on dit, n'est tenu que
de *la faute* ; par conséquent, s'il détériore, il doit seulement
payer des dommages-intérêts. Le bailleur a, du reste, le
droit de se faire donner caution pour les abus éventuels, s'il
allègue des motifs plausibles (l. 41, *de judic. et ubi quisque*,
D.). Sans doute ; mais la loi 3, C., *loc.*, n'apporte aucune limite
au droit d'expulsion : « *Si tu male in re locata versata es,* »
dit le texte. La question de savoir si l'abus est assez grave
est donc laissée à l'arbitrage du juge.

Une autre cause de résiliation est le non-paiement de la
merces. La loi exigeait pour cela un retard de deux ans (l. 54,
D.; l. 56, id., *loc.* Cette opinion toutefois, nous devons le dire,
n'est pas unanime ; quelques auteurs faisaient remarquer que
ces deux textes prévoyaient des cas spéciaux. Dans le premier,
il y avait stipulation expresse que l'expulsion ne serait pas
possible pendant le temps du bail ; dans le second, il s'agissait d'un locataire absent. En dehors donc de là, le bail pourrait être résolu, aussitôt qu'un retard serait arrivé dans le
paiement, en vertu du principe général de la loi 3, C., *loc.*

Mais nous n'admettons pas cette donnée. Les lois du Digeste forment la règle générale. La loi 3, C., *loc.*, n'étant qu'un rescrit, n'avait pas besoin de préciser; et puis d'ailleurs, sans doute, la loi 54 réglemente un cas spécial; mais la clause intervenue ne défendait pas d'expulser précisément pendant deux ans. Ce que l'on demandait à Paul était ceci : « On est convenu sous clause pénale de ne pas expulser : cette convention embrasse-t-elle le cas où l'on reste *deux ans* sans payer, c'est-à-dire efface-t-elle le droit commun sous ce rapport ? » Non, répondait Paul. Mais le droit commun était donc de n'expulser qu'après un retard de deux ans ?

Nous trouvons aussi dans la loi 3, C., *loc.*, la faculté laissée au propriétaire de résilier le contrat quand il veut lui-même habiter sa maison. Cette loi créant ce privilége exorbitant doit être restreinte au cas spécial qu'elle réglemente. On ne peut l'étendre aux baux à ferme. D'ailleurs, il y a une grande différence entre les deux situations. On éprouve bien plus de dommages à abandonner un domaine qu'à laisser une maison.

Le preneur, de son côté, peut quitter le fonds loué quand il est empêché de jouir. Ainsi, si le locateur ne fait pas les réparations nécessaires : « *Si ostias, fenestrasve nimium corruptas locator non restituat, quin liceat colono relinquere conductionem, nulla dubitatio est* » (l. 25, § 2, D., *loc.*), ou si quelque autre circonstance vient troubler sa jouissance, si par exemple des constructions ôtent le jour à sa maison : « *Si vicino ædificante, obscurentur lumina cænaculi* » (l. 25, *loc.*), ou si le fonds devient pestilentiel, ou si une cause majeure force à fuir. On doit toujours, par exemple, dans ce cas, dénoncer la chose au bailleur (l. 18, § 7, D., *loc.*).

Enfin, si on s'en rapportait à la loi 33, C., *loc.*, nous dirions que les deux parties avaient un an pour réfléchir et regretter leur marché : « *Hæc constitutio permittit utrique tam locatori quam conductori, ut liceat intra annum conductionem solvere tam in Italia quam in omnibus provinciis. Mais nous trouvons d'autre part la loi 55, § 2, D., *loc.*, disant formellement que celui qui, sans cause et sans motif plausible, a abandonnné le fonds avant l'expiration du bail, *« ad solvendas totius temporis pensiones ex conducto conveniri potest. »* Ceci paraît beaucoup plus juste, beaucoup plus rationnel, et on croit généralement que cette loi 33 est mal placée dans le Code, qu'elle n'appartient plus à la législation de Justinien.

Ni le décès du *locateur*, ni celui du *fermier* n'influent sur le louage. Les actions, comme nous le savons, passent aux héritiers et successeurs universels. Il n'y aurait qu'un seul cas où la mort pourrait être une cause de dissolution : c'est quand il a été dit dans le contrat : « La location est faite pour autant qu'on le voudra » : *« Localio ita facta, quoad is qui eam locasset, dediscere vellet, morte ejus qui locavit tollitur »* (l. 4, D., loc.). La volonté finit en effet à la mort : *« Voluntas finitur morte, »* disait très-bien le président Favre : *« Idcoque quod in alicujus voluntatem confertur, conditionem quamdam injicit, quæ volentis personam non egreditur »* (*Ration. sur la loi* 4, D., loc.).

II.

DU COLONAGE PARTIAIRE.

A côté du louage proprement dit, dont le prix soit en argent, soit en denrées, était fixé d'avance, il existait une autre sorte de *conduction* qui consistait à remettre un fonds garni de ses instruments aratoires à une personne *(politori)* qui le cultivait moyennant une part indéterminée de fruits. C'était le colonage partiaire, dont l'emploi paraît avoir été fréquent à Rome, vu la pauvreté très-grande de la classe des cultivateurs. Pline le pratiquait dans ses domaines, et, en nous apprenant cette particularité de sa vie domestique, il nous donne en même temps les motifs généraux qui devaient le faire adopter : « Les cinq dernières années, disait-il, mes fermiers sont demeurés fort en reste, malgré les grandes remises que je leur ai faites. Ils arrachent même et consument tout qui est déjà sur la terre, persuadés que ce ne serait pas pour eux qu'ils épargneraient. Il faut donc aller au-devant d'un désespoir qui augmente tous les jours, et y remédier. Le seul moyen de le faire, c'est de ne point affermer en argent, mais en partie de récolte à partager avec le fermier... » (l. IX, *epis.* 37). Mais à quelle classe de contrats appartenait ce mode de culture ? était-ce un louage, une société, un contrat innomé ? Cette question a vivement préoccupé les commentateurs. Bartole (sur la loi *Si merces*, § *Vis major*) y voyait une société véritable. Le maître du fonds, *dominus*, fournit la terre, *ponit terram;* le cultivateur donne ses soins, son industrie, *operas in fructibus quærendis.* On partage les produits. Ce sont bien là les éléments d'une société. Cujas (sur la loi 13, § 1, D., *de præscr. verb.*) disait de son côté : « *Non contrahitur locatio sed societas, nam locatio fit mercede, non partibus rei.* » Balde et le président Favre y voient un contrat innomé se rapprochant du louage : « *Contractus hic de colono partiario, licet non sit locatio, magnam tamen habet similitudinem et affinitatem cum locatione, majoremque quam societate quæ per solam lucri et damni communionem inducitur* » (sur la loi 25, § 6, D., *loc.* ; — *Rationn. ad Pandect.*).

Les jurisconsultes romains n'ont laissé aucune trace de discussion à cet égard. On trouve deux textes qui ont trait à notre sujet : l'un au titre *Pro socio*, Dig., d'où il semblerait résulter que le contrat de colonage partiaire est une société ; l'autre, au titre *Locati*, Dig., d'où il semblerait résulter, au contraire, que c'est seulement une sorte de société régie en règle générale par les principes ordinaires au louage, ne s'en différenciant que par un point spécial en ce qui concerne les risques : « *Socios inter se dolum et culpam præstare oportet.*

*Si in coeunda societate artem operamve pollicitus est alter,
veluti cum pecus in commune pascendum, aut agrum politori damus in commune quærendis fructibus »* (l. 52, § 2, D.,
pro soc.). — *« Partiarius colonus quasi societatis jure et damnum et lucrum cum domino fundi patitur »* (l. 25, D., loc., § 6).

Que décider donc en présence de cela? Nous croyons qu'au
fond c'était une société; mais nous croyons aussi, avec
M. Molitor (*Oblig.*, t. I, p. 644), que ce contrat avait été, par
la législation romaine, considéré comme un louage, et ceci
dans l'intérêt de l'agriculture, qui exige entre les parties des
rapports constants et durables. Si on l'eût considéré comme
société, il eût fallu décider qu'il prenait fin par la mort de l'un
des associés. Les intérêts agricoles auraient été compromis.
La loi 25, au titre *Locati*, cadre bien avec cette opinion. En faisant exception aux règles tracées pour le louage, en ce qui concerne la remise des récoltes, elle montre par là que, sur les
autres points, c'est le titre *Locati* qu'il faut consulter pour se
guider. La loi 52, *pro soc.*, peut aussi se concilier avec ce système : elle a trait, en effet, uniquement à ce qui concerne la
prestation des fautes, et elle assimile sur ce point le colonage
partiaire à une société. Le colon ne serait donc alors tenu que
de la diligence qu'il apporte à ses propres affaires, de ce que
l'on appelle la *culpa levis in concreto*. Ce serait une autre
exception aux règles du louage, qui semble toute naturelle.
Le propriétaire pouvant surveiller chaque jour le colon, rien
d'étonnant que la responsabilité de celui-ci soit moins étroite.
Mais encore, à part cela, ce sont les principes du louage qui
subsistent. Enfin Pline, que nous avons cité (et il était versé
dans la connaissance du droit, puisqu'il compte parmi les
avocats les plus distingués du règne de Trajan), parle d'*affermer* pour *des parties de récoltes à partager*. Il reflétait
donc la pensée commune qui y voit une sorte de louage. Il
est difficile, d'ailleurs, de donner à cet égard une solution
très-précise.

III.

DE L'EMPHYTÉOSE.

Ces deux sortes de conduction que nous venons d'examiner, le *louage* et le *colonage partiaire*, engendrant chacune au profit du preneur un droit personnel, une créance de jouissance, n'étaient pas les seules usitées même au temps de la jurisprudence classique. Les *municipes*, qui, comme personnes morales, possédaient des biens dont ils tiraient leurs revenus, avaient l'habitude d'en concéder la plus grande partie à perpétuité ou pour un temps très-long, avec cette condition qu'on ne pourrait jamais les reprendre ni au concessionnaire ni à ses ayants cause tant que la redevance convenue serait exactement payée et qu'il n'y aurait pas abus de jouissance. Les droits qui résultaient de cette convention étaient beaucoup plus étendus, beaucoup plus considérables que ceux des locations ordinaires, et se rapprochaient assez de la propriété véritable. Le cessionnaire agissait en maître sur cet immeuble, qui ne devait pas lui échapper, et, pourvu qu'il ne le détériorât pas, il était libre de le cultiver à son gré, d'en changer la destination comme il le voulait ; il acquérait les fruits non pas seulement par la perception, mais par la simple séparation du sol ; il repoussait lui-même les attaques, les troubles qui venaient le gêner dans sa possession au moyen d'*interdits*, d'actions *utiles in rem*, que l'édit prétorien lui accordait même contre la cité. Enfin ce droit, qui constituait comme une partie de son patrimoine, pouvait faire l'objet d'une action *familiæ erciscundæ, communi dividundo*. Aussi on se demandait s'il ne fallait pas voir là une vente plutôt qu'un louage. Nous connaissons ces mots d'Hyginus : *Mancipibus ementibus, id est conducentibus in annos centos.* Cependant deux caractères, deux traits essentiels, montraient que ce n'était pas une vente, le paiement du *vectigal*, et surtout la remise dans les années stériles (l. 15, § 4, D., *loc.*), indice certain qu'il n'y avait pas achat moyennant redevance, mais que chaque année c'était la jouissance de l'année écoulée qui se soldait. Aussi Gaïus résumait-il l'opinion générale en disant : « *Sed magis placuit locationem-condutionemque esse* » (Comm., III, 51).

Des biens *municipaux* ce mode d'exploitation se communiqua aux biens du fisc, aux terres du domaine impérial. Le *jus perpetuum salvo canone*, analogue au *jus in agro vectigali*, devint leur condition normale et régulière. Quand il s'agissait de terres incultes, stériles, nécessitant un défrichement, le *jus perpetuum* prenait le nom d'*emphyteuticum*, du mot grec ἀπὸ τοῦ ἐμφυτεύειν, qui à lui seul révèle l'origine et la disposition de la chose. Mais la controverse relative à la nature de ce contrat s'était de nouveau ranimée : était-ce une vente, était-ce un louage ? Il y avait un mode d'aliénation spécial aussi au fisc qui semblait donner à cette controverse un nouvel aliment. Dans les nécessités urgentes, il arrivait souvent qu'on était obligé de vendre, mais comme on voulait à la fois satisfaire à un besoin d'argent et ne pas tarir une source de revenus destinés aux besoins à venir, l'aliénation s'opérait, moyennant un prix une fois payé, et une redevance annuelle. Le particulier acquérant ainsi ce que l'on appelait le *jus privatun salvo canone* était complétement propriétaire. Ces deux redevances, également payables chaque année, devaient faire tendre les esprits à une confusion entre ces deux contrats. La chose était pourtant bien différente relativement aux risques. L'empereur Zénon, au v⁰ siècle, trancha la controverse en érigeant l'emphytéose en contrat spécial : « *Jus emphyteuticarium, neque conductionis, neque alienationis esse titulis adjiciendum, sed hoc jus tertium esse constituimus, ab utriusque memoratorum contractuum societate seu similitudine separatum ; conceptionem definitionemque habere propriam, et justum esse validumque contractum.* » A dater de ce moment, du reste, ce contrat ne demeura plus spécial

au fisc et aux cités, et il fut employé par les particuliers eux-
mêmes, comme un moyen de mettre en rapport leurs vastes
possessions, leurs immenses « *latifundia*, » Les mêmes maux
appelaient les mêmes remèdes. L'agriculture, un instant re-
levée, était, comme l'Empire lui-même, retombée dans une
décadence profonde. Les propriétés. toutes concentrées dans
les mains de quelques puissants , étaient improductives et
stériles. Il fallait, pour trouver des hommes disposés à les défricher, à les faire renaître à la vie, assurer une longue jouissance susceptible de les récompenser des efforts auxquels ils
allaient se livrer. Il fallait presque leur conférer les avantages de la propriété elle-même sur ce sol arrosé de leurs
sueurs. Justinien, quand il refit le corps de ses lois, accueillit
cette institution fréquemment usitée , et ajouta quelques
règles nouvelles à celles déjà tracées par l'empereur Zénon.
Nous allons les examiner.

NATURE ET ÉLÉMENTS ESSENTIELS DE L'EMPHYTÉOSE.

Avant Zénon, l'emphytéose était, comme le louage, un
contrat purement consensuel; mais il n'en est plus de même
depuis la loi 1, C., *jure emphyt.*, qui exige pour sa validité la
rédaction d'un écrit. Le texte est formel : « *Pactionibus
scriptura interveniente habitis* ». Quelques auteurs ont
cependant voulu le contester en argumentant de la Novelle
120 qui, se plaçant au point de vue des biens ecclésiastiques,
impose à son tour l'obligation d'un écrit. Si la rédaction de
cet écrit était le droit commun, dit-on, la Novelle n'en parle-
rait pas. Un mot suffit pour répondre. Si la Novelle 120 s'est
spécialement occupée de l'écrit, ce n'est pas pour dire qu'il en
faut un, c'est pour dire qui le rédigera, quelles formes seront
observées, choses pour lesquelles n'eût pas suffi le droit
commun. D'ailleurs le motif qui fait réclamer un écrit n'est
pas dans les exigences particulières à la conservation des
biens ecclésiastiques; il se trouve dans la nature même de

l'emphytéose. En effet, pour les autres contrats qui ne requièrent pour leur perfection aucune forme spéciale, les obligations des parties s'accomplissent ou une fois pour toutes, comme dans la vente, ou du moins ne conservent pas, comme dans le louage, des relations très-prolongées; et on comprend facilement que toutes sortes de preuves puissent être admises sans péril. L'emphytéose, au contraire, crée une situation juridique des plus compliquées, dans laquelle deux personnes et leurs successeurs auront des rapports multiples et fréquents, soit à perpétuité, soit du moins pendant une durée très-considérable. Il faut donc que les droits, les devoirs réciproques soient clairement établis par des monuments positifs, certains. Une autre preuve que l'écriture, la preuve orale, par exemple, ouvrirait une large porte aux discussions et aux procès. Mais cet écrit, suffisant pour faire naître des obligations mutuelles entre les parties, ne suffit pas pour rendre la convention opposable aux tiers, n'engendre pas par lui-même un droit réel. L'*actio emphyteuticaria* peut être exercée pour contraindre le constituant à remplir ses engagements; pour exercer l'*actio in rem*, il faut que la tradition soit intervenue. C'est la condition nécessaire à la naissance des droits réels; il n'y a pas de raison pour y déroger ici. D'ailleurs l'opinion contraire amènerait un résultat bizarre. En effet, supposant une même chose vendue à deux personnes successivement, si le second acheteur est mis en possession avant le premier, celui-ci ne peut l'évincer; et il faudrait alors dire que si, après avoir consenti une emphytéose, on aliénait le fonds, quand bien même l'acheteur aurait reçu livraison, l'emphytéote pourrait le forcer à délaisser; il serait alors plus qu'un véritable acheteur! la chose ne se peut pas.

Un *droit réel, jus in re aliena:* tel est donc le caractère de la possession emphytéotique. Ce n'est point, comme quelques glossateurs ont voulu le dire, un *dominium utile*. Celui qui la constitue reste toujours propriétaire de sa terre, *dominus*, propriété qui se révèle par le paiement de redevance, la faculté de résolution accordée dans certains cas, l'*actio directa* qu'il *garde en main*. Il ne serait pas exact non plus de dire que ce droit ressemble à une *servitude*. Non : les servitudes sont des droits distincts, détachés du droit de propriété, pouvant être aliénés avec le fonds dominant, comme une propriété à part. Dès lors les servitudes, comme droits, sont susceptibles de possession, peuvent s'acquérir par prescription. Il n'en est pas ainsi de l'emphytéote : il a des droits plus étendus qu'une servitude ; mais il ne les acquiert pas comme détachés et indépendants de la propriété. La propriété reste donc entière ; seulement l'emphytéote obtient l'exercice de tous ses droits ; il a un *quasi-domaine ;* et s'il faut critiquer avec Doneau l'expression de *dominium utile*, il faut dire aussi : « *Jus emphyteuticarii esse dominio proximum, et ipsum quasi dominum quemdam fundi.* »

Aussi, quoique ce ne soit pas une aliénation véritable, eu égard aux droits si grands, si étendus qui en résultent, la loi exige-t-elle de la part de celui qui l'établit la même capacité que pour la vente (l. 7, C., *de reb. aliis non alien.*). Ainsi le tuteur ne pourrait donner en emphytéose les biens de son pupille sans un décret du magistrat approuvant les motifs allégués pour en venir à ce contrat, et permettant sa célébration ; de même le mari, pour le fonds *dotal*, même avec le consentement de sa femme, depuis que Justinien a aggravé en ce sens la loi *Julia*. Enfin on peut aussi appliquer pour l'*emphytéose* la défense faite aux décurions de vendre leurs immeubles sans le consentement des autres décurions.

OBLIGATIONS ET DROITS DE L'EMPHYTÉOTE.

L'emphytéote doit, en premier lieu, payer la redevance stipulée pour prix de sa jouissance. Les règles du paiement suivent ici, en général, celles du louage, en ce qui concerne la capacité, la forme, le lieu. Mais quelle est, sur cette obligation, l'influence des détériorations survenues au fonds emphytéotique ? La question était diversement résolue, suivant

qu'on considérait l'emphytéose comme vente ou louage. La
constitution de Zénon, après avoir laissé à ce sujet toute
latitude aux conventions des parties, fixe ainsi la solution en
cas de silence :

Si la perte du fonds est totale, c'est au maître à la supporter : le canon n'est plus dû ; si la perte est seulement partielle, elle ne diminue en rien les obligations de l'emphytéote : « *Si quidem tanta emerserit clades quæ prorsus etiam
ipsius rei quæ per emphyteusin data est, faciat interitum,
hoc non emphyteuticario, cui nihil reliquum permansit, sed
rei domino qui quod fatalitate ingruebat, etiam nullo inter-
cedente contractu habiturus fuerat, impuletur. Sin vero par-
ticulare, vel aliud leve contigerit damnum, ex quo non ipsa
rei lædatur substantia, hoc emphyteuticarius suis partibus
non dubitet adscribendum* » (l. 1, C., *de jure emphyt.*).
Ainsi donc, tant qu'il subsiste quelque chose, l'obligation
personnelle de l'emphytéote subsiste aussi. Le maître, en
lui livrant le fonds, ne s'est pas assujetti, comme dans le
louage, à le faire jouir. A dater du jour de la livraison, la
chose ne le regarde plus ; qu'elle se détériore ou non, peu lui
importe. Cependant, quand la perte est totale, quand il ne reste
plus rien, la loi trouve par trop dur de forcer l'emphytéote à
payer un éternel tribut pour un bien qu'il n'a plus, et elle
l'en décharge. Tel est l'esprit qui ressort de l'examen de la
loi, et cet esprit nous révèle immédiatement la réponse qu'il
faut faire à cette demande. Y a-t-il lieu à remise en cas de
stérilité ? Non évidemment. Il n'y a pas perte de la chose,
destruction du fonds ; et en dehors de là, l'emphytéote n'a
rien à réclamer ; en vain veut-on invoquer la loi 15, § 4, D.,
loc., qui assure cette remise au concessionnaire de l'*ager vec-
tigalis*. Avant la constitution de Zénon, cette loi pouvait avoir
de la valeur ; mais aujourd'hui elle est annulée comme toute
disposition antérieure à cet égard. En cas de divergence entre
deux textes, il n'y a pas d'hésitation à qui donner la préférence,
puisque la dernière loi est faite précisément pour trancher
toutes les difficultés que soulevait auparavant le sujet des

risques. Mais que décider, en revanche, si, comme il arrivait souvent dans le Bas-Empire, où les ravages des barbares et les brigandages de l'intérieur ôtaient toute sécurité, même à la propriété immobilière, le fonds possédé par l'emphytéote lui était enlevé par une invasion ennemie ou par une incursion de voleurs à mains armées ? Si l'on s'en tenait rigoureusement à la lettre de la constitution de Zénon, qui exige une perte de substance, *substantia rei*, nous n'hésiterions pas à dire que ces événements ne libèrent pas l'emphytéote ; mais il faut repousser le texte littéral pour en prendre l'esprit, qui est évidemment de décharger l'emphytéote quand il ne lui reste plus rien du bien qu'il a pris, et nous déciderons que, quand même le fonds soustrait n'a pas cessé d'être *in rerum natura*, il ne doit plus être question de canon à payer.

La seconde obligation de l'emphytéote est de supporter les charges qui peuvent grever le fonds. Il en a tous les avantages, il est juste qu'il en ait les inconvénients : « *Ubi emolumentum, ibi debet esse onus.* » Il doit donc payer tous les impôts, le *tribulum* ou *terrena capitatio* (impôt foncier), l'*annona*, espèce d'impôt en nature destiné à subvenir à l'alimentation de Rome et des armées impériales, ainsi que les *extraordinaria* ou *sordida munera*, sortes de corvées, de prestations, imposées par les gouverneurs de provinces pour les constructions des édifices, l'entretien des ponts et des routes. Il en est tenu aussi bien vis-à-vis du fisc, qui peut le poursuivre directement, que vis-à-vis du propriétaire qu'il doit rendre indemne de toute poursuite.

Enfin, l'emphytéote ne doit pas détériorer le fonds ; il doit l'entretenir en bon état, car le droit de retour éventuel attribué au propriétaire deviendrait illusoire par les dégradations du fonds ; et même, si l'emphytéose avait été constituée sur une terre en friche, la nature du contrat l'obligerait à améliorer.

A côté des obligations, voyons les droits. Nous savons que c'est un *droit réel*, un *quasi-domaine*, que l'emphytéote a en mains, lui permettant d'exercer toutes les actions, même *pétitoires* ; le laissant libre, tant qu'il paie la redevance, de se comporter comme maître à l'égard de la chose, de la transformer, d'en changer la destination. Mais il peut aussi se démettre du fonds au profit d'un autre, non-seulement en lui cédant son droit de jouissance et en restant obligé envers le propriétaire : ceci va de soi, puisque pareille faculté existe au profit du simple fermier ; il peut *même* céder le droit réel, se décharger complétement sur une personne qu'il se substitue soit par vente, par échange, par donation ou par legs. Mais en face de cette transmission, nous trouvons en présence deux intérêts rivaux : l'intérêt du propriétaire, qui ne verrait pas sans inconvénient le premier venu remplacer celui auquel il avait confié sa terre. La raison dit donc que son consentement doit être demandé pour cette espèce de novation par changement de débiteur. D'un autre côté, si ce consentement est pleinement, absolument libre, s'il peut à son gré l'accorder ou le refuser, il y mettra des conditions souvent fort onéreuses ; et l'intérêt de l'emphytéote qui peut, à un moment donné, se trouver dans l'impossibilité de continuer la gestion qu'il avait entreprise, cet intérêt sera gravement compromis. La loi 3, au Code *(de jure emphyt.)*, concilie ces deux situations opposées. L'emphytéote est d'abord obligé de présenter un successeur convenable, *non prohibitus et idoneus*, c'est-à-dire un successeur auquel les lois ne défendent pas un pareil contrat, et qui offre des garanties suffisantes ; il doit ensuite indiquer le prix de la vente, et alors le maître a deux mois, passé lesquels il ne peut plus refuser, si celui qu'on lui présente remplit les conditions voulues ; mais il est libre ou de prendre le marché pour lui s'il le trouve avantageux, ou d'exiger pour prix de son consentement le *cinquantième* du prix de vente, appelé *laudemium*. Nous disons qu'il peut faire l'un ou l'autre, car, à notre avis, ces deux droits ne se cumulent pas. On pourrait, à la rigueur, à la première lecture du texte, critiquer cette solution ; car nous lisons : Le maître doit offrir « *tantam quantitatem quantam ipse revera emphyteuta ab alio recipere potest.* » Or ce que l'emphytéote aurait reçu d'un autre acheteur, c'est bien le prix réel, déduction faite du *cinquantième* à payer qui déprécie sa chose et retombe en définitive sur lui ; mais, en lisant attentivement la constitution, on s'aperçoit bien vite qu'il n'en doit pas être de même. Le *cinquantième* est en effet présenté comme prix du consentement du propriétaire à la vente, de l'installation qu'il fait du nouvel emphytéote, et rien de cela n'a lieu quand il prend le marché pour lui, et rentre dans la pleine propriété.

Telle est l'hypothèse prévue pour la vente. Faut-il appliquer les mêmes règles à la donation, à l'échange ? En ce qui concerne le successeur convenable, la dénonciation à faire et le paiement du cinquantième, il n'y a pas de doute. Mais le droit de *préemption* du propriétaire s'exerce-t-il aussi ? Le texte n'a sur ce sujet rien de précis. Il emploie tantôt le mot *vendere* qui semble spécial, tantôt le mot *transferre* qui semble plus général. Cependant l'intérêt de l'emphytéote doit, croyons-nous, faire ici rejeter la préemption. En effet, la situation dans les deux hypothèses est bien différente. Quand on vend, il n'y a ni *contemplatio personæ* ni *contemplatio rei ;* pourvu que l'on touche le prix, cela suffit, peu importe d'où il vienne. Dans l'échange, les choses ne se passent pas ainsi : ce n'est pas seulement l'équivalent de son droit que recherche l'emphytéote, il a encore en vue un objet de convenance auquel il tient : il y a *contemplatio rei ;* de même, dans la donation, il y a *contemplatio personæ.* Permettre au propriétaire de prendre le marché pour lui dans ce cas, c'est presque proscrire l'échange et la donation pour ne laisser subsister que la vente ; et faire cela, c'est apporter à la liberté de l'emphytéote une entrave que rien ne saurait justifier.

Quant à la transmission à un héritier légitime ou testamentaire, celle-ci est de plein droit, et le propriétaire n'a rien à réclamer. En effet par la nature même de la concession faite soit à perpétuité, soit pour un temps fixé indépendamment de la vie du concessionnaire, l'emphytéose est contractée aussi bien pour les héritiers du contractant que pour lui-même ; mais le morcellement du fonds emphytéotique ne nuit en rien au propriétaire. La division que peuvent faire entre eux

les cohéritiers ne produit aucun effet à l'égard du propriétaire, et ils sont tenus chacun au paiement de tout le canon,
en ce sens que le non-paiement de la part d'un seul entraîne
la déchéance du droit de tous.

Que décider en cas de legs ? Le légataire ne représente pas
la personne du défunt, et il ne peut pas se dire virtuellement
compris dans la concession comme l'héritier. On devrait donc
conclure en faveur du propriétaire, et dire que là, comme
dans les autres aliénations, il reprend ses droits ; mais la plupart des interprètes disent le contraire, parce que tous les
termes de la loi 3, C., *jure emph.*, visent uniquement les
aliénations entre vifs.

EXTINCTION DE L'EMPHYTÉOSE.

L'emphytéose étant constituée au profit du preneur et de
ses héritiers, s'il vient à mourir sans laisser de successeurs
légitimes ou testamentaires, le *jus in re* fait retour à la propriété dont il a été séparé. Il en est de même si le fonds vient
à être détruit totalement. L'emphytéote, nous le savons, est
libéré en pareille occurrence. Si un terme a été fixé, l'arrivée
du terme éteint aussi l'emphytéose. Enfin la prescription
offre également un moyen d'effacer le droit. Ainsi le propriétaire ou un tiers possède-t-il pendant trente ans l'immeuble comme libre, le droit disparaît, et, ce laps de temps
écoulé, il est interdit au preneur de rien réclamer (l. 3, C.,
de præscrip.). Quant à l'emphytéote, il peut bien aussi prescrire ses redevances périodiques si le maître reste trente ans
sans les réclamer ; mais il ne peut jamais prescrire la propriété, parce qu'étant détenteur précaire, sa possession a un
vice originaire qui s'y oppose (l. 7, § 6, C., *de præscript.*).

A côté de ces modes d'extinction que j'appellerai naturels,
réguliers, il y en a d'autres que peut encourir l'emphytéote
par suite de négligence, de faute, et qui sont des causes de
déchéance. Toute violation des règles tracées par Justinien

5

sur l'aliénation est punie de cette peine : « *Sin autem aliter fuerit versatus emphyteuta quam nostra constitutio disposuit, jure emphyteutico cadat* » (l. 3, C., *de jure emphyt.*). Le seul fait de ne pas payer la redevance du *cinquantième* sans que le propriétaire ait besoin de la réclamer suffit. Il y a en effet ici une obligation qui doit s'accomplir à un moment déterminé, et qui est sanctionnée par une peine : toutes les fois que ces deux conditions concourent, il y a demeure de plein droit sans interpellation (l. 12, C., *de contrah. et committ. stipul.*).

Trois ans sans payer le *canon* et les impôts entraînent également la déchéance : « *Si per totum triennium neque pecunias solverit, neque apochas domino tributorum reddiderit.* » Le manquement à une seule de ces obligations suffit même. Je sais bien qu'on peut argumenter des termes *neque neque*, qui semblent exiger le manquement aux deux ; mais cet argument est réfuté par une phrase précédente : « *Si solitam functionem vel apochas non præstiterit.* » Et d'ailleurs il est de principe que quand une peine est attachée à l'inexécution d'une obligation, l'exécution partielle ne la fait pas éviter (ll. 1 et 8, *de verb. oblig.*, D.). Deux ans suffisaient quand il s'agissait de biens ecclésiastiques (Nov. 7, ch. III, § 2). Si le maître refusait le canon et essayait ainsi de spolier l'emphytéote sous cette apparence de légalité, l'emphytéote pouvait citer le maître devant les plus hauts magistrats, et consigner le canon refusé (l. 32, C., *de audient. episcop.*).

Enfin il y aurait encore déchéance si l'emphytéote dégradait le fonds, s'il diminuait sa valeur primitive. Telle est la disposition de la Novelle 120, ch. VIII. Il est vrai qu'elle est relative aux biens d'Eglise ; mais ce n'est pas un argument que l'on puisse invoquer. Cette Novelle, en effet, ne fait qu'indiquer cette cause de déchéance ; on voit qu'elle se réfère au droit commun ; et elle parle en même temps de la déchéance pour défaut de paiement du prix, déchéance qui s'applique évidemment à toutes les hypothèses.

Telles sont les déchéances qui menacent l'emphytéote.

Elles ont toutes lieu de plein droit. Ainsi le propriétaire n'a besoin de faire aucune demande pour le mettre en demeure, et l'accomplissement tardif des obligations violées n'y ferait pas échapper l'emphytéote. Mais si elles s'accomplissent *ipso facto*, le *dominus* reste toujours libre de n'en pas profiter. C'est la disposition formelle de la loi 2, C., *jure emphyt.*, où nous lisons les passages suivants : « *Volenti domino licere cum a prædiis emphyteuticariis repellere.* »—« *Sed omnino eo si dominus voluerit repellendo.* » S'il n'en n'était pas ainsi, en effet, l'emphytéote qui voudrait se libérer trouverait un moyen très-facile de le faire en violant les obligations qui lui sont imposées.

IV.

DU COLONAT.

Outre les emphytéotes, vis-à-vis desquels le propriétaire n'avait qu'un recours pécuniaire s'ils venaient à manquer à leurs obligations en abandonnant avant l'heure le terrain qui leur avait été concédé, on trouve d'autres tenanciers rivés perpétuellement au sol, et que le maître armé d'un vrai droit de suite peut poursuivre partout, s'ils s'échappent, et forcer à revenir sur le terrain qu'il leur est interdit de laisser. Espèce de classe intermédiaire entre la liberté et l'esclavage, ils avaient de l'une le caractère d'*homme*, la faculté de contracter un mariage valable, d'avoir une famille, de posséder un patrimoine transmissible à leurs héritiers, de ne pouvoir être vendus qu'avec le sol, enfin de n'être pas divisés quand on partageait le fonds auquel ils étaient attachés. De l'esclavage, ils avaient la chaîne indissoluble qui les rivait, eux et leurs descendants, au sol où ils étaient nés, et où, comme la plante, ils devaient mourir; ils étaient incapables de fonctions publiques, et soumis aux châtiments corporels. C'était le *colonat*, qui tendait à embrasser de plus en plus la classe agricole. Quelle était son origine ? comment avait-il commencé ? Aucun monument ne l'indique d'une façon précise. On voit cette condition dans la décadence de l'Empire, on la constate sans pouvoir en indiquer les éléments et les progrès. Aussi peu de sujets ont-ils exercé davantage la sagacité des historiens. Les uns, comme M. Troplong, y voient une transformation de l'esclavage, un premier pas vers la liberté que les maîtres auraient fait faire à leurs esclaves, en les intéressant à la culture quand ils ne purent plus trouver de fermiers libres. Le mot de *patron*, souvent employé pour désigner les propriétaires fonciers dans leurs rapports avec les colons, suffirait pour l'indiquer. M. Laferrière y voit, au contraire, une transformation de la clientèle romaine. Sous la République, les clients des patriciens et des chevaliers étaient des cultivateurs ou des colons à titre précaire de l'*ager publicus*, qui était lui-même à titre précaire dans les mains des grands. Dans les premières années de l'Empire, quand ces possessions devinrent définitives, les colons devinrent, par la force des choses, des colons perpétuels. Cette lente transformation produisit dans les campagnes une condition mixte entre la *liberté* et l'*esclavage*, de même que la qualité d'affranchi latin produisait dans Rome une condition mixte entre la liberté et la servitude. Tel est aussi l'avis de M. Guizot.

Les autres y voient une révolution administrative. Le colonat se rattacherait au système de contrainte légale qui inféodait pour ainsi dire les individus à certaines professions. On sait, en effet, que vers la fin de l'Empire, surtout à dater du règne de Dioclétien, les misères devinrent si grandes, les charges tellement accablantes, que chacun désertait son poste et refusait d'exercer un métier dont le *fisc* aurait dévoré tous les revenus. Les Empereurs, pour retenir chaque citoyen et assurer ainsi le recouvrement de l'impôt, imaginèrent de rattacher chaque individu à ses fonctions. C'était le système *des classes*. Le principe de l'*origo* fut *posé*. On commença par immobiliser les Curiales. Une loi d'Arcadius immobilisa les forgerons, et on finit par naître membre de telle corporation, greffier, acteur, militaire. Les hommes firent alors partie d'agglomérations légales *tirées au cordeau*, suivant la pittoresque expression de M. Amédée Thierry. Une constitution alors passée inaperçue aurait fait la même chose pour les cultivateurs. Tout y était préparé; car, si en droit on pouvait s'en aller, en fait les fermiers restaient le plus souvent, et alors on leur aurait interdit de partir pour sauvegarder le triple intérêt du *fisc*, du *propriétaire*, de l'*agriculture*. Le colon était soumis à l'impôt foncier de la capitation; le maître était obligé d'en faire l'avance, et, pour lui assurer un recours, on aurait ainsi rivé le colon à la terre du maître. Enfin la dépopulation des campagnes aurait été un moment arrêtée.

D'autres prétendent qu'il faut attribuer l'origine du colonat aux transplantations de barbares vaincus, que les empereurs employaient à la culture du sol comme à la défense du territoire. On a trouvé une constitution d'Honorius annonçant que les Scyres ont été vaincus, et offrant les captifs aux propriétaires qui voudraient les recevoir comme colons de leurs domaines. On aurait pu faire la même chose auparavant et pour d'autres barbares. Justinien transforma ainsi en colons les fermiers de Palestine (l. 1, C., *de col. Pal.*).

Enfin, d'autres y voient un mélange de la population libre dégénérée et de la population servile améliorée, à peu près comme plus tard la fusion du colonat et de l'esclavage finit par produire le servage. C'est le système de M. Giraud.

Quoi qu'il en soit, au IVe siècle le colonat constituait une grande partie du personnel agricole, et, cette classe une fois formée (c'est le seul point qui doit nous occuper), un homme libre pouvait y entrer par convention. Dans ce temps de misère, ce contrat était même fréquent. On voyait une foule de petits propriétaires qui, sans cesse pillés, rançonnés par les guerres, les dévastations continuelles, à défaut de pouvoir social pour les protéger, se réfugiaient auprès des puissants, ajoutaient leur petit patrimoine à leurs immenses possessions et s'y installaient comme colons. C'est ce que nous apprend Salvien, un des peintres les plus éloquents des tristesses et des misères de cette déplorable époque : « *Nonnulli fundos majorum expetunt, et coloni divitum faciunt..... jugo se inquilinæ abjectionis addicunt* » *(De guber. Dei*, liv. V, ch. 8 et 9).

Quelques auteurs ont voulu en vain contester la légalité de semblables contrats et prétendre qu'il s'agissait là d'un simple fait se passant en dehors de la loi ; car, disent-ils, si la convention avait été un mode véritable de changer de condition, les textes n'auraient pas manquer de le régler. Le silence des codes ne fait rien ici. La loi laissait, en cette matière, libre cours aux caprices des particuliers, pourvu qu'ils ne sortissent point des règles générales qu'elle traçait. D'ailleurs, en présence de dispositions nombreuses tendant à augmenter la classe des colons le plus possible, on ne comprendrait guère que le législateur ait prohibé un mode de recrutement qui pouvait fournir beaucoup de membres au colonat.

DROITS ET OBLIGATIONS DES COLONS.

Nous avons déjà énoncé les droits qui constituent l'état personnel du colon, qui l'élèvent au-dessus de l'esclave : la faculté de contracter un *justum matrimonium* (l. 24, C., *de agric.*), de posséder, de transmettre un patrimoine (l. 4, C., *de agric.*), de n'être vendu qu'avec la terre (l. 2, *de agric.*), de n'être pas séparé de sa famille dans les partages. Nous n'avons pas à nous appesantir sur ce sujet ; parlons surtout de ses rapports comme cultivateur avec le maître du sol.

Son plus grand avantage était de ne payer qu'une redevance fixe soit en argent, soit en nature, suivant la coutume des lieux (l. 5, C., *de agric. et censit.*). A défaut d'usage et de convention, elle consistait en une part de fruits ; il était expressément défendu au maître d'augmenter cette redevance. S'il le faisait, le colon avait une action contre lui pour faire cesser cet abus (l. 23, § 1, *de agric.*). C'était sa plus précieuse garantie. Il avait également le droit de porter contre son maître une accusation criminelle pour crime commis contre lui ou contre les siens (l. 2, C., *in quib. causis col.*) ; il pouvait aussi agir quand il prétendait être libre ou appartenir à un autre fonds (l. 20, C., *agric. et cens.*). En dehors de là, l'action lui était refusée contre le propriétaire.

Le colon était soumis à la *capitation* ou contribution personnelle, l'une des deux grandes contributions de l'Empire Romain. Le propriétaire en faisait l'avance et le recouvrait sur lui (l. 4, 10, C., *de agric. et cens.*; l. 14, 25, *de annonis et trib.*). Les *superindictiones* et les *munera extraordinaria* devaient également être supportés par lui, à moins qu'il ne fît partie des colons des terres impériales (C. Th., l. 5, xɪ, 10).

Enfin il ne pouvait quitter le sol sans être contraint d'y revenir. Le droit de revendication du propriétaire ne cessait qu'après trente ans d'absence.

Ces règles, ces principes que nous venons d'expliquer sont, nous l'avons annoncé en commençant, ceux qui résultent de la dernière œuvre législative de Justinien, c'est-à-dire tels qu'ils étaient pratiqués en Orient au vɪ° siècle de notre ère. Pour reprendre notre œuvre dans l'ancien droit, il nous faut maintenant redescendre vers l'Occident à cette époque complétement détaché de l'Empire depuis plus d'un siècle. C'est là où avaient pris naissance, où s'étaient développés les différents contrats que nous avons examinés. Les modifications que Justinien apporta à leurs principes furent peu nombreuses. Le *louage* avait reçu toute sa perfection à l'époque classique, sous la main habile des prudents, dont la précision, selon Leibnitz, « le cédait à peine à celle des géomètres. » L'*emphytéose* et le *colonat*, venus comme des remèdes impuissants dans la décadence de l'Empire, avaient vu leurs règles rassemblées dans le Code Théodosien, d'où elles passèrent au au Digeste. Mais toutes les mesures avaient été vaines pour arrêter la dépopulation des campagnes et faire sortir l'agriculture du triste état où elle gémissait. Rien ne saurait donner une idée de l'épouvantable situation où se trouvait, au vᵉ siècle, ce que nous appelons aujourd'hui l'Europe. On en croit à peine les historiens qui nous dépeignent les misères de ces temps. Une nuit profonde semblait envelopper l'Occident et le replonger dans le chaos. Notre France, aujourd'hui si fertile, était alors devenue une forêt immense entrecoupée de landes et de marécages. Les Barbares peuvent venir, leur place est toute faite. L'Italie et la Gaule sont comme des déserts. L'Empire Romain ne sait plus se défendre et croule de toutes parts. Ils n'ont qu'à mettre le coin dans cet ancien granit, aujourd'hui décomposé par le temps, pour le voir immédiatement voler en éclats. Il ne nous appartient point de retracer ce sombre tableau de l'Invasion Germaine qui vint faire fleurir des nations nouvelles sur ces ruines amoncelées, de montrer ce spectacle à la fois si grand et si extraordinaire de ces Barbares qui semblent partir à la voix de Dieu pour devenir les faciles vainqueurs d'un Empire achevé, et les vaincus de la civilisation nouvelle que le Christianisme faisait luire sur le monde. Nous n'avons qu'à nous occuper de leur influence sur l'agriculture, et c'est par là que nous allons reprendre notre étude dans l'ancien droit.

DEUXIÈME PARTIE

APERÇU SUR L'ANCIEN DROIT.

Au moment de la chute de l'Empire Romain en Occident, le triste état de l'agriculture que nous avons indiqué en quelques lignes, ne laissait guère de place pour les contrats d'aucune sorte. La population presque tout entière s'était réfugiée dans le *colonat*, qui avait remplacé l'ancien fermage libre. On trouvait bien encore quelques petits propriétaires, quelques emphytéotes qui n'avaient pas abdiqué tout à fait leur indépendance ; mais la grande masse de la classe agricole était incorporée au sol. L'invasion ne changea rien à cette situation. Les Germains connaissaient déjà ce mode de culture. L'exploitation des champs était réservée chez eux à une classe demi-servile, les *lites*, qui ressemblaient presque en tous points aux colons romains. Ils prirent donc les terres toutes *outillées*, si je puis m'exprimer de la sorte, et les anciens tenanciers ne firent que changer de maîtres en passant comme accessoires du domaine où ils vivaient dans le patrimoine des nouveaux vainqueurs. Pour trouver des contrats de culture largement pratiqués, il faut franchir ces six siècles de transition et arriver à l'établissement définitif de la Féodalité, au moment où les Seigneurs commencèrent à affranchir leurs serfs et à former ainsi une classe libre intermédiaire, vivant du travail de ses mains sur le terrain d'autrui. C'est alors qu'apparaissent une foule de tenures, *cens, complants, locatairies, champarts, rentes,* etc., portant toutes le nom générique de *bail*, parce qu'elles ont toutes un même but : « *mettre*, comme le disait Loysel, *la terre en gagnage.* »

Toutes pourtant se différenciaient profondément du vrai *bail à ferme*, dans le principe très-peu pratiqué ; elles constituaient au contraire de véritables aliénations pour la plupart, aliénations qui transféraient le domaine entier au tenancier, sauf une réserve d'un droit *éminent*, laissant toujours dans les mains du maître originaire les avantages de la propriété qui, sous la Féodalité, constituait toute la puissance. Peu à peu, sous l'influence des temps et par la science des jurisconsultes, ces tenures, qui n'avaient pour règle que la convention, qui n'étaient ni bien tranchées, ni bien séparées les unes des autres, commencèrent à se nuancer, à se soumettre à des principes généraux, à des règles certaines. Ce fut le grand travail qui s'accomplit jusqu'au XVIe siècle. Nous allons étudier dans ses traits essentiels la législation qui les régissait, dans notre ancien droit, au moment de la Révolution.

TENURES USITÉES DANS L'ANCIEN DROIT.

Parmi les contrats usités dans notre ancien droit, les uns rayonnaient dans toutes les provinces, plus ou moins appliqués, mais ayant droit de cité partout : tels étaient le *cens*, la *rente foncière*, le *champart*, l'*emphytéose*, et le *bail* proprement dit, ainsi que le *métayage*. D'autres, au contraire, restaient spéciaux à un coin du territoire : la *locatairie*, le *domaine congéable*, le bail à *métairie perpétuelle*, le *louage héréditaire*.

BAIL A CENS.

C'est là le contrat vraiment féodal, un des premiers *cizaillements* qui se soient produits. Il consiste dans une aliénation véritable de la propriété. Le propriétaire ne réserve que la seigneurie directe et une faible redevance, plutôt honorifique que pécuniaire, ce qui faisait dire à Pothier « qu'étant quelque chose d'inestimable, elle ne pouvait jamais tomber en compensation. » C'est pourquoi aussi quelques coutumes admettaient la divisibilité du cens , « parce qu'il y a plus d'honneur pour le seigneur de pouvoir obliger un grand nombre de censitaires à le reconnaître que d'être reconnu par un seul » (Pothier, *Traité des cens*, p. 2).

Dans les mains du censitaire , l'héritage ainsi baillé à cens était une propriété véritable, qu'il était libre de cultiver à son gré, d'améliorer, de dégrader, pourvu qu'il laissât la terre en état suffisant pour assurer le paiement de la redevance. Il pouvait même l'aliéner, sans qu'il lui fût permis de la charger d'un nouveau cens, parce que pour donner à cens il fallait garder par devers soi la seigneurie honorifique et directe, et que le censitaire ne l'avait pas. Le propriétaire de *fief* ou d'*alleu* seul était apte à consentir un cens.

Pour prix de son consentement à la vente, un droit était dû au seigneur. C'était là ce que l'on appelait les profits *censuels*. Ce droit était généralement la *douzième partie* du prix de vente, et, faute de le payer ou de demander terme, de *déprier* comme disaient les coutumes, l'acquéreur encourait une amende, parce qu'il était présumé avoir voulu recéler la vente. Et pour que les seigneurs ne fussent pas trompés, on leur reconnaissait la faculté de forcer les acquéreurs à montrer leurs lettres d'achat. « Est tenu le preneur ou acheteur, disait la Coutume d'Orléans, d'exhiber les lettres de la prinse ou achapt au seigneur censier, s'il en est requis. » Cet acquéreur devait aussi au seigneur ce que l'on appelait la *reconnaissance censuelle* , c'est-à-dire la description détaillée de l'héritage tenu à cens par nouveaux tenants et aboutissants , et des charges auxquelles il est sujet. Cet acte devait être passé par devant notaire et expédition remise au seigneur.

Enfin l'acquéreur pouvait demander l'*ensaisinement*, acte par lequel le seigneur mettait solennellement en possession le nouvel acquéreur. Rien ne l'obligeait à le demander; mais il y avait avantage, parce que dans de nombreuses coutumes l'an du retrait lignager ne courait que de cette saisine.

La redevance qui constituait le cens était tantôt *portable*, c'est-à-dire que le censitaire, ou quelqu'un à sa place, devait la porter au seigneur, tantôt *quérable*, c'est-à-dire que le seigneur était obligé de l'envoyer chercher dans la maison du censitaire, et un retard de vingt-quatre heures dans le paiement faisait encourir une amende.

En cas de non-paiement, deux voies sont ouvertes au seigneur censier : la voie d'action, par laquelle il poursuit personnellement sur ses censitaires, ou réellement sur ses successeurs les arrérages échus ; ou bien la saisie *censuelle*, main mise par le seigneur sur l'héritage relevant de lui, à l'effet d'empêcher le censitaire d'en jouir, jusqu'à ce qu'il ait satisfait à ses devoirs. La saisie se fait alors par des *brandons* qui se mettent aux fruits pendants par racines. Cette saisie se fait par ministère d'officier de justice ; et si le censitaire venait à enfreindre la saisie censuelle, en récoltant des fruits au préjudice de la saisie, ou en les enlevant après qu'ils ont été récoltés par le commissaire du seigneur, il encourait une amende.

Le bail à cens se rapproche beaucoup d'un autre contrat foncier, *le fief* ; il n'en diffère guère que dans la nature de la tenure. Celui qui tenait en fief tenait et exploitait noblement ; il avait la seigneurie utile ; la terre elle-même était noble. Au contraire, celui qui tenait à cens, le censitaire, n'avait rien de noble dans sa tenure ; il n'avait que le domaine utile. Aucun rapport de foi n'existait entre lui et le seigneur ; il exploitait *roturièrement*, et la terre tenue à cens était *roturière* ; mais pour les autres effets, le *cens* n'était guère que la calque du fief. Le seigneur avait en effet, dans l'un comme dans l'autre, le domaine direct, le bénéfice de la saisie particulière, le droit de recevoir certains profits à chaque mutation. Enfin il avait de plus cependant toujours le retrait féodal, tandis que le retrait censuel n'existait que dans certaines coutumes.

BAIL A RENTE.

Le bail à rente était, comme le bail *à cens*, une aliénation véritable de la propriété faite par le bailleur au preneur ; seulement ce n'était pas uniquement, comme dans le *bail à cens*, le domaine utile qui était transféré : c'était tout le domaine aussi bien *utile* que *direct*, sous la seule réserve des actions qui devaient assurer le service de la rente, mais qui étaient considérées par le cédant comme un démembrement du droit même de propriété. Tantôt cette aliénation était perpétuelle, tantôt elle était temporaire ; quelquefois aussi on la stipulait rachetable.

Cette convention était fréquente. Elle offrait en effet au preneur le grand avantage de devenir propriétaire sans avoir pour cela le capital nécessaire, et en s'acquittant par des redevances périodiques. L'aliénateur, de son côté, préférait des redevances périodiques à une somme d'argent qu'il ne pouvait prêter à intérêt : le prêt était défendu ! Enfin ce bail était dans l'intérêt de la conservation du bien dans la famille du bailleur ; car le bailleur ne perdait que le fonds ; le droit de rente foncière restait toujours pour lui et pour ses héritiers.

Ce contrat, on le voit, se rapprochait beaucoup de la vente, et, de fait, beaucoup des règles de la vente s'y appliquaient, notamment pour la capacité, la délivrance, la garantie, et aussi pour la rescision en cas de lésion *d'outre moitié*, qui était admise dans un cas comme dans l'autre. Il n'y avait de différence que par la rétention de ce droit de redevance, la nature du prix qui pouvait consister indistinctement en argent ou en denrées, tandis que Pothier exigeait de l'argent pour le prix de la vente, et enfin pour la manière de contracter : l'un, la vente, étant un contrat *consensuel* parfait *solo consensu* ; l'autre, la *rente*, étant un contrat réel parfait *par la tradition* seulement.

Le preneur, quoique libre dans sa façon de cultiver, n'a pas le droit de mésuser. La rente peut s'éteindre, le bien faire retour au bailleur ; il ne faut pas que sa valeur soit diminuée. Mais il est libre de vendre, et dans ce cas rien n'est dû au bailleur primitif. Ce n'est pas comme dans le cens. La rente, par exemple, est toujours inhérente à l'immeuble ; elle le suit dans toutes les mains où il passe, toujours garantie par une action hypothécaire; et, dans ce cas, le bailleur peut poursuivre le nouvel acquéreur pour le forcer à passer un titre nouveau de rente, par lequel il s'engage à en continuer le service. Le preneur primitif est alors libéré, à moins qu'il n'ait souscrit à la clause « *de faire valoir la rente.* » Il resterait alors toujours personnellement obligé. Cette clause lui enlèverait également le droit de se soustraire au paiement par le *déguerpissement* autorisé d'ordinaire, comme pour tous les détenteurs de droit réel. Le déguerpissement, c'était l'abandon de l'immeuble, fait en justice, au créancier de la rente.

CHAMPART, AGRIER, TERRAGE, PERCIÈRE, COMPLANT.

Toutes ces expressions ne sont que des espèces différentes d'un même mot générique, *champart*. En Flandre et en Lorraine, on l'appelait *terrage*; *complant*, dans les coutumes du Maine, de l'Anjou, plus spécialement quand il s'agissait de planter un terrain et de le cultiver en vigne; *agrier*, quand il s'agissait de le cultiver en blé; enfin *percière* en Auvergne. Le trait commun, c'était, au lieu d'une redevance fixe, l'obligation pour le preneur de donner une partie indéterminée de fruits, c'est-à-dire une part variant avec la quantité produite par la terre baillée. Le teneur en *champart* était donc comme une sorte de *métayer*, avec cette différence cependant qu'il était propriétaire, en général du moins; car dans certaines coutumes le complant, même perpétuel, ne transférait pas la propriété. Ces contrats se confondaient tantôt avec la *rente*, tantôt avec le *cens*. Quand le champart était la première redevance stipulée sur l'immeuble, il était présumé seigneurial, présumé retenu non-seulement comme un droit utile, mais encore comme un droit récognitif de seigneurie. Mais il y avait toujours, même dans ce cas, une différence avec le cens, en ce que le champart ne s'arrérageait pas, et qu'il ne pouvait jamais être poursuivi que par voie d'action. La saisie censuelle ne s'y appliquait pas; toute saisie exige, en effet, qu'il s'agisse d'une somme déterminée, et ici cette condition manquait.

EMPHYTÉOSE.

L'emphytéose ne s'était jamais complétement perdue à travers l'invasion des Barbares : elle avait surnagé, si je puis m'exprimer de la sorte, à tous les troubles, à tous les tremblements de terre de ces temps malheureux. Elle avait continué, pendant la période Franque, à être employée pour les biens appartenant aux établissements religieux. Les Capitulaires en parlent, en la classant parmi les titres d'aliénation ; elle se continua au moyen âge. Quoique d'origine romaine, « elle n'en offrait pas moins, comme le fait justement remarquer M. Demolombe, une grande analogie avec toutes les concessions féodales dont le but était de rendre la terre accessibble aux classes inférieures sans bourse délier, c'est-à-dire sans un capital payé, moyennant une redevance annuelle, et de démembrer le droit de propriété, de manière à l'accorder aux uns, sans néanmoins en dépouiller totalement les autres » (t. I, *Distinct. des biens*, p. 376). Mais, en entrant au milieu de toutes ces institutions nouvelles inventées par le génio original de la Féodalité, elle en subit plus ou moins le contact ; et, sous l'influence peu scientifique des temps, elle tendit à se confondre avec plusieurs de ces contrats, avec le bail à cens surtout, malgré les différences qui auraient dû les séparer. Ce dernier, notamment, était traité avec moins de rigueur, et ne tombait pas en commise pour le défaut de paiement ; et les modifications entrèrent tellement dans les mœurs, qu'on finit par décider qu'en cas de doute, on ne supposerait jamais une emphytéose pure, et qu'à moins de stipulations les plus précises et les plus claires, on interpréterait toujours le contrat avec les changements introduits par l'usage, et qui le rapprochaient tant du bail à cens. Aussi, Dumoulin disait-il avec raison : « *Verbum emphyteusis est æquivoquum* » (Cout. de Paris, § 73, n° 43); et même quand on eut essayé de débrouiller les incohérences, de rendre aux mots leur signification vraie, il resta toujours *verbum æqui-voquum.*

Ainsi, quel effet produisait l'emphytéose? Grandes controverses. Les uns voulaient que, dans tous les cas, perpétuelle ou temporaire, elle transférât le domaine utile à l'emphytéote. Les autres, au contraire, lui refusaient toujours ce droit, ne lui attribuant que le simple pouvoir de conférer, comme à Rome, un quasi-domaine, un *jus in re,* un *jus in fundo.* Une troisième opinion distinguait entre l'emphytéose perpétuelle et temporaire, accordant à l'emphytéote le domaine utile dans la première, et seulement dans la seconde un quasi-domaine. En ce qui concerne les pouvoirs de l'emphytéote sur le fonds loué, et les modes d'extinction du contrat, les discussions étaient aussi très-vives ; on se demandait notamment si le simple défaut de paiement entraînait la commise. Les uns voulaient qu'elle ne fût plus de droit commun ; les autres, au contraire, affirmaient la persistance de la tradition romaine, tout en accordant cependant le tempérament apporté par le droit canonique, qu'elle pouvait être purgée dans un bref délai. Pour le retrait des améliorations, les uns l'accordaient sauf le cas de résolution par commise, les autres ne l'accordaient pas ; la nature du contrat était, disait-on, d'améliorer. Les règles précises de la législation romaine étaient bien loin !

Voilà pour les tenures générales ; passons maintenant aux spéciales.

DOMAINE CONGÉABLE.

C'était une tenure toute particulière à la Bretagne. Voici en quoi il consistait : c'était un contrat par lequel on concédait à une personne, moyennant redevance, la jouissance d'un fonds ; on en séparait intellectuellement la superficie qu'on aliénait, et le tout sous la réserve, par le propriétaire, de congédier le preneur en lui remboursant la valeur des améliorations primitivement concédées ou faites depuis la concession. Trois choses formaient donc la substance de ce ténement : rétention de la propriété du fonds par le propriétaire foncier ; translation de la propriété des superficies au concessionnaire, avec faculté de jouir du fonds en payant redevance ; et on entendait par superficies non-seulement les édifices bâtis sur la tenure, mais aussi les *aires à battre*, les *murs, fossés, barrières et étangs, chemins pour le service particulier de la tenure, premier défrichement des terres, labours, engrais, canaux d'irrigation, arbres ordinaires*, excepté ceux propres aux merrains, c'est-à-dire ceux qui pouvaient être mis en œuvre et employés à faire de la planche ; enfin, faculté perpétuelle et imprescriptible de congédier le domanier, en lui remboursant la valeur des édifices et superficies. C'est de cette faculté de congédier que vient le nom de *domaine congéable.*

Son origine date des temps les plus reculés. On la fait généralement remonter à une émigration de Bretons insulaires qui étaient venus, au ve siècle, trouver un refuge dans la presqu'île armoricaine contre l'invasion des Anglo-Saxons. Les propriétaires ne voulaient ni vendre ni donner leurs terres à ces nouveaux venus, qui ne présentaient aucune garantie. Ceux-ci ne voulaient pas devenir *serfs de la glèbe.* On imagina alors ce contrat qui, sans déposséder les uns, laissait aux autres leur liberté, et leur assurait en même temps une juste rénumération de leur travail.

Les règles relatives à ce contrat découlaient de sa double nature. Comme fermier, le *domanier* devait jouir du fonds en bon père de famille et suivant la destination de la chose, sans épuiser les terres et défricher les bois ; comme propriétaire sous condition résolutoire des superficies, il pouvait les aliéner, les hypothéquer, sauf à ceux qui avaient acquis ces droits de les voir tomber avec le droit de celui d'où ils émanaient. Il ne pouvait pas non plus grever le fonds de trop grandes charges, et, s'il lui était permis de faire des améliorations, de planter des arbres, il lui était défendu d'agrandir les bâtiments, d'en construire de nouveaux. Quand de pareils travaux avaient été faits, le maître était libre ou de demander la destruction, ou de se contenter d'une déclaration portant que les innovations ne seraient pas prises en *congément*. Cette déclaration était ce que l'on appelait·lettre de *non-préjudice*. Ces règles retracent l'aspect général; les points secondaires variaient avec chaque endroit. On comptait surtout sept grands *usements* solennellement approuvés lors de la réformation des coutumes en 1580 : 1° usements de Tréguier et Goëlo, 2° de Cornouailles, 3° de Broërec, 4° de Poher, 5° de Léon, 6° de Daoulas, 7° de Porrhoët de Rohan.

BAIL A LOCATAIRIE PERPÉTUELLE.

Ce bail s'appliquait particulièrement dans le Midi, dans la Provence et le Languedoc. Par lui, le propriétaire concédait la jouissance d'un fonds à perpétuité moyennant une rente aussi perpétuelle. Mais quelle était la nature de cette jouissance ? Pour répondre, il faut distinguer entre le ressort du Parlement de Toulouse et celui d'Aix. Si l'on était à Toulouse, on considérait le droit du preneur comme une sorte d'usufruit. C'est, disait Boutaric, « *un cizaillement de la dominicité en deux parties, dont l'une demeure, à titre de propriété, à celui qui donne le fonds, et l'autre passe à titre d'usufruit sur la tête du locataire.* » La possession civile restait donc au bailleur. Le preneur n'acquérait que la possession naturelle et utile, et il ne devait ni détériorer, ni diviser, ni même aliéner le fonds. La jurisprudence de Provence le considérait, au contraire, purement et simplement comme un *bail à rente*, transférant dès lors au preneur la propriété avec toutes ses actions.

BAIL A MÉTAIRIE PERPÉTUELLE.

Le bail à métairie perpétuelle, comme son nom l'indique, est un contrat par lequel le propriétaire d'un fonds en donnait la jouissance à un particulier pour lui et ses descendants à perpétuité, sous la condition d'un partage de fruits. Il était usité dans le Limousin et dans la Marche.

Ce contrat ne transférait en aucune façon de domaine utile : il produisait simplement les effets d'un colonage ordinaire, avec cette différence qu'au lieu d'avoir une durée fixe et certaine, il était soumis à une condition casuelle et ne s'éteignait qu'avec la race directe du colon. Ainsi donc les actions pétitoires et possessoires concernant le *terroir* restaient toujours dans les mains du propriétaire, qui seul avait le droit de les exercer. Les réparations, du moins les principales, le regardaient aussi, et il conservait toujours sa jouissance commune, par le droit de surveillance, le droit d'être consulté, de donner son avis pour l'achat des bestiaux, les améliorations, les travaux à faire et tout ce qui concernait la tenue du domaine. De son côté, le colon ne pouvait ni *vendre* ni *sous-louer* sans l'autorisation du propriétaire, ne pouvait ni couper les arbres, ni distraire les animaux de la culture qu'avec la permission du maître. Il était tenu de jouir comme il faut, de bien exécuter les obligations d'un colon ordinaire, sous peine de voir résoudre son contrat.

LOUAGE HÉRÉDITAIRE.

Le louage héréditaire semble être pour l'*Alsace* ce que la métairie perpétuelle est pour la Marche et le Limousin, avec la différence qui résulte du bail à ferme au bail à colonage partiaire. Il est un contrat par lequel le propriétaire d'un bien rural l'afferme au profit du preneur et de ses descendants en ligne directe. Pas plus que le contrat de métairie perpétuelle, il ne transfère aucun domaine utile. Le fils qui succède à son père n'a pas plus de droit que celui-ci : il est fermier au même titre.

BAIL A FERME PROPREMENT DIT.

Au milieu de toutes ces tenures, le bail à ferme proprement dit, ainsi que le métayage conservait aussi sa place. Annihilé pendant l'invasion et même avant la chute de l'Empire Romain, il avait reparu avec la Féodalité. Un des plus anciens, trouvé par de Laurière (sur la règle 505, *Instit.* de Loysel), remonterait à 1287. Il pouvait être fait à vie ; et même la nature d'un pareil contrat soulevait de vives difficultés. *« Il est la matière d'un grand problème*, disait Fonmaur »* (ch. XVIII, n° 750). Etait-ce un louage proprement dit, une vente, un usufruit transférant le domaine utile? Le bail au-dessus de *neuf ans*, appelé bail à longues années , était aussi l'objet de vives controverses. D'après Loyseau, ce dernier bail, et à plus forte raison le premier, transférait la seigneurie utile. Pothier, au contraire, et avec justice, faisait dépendre cela de l'intention des parties ; mais il les présumait *baux à rente* ou *usufruit*, à moins que les contractants n'aient expressément déclaré qu'ils n'entendaient faire qu'un simple bail à ferme (*Louage*, n° 27).

INFLUENCE DU DROIT INTERMÉDIAIRE SUR CES DIFFÉRENTS CONTRATS.

Nous avons essayé de résumer aussi rapidement que possible la physionomie générale des tenures usitées autrefois dans notre ancien droit. Elles se nuançaient généralement de quelques règles particulières suivant les localités ; mais à peu près toutes, féodales ou non, avaient pour caractères communs la perpétuité et le *cizaillement* du domaine en fragments multiples. Ces charges nombreuses qui pesaient sur les biens, qui les rivaient tous les uns aux autres par une chaîne indissoluble, avaient eu dans le principe leur incontestable utilité, leur incontestable raison d'être ; mais elles ne répondaient plus aux besoins des temps, gênaient la libre circulation de la propriété, et étaient depuis longtemps condamnées par les économistes, comme contraires aux progrès agricoles. La Révolution Française affranchit le sol, comme on l'a dit pompeusement ; elle rendit toutes les terres *allodiales* (1), en prescrivant, moyennant une indemnité, le rachat de tous ces droits. C'était une sorte d'expropriation pour cause d'utilité publique, prononcée par le fameux décret du 4 août 1789, et la loi des 15-28 mars 1790 qui ne faisait que le réglementer : réforme radicale sans doute, mais pas encore spoliatrice. Elle ne satisfit pas. On avait vu voter l'abolition pure et simple de tous les services, de toutes les prérogatives personnelles. On attendait la même chose pour les redevances basées sur des contrats, et on refusait de payer les rentes, en brûlant quelquefois les titres qui les constataient. L'Assemblée constituante, qui se voyait entraîner malgré elle dans ce torrent, employait tous ses efforts pour l'arrêter. Elle en était réduite à gémir sur son impuissance, à protester de son respect pour la propriété, et en abdiquant, quand elle adressait aux populations une *vaine proclamation* pour les contenir, elle semblait déjà prévoir que son appel serait inutile !

Les pouvoirs qui lui succédèrent devinrent en effet les complices des actes qu'elle blâmait. Dès le 18 juin 1792, l'Assemblée législative commençait à battre en brèche le principe de l'indemnité, en restreignant les modes de preuves admis pour l'établir. La plupart des redevances *seigneuriales* n'étaient fondées

---

(1) On entendait par *alleu* une terre qui n'était assujettie à aucune redevance. « L'on appelle *alleu*, disait Beaumanoir, ce que l'on tient sans faire redevance à *nullui* » (Cout. de Beauvoisis, ch. xxiv, p. 123). Le mot *alleu* est un mot d'origine germanique dont on se servait pour indiquer les terres libres, indépendantes, provenant du partage primitif fait par les barbares lors de leur invasion dans l'Empire Romain. Ces *alleux*, d'abord nombreux, se convertirent presque tous en *fiefs* vers le viiie siècle, et constituaient, sous l'ancien droit, l'exception dans le régime de la terre.

que sur la possession constatée par des reconnaissances. Ces bases furent déclarées insuffisantes, et, pour triompher dans sa réclamation, il fallait justifier, par le titre primitif d'*inféodation* ou d'accensement, que ce cens était le prix ou la condition d'une concession de fonds. C'était encore trop, paraît-il, et ces moyens détournés n'avaient pas aussi bien réussi qu'on l'espérait. Le 25 août 1792, on exigeait une condition de plus : il fallait que la clause de concession primitive eût été clairement énoncée. Ceci, bien entendu, au nom des principes d'égalité qu'on venait de solennellement proclamer, ne s'appliquait qu'aux anciens Seigneurs. Il ne s'agissait plus, en effet, de lois générales, de circulation gênée, de progrès agricoles : c'était un acte de dépossession personnelle.

Enfin la Convention, plus logique, effaça les dernières traces de distinction qu'une apparente justice avait jusqu'ici laissé subsister : « *toutes les rentes seigneuriales furent abolies purement et simplement.* » L'indemnité n'était conservée que pour celles non entachées de ce titre (déc. du 17 juill. 1793). Ce décret engendra de nombreuses discussions. Tout le monde voulait en effet avoir subi le contact féodal, puisque la féodalité devenait, après sa mort, une fée bienfaisante qui enrichissait tous ceux qu'elle avait touchés de son vivant. Déjà, dans l'ancien droit, il y avait de nombreuses tenures sur lesquelles planait un véritable doute. Une question qui se présenta tout d'abord fut celle de savoir si la qualification de *seigneuriale* suffisait pour imprimer ce caractère à la rente. Les vieux auteurs décidaient, avec raison, que la dénomination était indifférente, et que c'était seulement par la substance de l'acte qu'il fallait juger. Or, pour s'attacher des vassaux par un lien seigneurial, il fallait être propriétaire d'un alleu noble ou d'un domaine féodal; ni le propriétaire de l'alleu roturier, ni le possesseur d'une censive, ni l'emphytéote, ni tout autre détenteur à titre précaire n'étaient capables de faire une pareille concession. Cependant un avis du Conseil d'État du 13 messidor an XIII, suivi d'autres avis du 7 mars 1808, 7 février 1809, déclaraient « que lorsque le

titre constitutif de la redevance ne présentait aucune ambiguïté, celui auquel ce titre était opposé ne pouvait en aucune
façon être admis à soutenir qu'il n'y avait pas de seigneurie; » mais beaucoup de cours ne considérèrent point ces avis
comme des actes législatifs, et elles suivirent l'ancienne jurisprudence.

S'il était indispensable à une rente, pour être féodale,
d'avoir été constituée par un seigneur, cela suffisait-il? Non :
il fallait voir si la rente était ou non récognitive de seigneurie; car une rente foncière pouvait être créée par toute
personne, et un seigneur pouvait, comme un autre, aliéner
purement et simplement son domaine en rente. Si donc il n'y
avait point de *reconnaissance formelle*, elle devait être conservée. Cependant l'art. 17 du décret du 25 août 1702
pouvait faire naître des doutes : « Ne sont pas comprises les
redevances *qui sont dues par des particuliers à des particuliers non seigneurs, ni possesseurs de fief* » : d'où l'on pouvait
conclure, par *a contrario*, que toutes celles dues à des seigneurs étaient supprimées. La jurisprudence n'a pas admis
cette interprétation; la qualité de seigneur n'avait qu'un effet:
« *faire présumer la féodalité* ». Dans les contrats passés sous
l'empire de la maxime « *nulle terre sans seigneur* », pour
les pays où cette règle existait, toute rente censuelle était
présumée seigneuriale, de même que pour les pays *allodiaux*
la présomption était contraire.

La qualification du contrat n'était pas elle-même décisive.
Le fief, quoique le plus souvent féodal, n'emportait pas toujours ce caractère. Quelquefois, dans certaines coutumes, on
le prenait pour synonyme d'immeubles : en Normandie, par
exemple : « Nous appelons possessions mouvables tout ce
qui peut être remué : pré, champ, tout fonds de terre qui est
communément appelé *fief*; » à Mont-de-Marsan et à Saint-
Sever, ce mot signifiait une rente purement foncière. Il fallait
donc, pour qu'il fût vraiment féodal, y retrouver les conditions essentielles « *de la foi et de l'hommage*. » Le cens,
quoiqu'en général féodal, avait aussi des significations

diverses: « *Notandum est,* disait Dumoulin, *quod census est dictio œquivoqua seu variæ significationis,* » et il engageait à s'en référer aux circonstances. La jurisprudence a suivi ce conseil. Les *champarts,* les *complants* étaient également tantôt simplement fonciers, tantôt en outre seigneuriaux.

Enfin il restait certaines redevances qui, nobles et féodales dans leur origine, ne tenaient plus à la féodalité au moment de la Révolution, et étaient dues à de simples particuliers. Ces rentes-là, d'après la jurisprudence, ne sont pas supprimées.

Il n'y avait pas seulement de difficultés en ce qui concerne les redevances abolies : celles pour le rachat desquelles une indemnité était exigée en soulevaient aussi beaucoup. Les lois avaient déclaré rachetables toutes les redevances qui représentaient le prix d'une aliénation de propriété utile. Or dans quelles tenures cette aliénation avait-elle eu lieu ? Pour quelques-unes, la chose était claire ; pour d'autres, au contraire, elle souffrait controverse.

Ainsi, pas le moindre doute en ce qui concerne les rentes foncières perpétuelles, les emphytéoses, les champarts : la loi était formelle (art. 1er, loi du 18-20 déc. 1790) ; et par perpétuelles on entendait toutes celles au-delà de 99 ans. Il en était de même pour les baux à locatairie perpétuelle, qu'une disposition spéciale (décret du 2 prairial an II, 21 mai 1794) assimilait aux rentes, d'après la jurisprudence du Parlement de Provence. Il faut en dire autant des baux à vie sur plus de trois têtes (loi de 1790. art. 1er). Mais il en était différemment pour les *complants,* baux à métairie *perpétuelle,* baux *héréditaires.*

Tout d'abord pour les complants, ils n'étaient pas mentionnés. La perpétuité suffisait-elle pour transférer la propriété au preneur, et dès lors les rendre rachetables ? Oui dans quelques coutumes, et notamment dans la coutume de la Rochelle ; mais M. Merlin avait eu le tort de généraliser cette opinion. Il paraît qu'il n'en était pas ainsi dans la Loire-Inférieure, l'Anjou, la Vendée. On trouvait dans ces provinces beaucoup de complants perpétuels où les preneurs n'étaient que des fermiers ordinaires, sauf la durée de la jouissance. C'est l'idée qui résulte d'un arrêt du Conseil d'État du 4 thermidor an VII, rendu sur le rapport de M. Boulay-Paty pour la Loire-Inférieure, et d'un autre du 21 ventôse an X, faisant la même chose pour la Vendée et le Maine-et-Loire, et partout, disait ce dernier, « où les clauses des actes caractérisent la réserve de la propriété au bailleur (Sirey, 3, 2, 152). C'est là, en effet, ce qu'il faut considérer plutôt que la perpétuité en elle-même. Il y a donc une question de fait dans chaque espèce. La circonstance que le preneur paie ou ne paie pas l'impôt devait surtout, d'après M. Boulay-Paty, servir à décider s'il est ou s'il n'est pas propriétaire.

Quid maintenant des baux à métairie perpétuelle ? La Cour de cassation a décidé, par un arrêt du 2 mars 1835, que ces baux tombaient sous l'empire des mesures édictées par la Révolution. Cet arrêt se base sur deux idées également fausses : la première, que la loi du 20 décembre 1790 et le décret du 2 prairial an II, qui l'interprète par cette expression de « *baux à culture perpétuelle*, » comprennent le métayage ; la seconde, qu'un tel bail constituait une véritable aliénation du fonds (D., *Rép.*, v° *louage*, p. 500, note).

La première idée se réfute d'un mot. La Cour de cassation a confondu les *baux à locatairie* dont parle la loi avec les *baux à métayage*, ce qui n'est pas du tout la même chose ; car impossible d'étendre une loi si rigoureuse à une convention fort connue et qu'elle ne nomme pas. D'autre part, il est certain que jamais ces contrats n'ont transféré la propriété au preneur ; le métayer conservait sans doute son droit dans la famille ; il le transmettait de génération en génération, mais tel qu'il l'avait, c'est-à-dire que le fils était colon comme le père, mais pas plus propriétaire que lui. D'ailleurs n'avons-nous pas vu que le bailleur conservait seul les actions relatives à la propriété, même celles relatives à la possession, qu'il était seul chargé de la réparation des bâtiments, et que le métayer no pouvait céder son droit sans le consentement du bailleur ? Ajoutons enfin que la Cour de cassation elle-même est revenue de sa doctrine, en consacrant par deux arrêts successifs, du 11 août 1840 et du 31 mars 1842, l'opinion que nous soutenons (D., *Rép.*, v° *louage*, p. 510 à 512, note).

Quant au bail héréditaire d'Alsace, la solution doit être la même : c'est pour le *louage* un contrat identique au *métayage* perpétuel pour le colonage. Il fonde une dynastie de fermiers, comme l'autre fonde une dynastie de métayers. Les fils prennent la charrue après le père, mais au même titre que lui. Cette doctrine avait été approuvée par un arrêt solennel de la Cour de cassation en 1835, sur les conclusions conformes du procureur général Dupin. Depuis, en 1852 notamment, elle a semblé se départir de cette idée, et l'envisager comme une emphytéose. Ceci n'est pas exact. Ces baux se différencient de l'emphytéose perpétuelle en ce qu'ils sont destinés à s'éteindre avec la race directe du fermier. Ils portent ainsi, a dit M. Troplong, la mort dans leur sein, comme tout ce qui est soumis à une condition casuelle.

Quant au domaine congéable, évidemment il ne transfère pas la propriété du fonds ; il ne transfère que la propriété résoluble *ad nutum* des superficies ; et nous n'en parlerions même pas si une loi révolutionnaire du 27 août 1792 n'avait, au mépris de tous les droits, déclaré le preneur propriétaire du terrain qu'il cultivait. Cette loi fut promptement abrogée par une autre du 9 brumaire an VI, rétablissant la loi du 7 juin 1791 qui les avait expressément maintenus et de nouveau réglementés. La seule question qui puisse se produire est donc celle de la validité des rachats accomplis entre 1792 et l'an VI. Quelques auteurs, mus par un sentiment d'équité, voire même quelques arrêts de la cour de Rennes, avaient considéré la loi de l'an VI comme anéantissant, dans le passé, le rachat exercé, et restituant à l'ancien foncier la propriété que ce rachat avait transférée au domanier. Mais cette opinion doit être repoussée au point de vue juridique. La loi, en effet, n'a pas d'effet rétroactif ; celle de l'an VI se borne à abroger pour l'avenir. Jusqu'à elle donc, la loi do 1702 doit toujours être considérée comme produisant des effets valables, et tous les faits accomplis sous son empire doivent, en conséquence, être maintenus. La Cour de cassation a toujours jugé en ce sens, notamment par un dernier arrêt du 3 mai 1848 (Devil., 1848, 1, 713).

Voilà ce qu'avait fait le droit intermédiaire. Il n'y avait plus, dès lors, à poser sur les biens que des droits réels temporaires n'excédant pas une durée de 99 ans ; et, en supprimant les anciens, il prohibait, bien entendu, d'en créer de nouveaux pour l'avenir : « *Il est défendu de créer aucune redevance foncière non remboursable, sans préjudice des baux à rente et emphytéoses qui pourront être faits à l'avenir pour 99 ans et au-dessous, ainsi que les baux à vie sur plusieurs têtes, à la charge qu'ils n'excéderont pas le nombre de trois* » (loi du 29 décembre 1790) ; ce qui ne voulait pas dire, comme l'a prétendu la cour de Colmar par un arrêt du 28 mai 1821, que cette loi frappait de nullité une convention perpétuelle. Non ; seulement, dans ce cas, comme l'a très-bien jugé la Cour de cassation en cassant l'arrêt, la rente ou la redevance devient le prix d'un transfert de propriété, et est dès lors rachetable (15 déc. 1824 ; Dall., 1824, 1, 96).

Ces règles, ces principes régirent les conventions jusqu'en 1804. Nous allons voir ce qu'ils sont devenus sous le Code Napoléon.

TROISIÈME PARTIE

DROIT MODERNE.

Le Code s'est inspiré, dans les lois relatives à la propriété, comme dans celles qui concernent les personnes, des principes nouveaux proclamés par la Révolution. Il ne saurait donc être question aujourd'hui, pas plus que dans le droit intermédiaire, de toutes ces anciennes tenures qui venaient autrefois se greffer à perpétuité sur le sol, séparant, divisant en fragments et en tronçons divers la propriété qui, pour sa libre circulation, doit, autant que possible, rester pleine et entière dans les mains de celui qui la possède. C'est même une question gravement controversée que celle de savoir si le législateur de 1804 n'a pas été plus loin que celui de 1790 en supprimant les droits réels temporaires à long terme, dernières épaves de nos vieux ténements. Mais, avant d'examiner ce sujet avec l'attention qu'il mérite, étudions les contrats longuement réglementés, tels que le *louage* et le *colonage* partiaire.

I.

DU BAIL A FERME.

CHAPITRE PREMIER.

RÈGLES GÉNÉRALES QUI CONCERNENT LE BAIL A FERME.

1° Éléments essentiels au bail à ferme. — Comparaison avec les autres contrats.

La définition du bail nous est donnée par le législateur lui-même. C'est, dit l'art. 1709, un contrat par lequel l'une des parties s'oblige à faire jouir l'autre d'une chose pendant un certain temps, et moyennant un certain prix que celle-ci promet de payer. » Cette définition, nous le voyons, sauf la limitation dans la durée, ici formellement exigée, est à peu de chose près la même que celle formulée en droit romain. Nous retrouvons là, comme autrefois, les trois éléments essentiels nécessaires à la formation du contrat : *res, pretium, consensus;* mais, en retrouvant les mêmes idées et les mêmes principes, nous les retrouvons entourés de controverses nombreuses qui se sont même augmentées en passant par notre ancien droit pour venir à nous. Le Code ne fait qu'indiquer les traits, les caractères indispensables, sans en préciser au juste les limites et l'étendue. Nous allons y suppléer par les règles de l'interprétation.

Chose. — En ce qui concerne la *chose* objet du bail, pas de difficulté. Il s'agit ici d'un bien rural, et on entend par tel tout bien susceptible d'exploitation, tout bien susceptible de produire des fruits. Peu importerait du reste que des bâtiments, qu'une maison d'habitation s'y trouvassent annexés : pourvu que cette maison, que ces bâtiments ne soient que l'accessoire, et que la culture, la récolte à recueillir aient été l'objectif principal des contractants, le bail ne changerait pas de nature, et resterait toujours assujetti aux mêmes règles, aux mêmes dispositions.

Prix. — Il doit être *certain, sérieux.* Ici les difficultés commencent.

Certain. Il faut que les parties soient liées définitivement, irrévocablement, qu'il ne dépende plus d'elles de varier d'intention ; mais il n'est pas nécessaire, bien entendu, qu'elles fixent elles-mêmes la somme à payer. Il suffit que le contrat contienne les bases d'après lesquelles il peut être déterminé d'une manière indépendante de leur volonté, comme si l'on disait : « Je loue pour un prix égal à la ferme voisine. » On pourrait aussi parfaitement laisser ce soin à un arbitre nommé, et à l'appréciation duquel on serait obligé de se soumettre. Que décider si cet arbitre ne remplit pas sa mission? Faut-il, comme en matière de vente, déclarer le contrat non avenu? C'était la décision Romaine; mais Pothier ne l'approuvait pas. Suivant lui (*Louage*, n° 38), l'intention d'un locateur qui ne peut pas exploiter personnellement, et d'un preneur pressé de se pourvoir, est surtout de louer, et, à défaut de la personne indiquée, ils devaient se contenter d'une autre. M. Troplong (*Louage*, n° 4) critique le motif donné par Pothier, dont l'exactitude se trouve souvent en défaut; car cette hâte du propriétaire et du fermier, l'un à utiliser sa chose, l'autre son industrie, est loin d'être toujours vraie. La convention peut, en effet, intervenir longtemps avant que la ferme ne soit libre et susceptible d'être livrée. Aussi n'admet-il l'idée de Pothier que si le bail a été exécuté déjà par la mise en jouissance du preneur. L'art. 1716 autorise cette solution, et également, mais sous une forme un peu dubitative, lorsque le terme pour entrer en jouissance est si prochain que le locateur pourrait difficilement trouver d'autres preneurs, et les preneurs d'autres terres à faire valoir. Le Code ne s'explique pas à cet égard. Il ne donne une solution que pour la vente (art. 1592), et la déclare non avenue en pareil cas, conformément à la loi *ult.*, C., *de cont. empt.*, dont l'article n'est, d'ailleurs, que la reproduction; mais il a supprimé la fin, qui s'exprimait de la sorte : « *Quod etiam in hujusmodi locatione locum habere censemus.* » Il y a donc lieu de croire que les rédacteurs, qui travaillaient d'ordinaire Pothier sous les yeux, se sont plutôt référés à sa décision qu'à celle de la loi Romaine. Cependant, et précisément à raison de ce silence, nous ferons dépendre la chose des circonstances. C'est au juge à examiner quel mobile animait les parties dans la nomination de l'arbitre, si elles tenaient spécialement à lui, si au contraire elles n'avaient qu'en vue de se référer à un étranger honnête homme pour les mettre d'accord, et, selon que les faits dénoteront telle ou telle intention, il pourra ou déclarer ce contrat non avenu, ou fixer lui-même ce prix, ou confier ce soin à un autre arbitre.

Sérieux. La seconde condition que doit réunir le prix, c'est *d'être sérieux*; mais qu'est-ce qui constitue le caractère sérieux? En droit Romain, nous avons vu deux hypo·thèses où il cessait de l'être : s'il avait été stipulé fictivement sans intention qu'il soit payé ; si sa disproportion avec la valeur de la chose montrait d'une façon évidente que les parties n'ont pu l'indiquer que par jeu, et sans considérer sa fixation comme une affaire. J'ai loué un domaine de cent hectares *nummo uno*. D'éminents auteurs, entre autres Zachariæ (t. II, p. 407) et Duvergier (t. I, n⁰ˢ 148 et 149), admettent une troisième hypothèse où le prix cesse encore d'être sérieux : si les parties ne l'ont pas considéré comme l'équivalent de la chose : si j'ai loué *deux cents francs* ce qui en vaut notoirement *dix mille*. C'est là, croyons-nous, une erreur profonde. Quel est, dans un acte, le sens ordinaire, usuel, pratique du mot *sérieux*? On entend par là non pas, par exemple, une clause convenable, raisonnable, mais une clause stipulée dans l'intention de l'exécuter, une promesse faite pour la tenir. Ainsi, je loue une ferme superbe pour une pièce de trois francs. Il n'y a personne qui ne dise : Ce marché est une plaisanterie. Il n'y a là rien de sérieux. C'est un don gratuit qui se voile sous cette faible apparence. Au contraire, si vous avez une monnaie ancienne, rare, pré·cieuse pour un amateur, valant peut-être 100 francs, à laquelle je tiens beaucoup, et que je vous cède, pour l'avoir, la jouissance de mon domaine qui vaut 1,000 francs de rente, on dira peut-être, et on aura raison : C'est une folie ; mais personne ne songera à critiquer le sérieux de cette affaire. Faut-il ici donner à ce mot un autre sens, et pourquoi? Est-ce le texte de la loi qui le permettrait? Le mot n'y est pas prononcé. En exigeant un prix, elle ne prend pas la peine de dire que ce prix doit être sérieux; on l'exige, parce que le bon sens le veut, et que la loi s'occupe uniquement de choses sérieuses, et qu'on ne peut invoquer les effets légaux d'un louage que si l'on a sérieusement loué. Il n'y a donc là rien de particulier, et ce qu'il faut dans ce contrat, comme dans tout autre, c'est qu'on ait stipulé pour tout de bon. Si, d'ailleurs, *sérieux* devait être synonyme de *convenable*; s'il fallait dire que le prix n'est pas sérieux quand il est par trop minime, la logique obligerait à dire aussi qu'il cesse de l'être si celui qui afferme paie dix fois sa valeur, et alors on en viendrait tout de suite à rescinder le bail pour cause de lésion, ce que la loi défend, même en matière de vente, en ce qui concerne l'acheteur. Une pareille conséquence renverse le système. Autre chose est le *prix vil* et le *prix sérieux*; l'un ne vicie en aucune manière le contrat, l'autre l'empêche de se former.

Enfin, il n'est pas nécessaire que le *prix consiste absolument en argent monnayé*. Des denrées ou d'autres prestations en nature, pourvu (car c'est l'essentiel) qu'elles soient transférées en propriété au bailleur, rempliraient parfaitement cet office. Les denrées se compensent avec l'argent (art. 1291, C. civ.). Elles sont donc parfaitement susceptibles de le remplacer. L'usage, d'ailleurs, considère très-bien ces prestations comme équivalant à la monnaie; et il y a une foule de conductions de cette sorte; mais, bien entendu, si c'était une jouissance concédée en échange d'une autre jouissance, il n'y aurait pas là *prix* proprement dit, et nous aurions, comme nous l'avons vu en droit romain, un pacte innomé.

Consentement. — Il n'offre ici rien de particulier. Il doit, comme l'exige l'art. 1109 du Code civil, être libre, exempt de dol, de violence et d'erreur, susceptible, par conséquent, d'être annulé, si la volonté avait été forcée ou ne s'était rendue qu'à des supercheries; de même aussi s'il n'avait pas porté sur les qualités substantielles, c'est-à-dire sur la nature de l'acte, sur la chose, sur la durée et sur le prix. Pour le prix, cependant, il est bon de faire la même distinction qu'à Rome, et de dire que si le preneur avait cru louer pour une somme supérieure à celle exigée par le bailleur, le contrat tiendrait, en vertu de cette équitable maxime : « Qui dit plus, dit moins. »

Enfin, il doit émaner *de personnes capables.*

Il n'y a plus, aujourd'hui, à proprement parler, d'incapacités spéciales. Le tuteur, il est vrai, ne peut lui-même prendre à bail les biens du mineur , mais il peut se faire consentir un louage par le subrogé tuteur autorisé du conseil de famille (art. 450, C. civ.). Il suffit donc, pour s'engager comme fermier, d'être capable de contracter, pourvu cependant que le bien au sujet duquel on traite ne soit pas votre propre bien. En droit romain comme en droit français « *rei suæ conductio nulla est.* » La sous-location qu'un propriétaire pourrait en faire après l'avoir loué une première fois ne serait autre chose qu'une résiliation.

Pour s'engager comme bailleur, il faut aussi, bien entendu, être capable de s'obliger, et cela suffit si on réunit à cette capacité le pouvoir d'administrateur. Le louage n'emporte, en effet, aucune aliénation : il n'est qu'un acte d'administration pure et simple. Comme conséquence de ces deux idées, certaines personnes ne pourront affermer leur propre bien, et d'autres pourront, au contraire, affermer le bien d'autrui.

Et d'abord, certaines personnes ne peuvent affermer leur propre bien, parce qu'elles sont inhabiles à contracter : tels sont les *mineurs*, les *femmes mariées*, les *interdits;* mais, en vertu du principe que le bail n'est qu'un acte d'administration, si ces personnes dont nous venons de parler, quoique n'ayant pas la capacité de disposer de leur fortune, ont cependant celle de faire des actes d'administration, elles deviendront aussitôt aptes à consentir des baux : ainsi le mineur émancipé ; la femme mariée aussi, dans certains cas : si, par exemple, mariée sous le régime de la communauté, elle s'est réservé l'administration de certains biens; si elle est séparée de biens soit contractuellement, soit judiciairement, ou si, mariée sous le régime dotal, elle a des biens paraphernaux; mais ces baux, pas plus que ceux consentis par le mineur émancipé, ne peuvent excéder neuf années. Il a paru, en effet, au législateur, dominé peut-être en cela par l'idée ancienne que les baux de plus de neuf ans étaient une espèce d'aliénation, que cette période de neuf ans serait bien suffisanto pour que les intérêts de l'agriculturo fussent respectés, et pour que les pouvoirs d'administration de la femme mariée et du mineur émancipé fussent libres et sans entraves.

Si certaines personnes ne peuvent donner à fermo leur propro bien, à l'inverse, avons-nous dit, certaines autres peuvent affermer des biens qui ne leur appartiennent pas : ce sont les personnes qui ont en mains l'administration de la fortune d'autrui.

C'est au sujet des pouvoirs du mari sur les biens propres de la femme mariée en communauté que le législateur donne les éléments avec lesquels on peut construire la théorio presque générale des baux faits par ceux qui administrent pour autrui. Sous le régime de la communauté légale, le mari est administrateur des biens propres de sa femme, biens dont il perçoit l'usufruit pour le compte de la communauté. La loi devait ici concilier l'utilité du mari, qui, en définitive, n'est autre que l'utilité de la communauté conjugale, avec l'intérêt bien entendu de l'agriculture et enfin avec le respect des droits de la femme et la conservation de sa fortune. Voici ce qu'elle décide à cet égard : « Les baux ne doivent pas durer plus de neuf années après la dissolution de la communauté. S'ils ont été consentis pour une durée plus longue, ils ne restent valables contre la femme et ses héritiers qu'en ce qui concerne la période de neuf années restant à courir (art. 1429). Cependant, comme les biens ruraux ne se louent pas d'un jour à l'autre, et que les fermiers ont besoin de savoir à l'avance combien de temps ils feront valoir, la loi (art. 1430) permet de les renouveler trois années avant leur expiration, ce qui peut, comme dernière extrémité, porter à douze ans leur durée obligatoire. »

Ces textes sont clairs ; nous n'avons qu'à en rapprocher l'art. 1718, disposition de renvoi, qui les déclare applicables aux baux des biens de mineurs passés par les tuteurs, et l'art. 595 qui assujettit aussi aux mêmes règles les baux consentis par les usufruitiers. Nous pouvons également ranger dans cette catégorie, par voie d'analogie, les baux faits par les envoyés en possession provisoire.

Mais tous ces baux sont-ils bien exactement, en tous points, dans une situation identique? produisent-ils des effets complétement semblables? Ainsi, par exemple, si l'une des personnes que nous avons indiquées fait un bail excédant la durée voulue, ce bail devient réductible; à dater de quelle époque? Pour le bail consenti par le mari sur les biens de sa femme, la loi est formelle. C'est seulement à dater du jour de la dissolution de la communauté, quand la femme aura repris l'administration de ses domaines, qu'on pourra critiquer l'acte en question; jusque-là on le respecte, quelle que soit d'ailleurs sa longueur. La solution doit être la même pour l'usufruitier. Les règles, en effet, n'ont pas été faites en sa faveur, mais contre lui. Le nu propriétaire seul aura qualité pour arguer de nullité et demander la réduction. Serait-il également nécessaire d'attendre la fin de la tutelle pour critiquer les baux passés par le tuteur en dehors de ses pouvoirs? La question est controversée, et la Cour de cassation, par un arrêt notamment du 7 février 1865 (Dev., 1865, 1, 57), prenant à la lettre l'art. 1718, où il est dit « que les règles relatives aux baux des biens de femmes mariées sont applicables aux biens des mineurs, » décide que le tuteur a jusqu'à la majorité du pupille une liberté complète et entière, et qu'on ne doit s'occuper du terme stipulé qu'au jour où il a atteint ses vingt et un ans. Nous croyons cependant que cette opinion doit être rejetée, car les deux situations sont très-différentes. Le mari, commun en biens, n'est pas seulement en effet, quant aux immeubles de la femme, représentant de celle-ci pour l'administration; il a de plus, en vertu de son titre de chef de communauté, un droit *propre*, comme usufruitier de ses immeubles. Le mari est donc, pendant la durée de la communauté, seul maître des fruits; la convention relative à ces fruits doit dès lors être valable pendant toute cette période; ni lui ni d'autres ne la pourront attaquer, mais le tuteur, lui, n'a aucun droit sur les biens de son pupille; il n'a qu'une seule mission, « *administrer*, » et l'acte fait contrairement aux limites tracées pour l'administration est annulable immédiatement. En l'attaquant, en effet, ce n'est pas en son propre nom qu'il agit : il se présente comme représentant du mineur. Il peut donc ce que pourrait celui-ci , agissant de lui-même comme majeur, sauf, bien entendu , les dommages-intérêts que pourrait contre lui obtenir le fermier. D'ailleurs, les termes de l'art. 1718 ne sont pas aussi péremptoires qu'on veut bien le dire ; il renvoie simplement aux art. 1429 et 1430, et le but direct, principal de ces articles « n'est pas de conférer au mari le pouvoir de faire, tant que dure la communauté, les baux des biens de sa femme pour tout le temps qu'il juge convenable , mais bien de décider que les baux faits par le mari ne seront pas, après la dissolution de la communauté, obligatoires pour plus de neuf ans , vis-à-vis de la femme et de ses héritiers. » C'est là la disposition dominante de l'article ; d'où il résulte que le mari, considéré comme administrateur vis-à-vis de sa femme , ne peut pas louer ses biens pour plus de neuf ans ; or, c'est toujours seulement en qualité d'administrateur que le tuteur peut louer les biens du mineur.

Tel est le pouvoir reconnu par la loi aux administrateurs de biens qui ne leur appartiennent pas. Quel serait l'effet d'un louage consenti sur le bien d'un étranger dont on n'aurait même pas l'administration ? Le droit Romain et notre ancien droit reconnaissaient la validité de cette convention dans les rapports du bailleur et du preneur. Ce dernier pouvait obliger au respect des engagements ou à des dommages-intérêts. Vis-à-vis du propriétaire, bien entendu, aucun lien n'existait, et il était libre, en revendiquant, de reprendre sa chose quand il le voulait. Cette solution serait encore exacte , en règle générale, dans notre droit. Cependant nous croyons, avec M. Duvergier (t. V, n° 82), qu'il ne suffirait pas, comme autrefois, que le preneur fût mis en jouissance, et que le propriétaire se tût ; si le preneur démontrait que le locateur est dans l'impossibilité de prévenir l'éviction pendant la durée du bail, il pourrait se refuser à exécuter sa promesse. Il a droit en effet, tout au moins, en échange de ses engagements, à obtenir la sécurité, pourvu toutefois qu'au moment du contrat il ignorât que la propriété ne reposait pas sur la tête de celui avec qui il traitait.

Ne faut-il pas quelquefois aller plus loin, et décider le contrat valable, même contre le propriétaire véritable? M. Troplong (*Louage*, n° 98) admet cette opinion si le preneur était de bonne foi, et si celui qui a traité avait un *titre apparent*. La tendance de la loi est en effet d'accorder pleine efficacité aux actes d'administration passés entre un propriétaire putatif et un tiers de bonne foi. C'est ainsi que le paiement fait au possesseur de la créance est valable (art. 1240, C. civ.), que les actes d'un mandataire dont le mandat est expiré sont maintenus vis-à-vis des tiers ignorant cette circonstance (art. 2009, C. civ.). Il doit en être de même du bail. On ne peut pas astreindre celui qui loue aux mêmes précautions que celui qui achète. On ne lui remet pas les titres de propriété ; force est donc de se fier à l'apparence. En vérité, les articles 1726 et 1727 supposent bien un preneur évincé par le véritable propriétaire ; mais ces articles s'entendent des cas où il n'existait pas de titre apparent. Ces baux même, croyons-nous, doivent être maintenus pour un temps supérieur à *neuf années*. Les art. 1718 et 1429 ne s'appliquent en effet qu'à certaines personnes gérant notoirement pour autrui. Tout le monde a su que leur pouvoir était restreint. Il n'en est pas de même dans l'espèce. On a cru faire une affaire très-longue : elle doit tenir.

Sont également maintenus les baux de la chose d'autrui passés par un *gérant d'affaires*, et c'est seulement à ce titre que le *copropriétaire* peut passer un bail de la chose indivise. Complétement incapable d'engager en général ses coassociés, il ne devient capable que si, d'après les circonstances, « les biens par exemple restant improductifs, » les autres étant absents, il agit comme *negotiorum gestor*.

Ce que nous disons du propriétaire apparent, la loi l'applique à bien plus forte raison au propriétaire sous condition résolutoire. L'art. 1673 déclare maintenus les baux passés par l'acheteur à réméré ; et pour les autres cas, l'analogie conduit à semblable décision ! Il faut, eux aussi, les tenir en dehors du tempérament de l'art. 1429 ; car on n'excède les bornes d'une sage administration, en louant à long terme, que si on administre sûrement pour autrui. L'intérêt bien entendu d'un propriétaire lui conseille souvent de le faire pour *quinze* ou *vingt* ans : il ne sort pas là des bornes où se doit renfermer un bon père de famille, un bon administrateur.

Durée déterminée. — Il faut aussi que le bail ait une durée déterminée. « La perpétuité, disait M. Tronchet, est incompatible avec les principes de liberté que les lois modernes ont établis pour les choses comme pour les personnes ». Un pareil contrat ne serait donc aujourd'hui qu'une aliénation, moyennant constitution de rente, toujours rachetable au gré du preneur. Quant à la question de savoir quand le bailleur a concédé un droit perpétuel, a eu l'intention d'abandonner la propriété de l'immeuble pour la transférer au fermier, si le contrat ne s'explique pas à cet égard, c'est une question à résoudre d'après les circonstances. Le délai de 99 ans paraît, d'après l'esprit de notre ancien droit et du droit intermédiaire, être le terme extrême des baux temporaires. Quand ils excéderont, il faudrait une intention bien formelle pour faire décider autrement. Les baux d'ailleurs peuvent être limités, quoique faits pour la vie de plusieurs personnes (trois au plus d'après la loi de 1790), et consentis pour une durée illimitée soumise à une condition casuelle, comme les baux héréditaires d'Alsace, les baux à métairie perpétuelle du Limousin.

Les parties doivent aussi s'entendre sur la fixation de cette durée non perpétuelle, et la Cour de Douai a annulé avec raison un bail qui avait reçu commencement d'exécution, mais sur le terme duquel les parties n'étaient pas encore tombées d'accord (6 août 1852 ; Dall., 1853, 2, 176). Il n'est pas nécessaire pourtant que cette limite, que ce terme soit expressément fixé. A défaut de stipulation à cet égard, dans le silence des parties, la loi s'en charge elle-même. Elle suppose qu'on a donné au preneur le temps nécessaire pour recueillir tous les fruits, et, d'après cette base , elle établit une durée qui varie avec chaque nature d'héritage. S'agit-il de prés, terres , vignes dont les récoltes se prennent en un an ? le bail durera ce laps de temps ; s'agit-il au contraire de terres labourables, divisées par soles, par saisons ? il est censé fait pour autant d'années qu'il y a de soles. Telle est la disposition de l'art. 1774. Que dire pour les terrains produisant par année plusieurs récoltes, comme les jardins potagers, et certains fonds ruraux dont parle Ulpien, enrichissant deux fois leur propriétaire par année, probablement les prairies arrosées dit M. Troplong ? Ici encore le preneur n'est censé avoir recueilli tous les fruits qu'autant qu'il a joui des produits que l'année entière donne à son travail. On ne pourrait sans arbitraire réduire à six mois ; car les diverses récoltes ne suivent pas exactement la division du semestre. Les légumes tardifs d'un jardin n'attendent pas, pour venir à la maturité , qu'il se soit écoulé un laps précis de six mois depuis que les premiers légumes ont été cueillis. Les regains ne se coupent pas six mois après les premières herbes. D'ailleurs l'art. 1774 s'occupe de prés, et ne distingue nullement. Ainsi le décide M. Troplong (n° 708).

Une autre difficulté d'application que peut présenter l'art. 1774 est relative aux exploitations, aux domaines autrefois divisés par *soles*. On sait en effet que, pendant très-longtemps, le système de culture adopté dans une métairie consistait à diviser en plusieurs parts égales, le plus souvent trois, les terrains qui la composaient. On ensemençait l'une en blé, l'autre en avoine ou menus grains, et la troisième, destinée à recevoir le blé l'année suivante, était laissée en jachères ou en repos. C'était le vieux système légué par le Moyen Âge et vanté par Charlemagne dans ses Capitulaires. Rien de plus simple alors que de fixer la durée du bail d'après l'art. 1774. Il durait autant d'années qu'il y avait de parts différentes. Mais aujourd'hui beaucoup de départements, et spécialement ceux du Nord, ont changé ce système de culture. On ne fait plus de jachères ; on ensemence la terre tous les ans, en renouve-

lant sa fécondité par des engrais puissants et la variété des
plantes qu'on y fait pousser. Virgile conseillait quelquefois
cette manière de cultiver sur le sol de la féconde Italie :

Sic quoque inutatis requiescunt fœlibus arva,

en ajoutant pourtant :

Nec nulla interea est inaratæ gratia terræ.

(GEORG., liv. I, v. 82 et 83) (1).

Dans ce cas alors, comment fixer la durée du bail si les
parties ne se sont pas expliquées ? faut-il dire que le bail durera trois ans d'après le mode d'assolement usité en 1804 ;
qu'il ne sera fini que quand chaque portion de terre aura
donné la même nature de récolte ? Nous inclinerions à penser
que, dans cette hypothèse, le bail ne doit durer qu'un an.
Tous les fruits susceptibles d'être donnés par l'immeuble ont
été en effet recueillis dans ce laps de temps. Mais, par exemple, dans les endroits où l'on suit encore un assolement régulier, quand bien même un cultivateur aurait inauguré dans
son exploitation un système plus perfectionné, le bail serait
toujours fixé par la nature générale des assolements pratiqués dans la région. C'est ce qu'a très-bien décidé la Cour de
cassation, confirmant par le rejet du pourvoi un jugement du
tribunal d'Arras (arrêt du 16 août 1853 ; Dall., 1854, 1, 83).
Le bail, comme en droit romain, a des affinités assez
grandes avec la *vente* et l'*usufruit*.
Tout d'abord avec la *vente*. Il est quelquefois même assez
délicat de les distinguer, et pourtant la chose est importante,
car la différence entre les deux contrats est essentielle, radicale; soit au point de vue du droit qui en découle : la vente
opère le transfert de la propriété ; le louage, au contraire,
n'engendre qu'une simple créance de jouissance ; — soit au

(1) La terre ainsi repose en changeant de richesses,
Mais un entier repos redouble ses largesses.

(Traduct. de Delille.)

point de vue des risques : la vente les met à la charge de l'acheteur aussitôt la convention passée ; le louage laisse jusqu'à la fin cette responsabilité au bailleur ; — soit au point de vue des droits d'enregistrement, bien plus considérables dans la vente que dans le bail.

C'est surtout à propos d'une vente de fruits que la difficulté se présente. La question, en cas de doute, doit être résolue d'après les circonstances, *idque ex accidentibus apparet*, disait avec raison Gaïus (*Inst.*, lib. IV, n° 136). Parmi ces circonstances, Pothier plaçait autrefois en première ligne la durée, Carocclus, au contraire, la périodicité des paiements. Cette idée était, à coup sûr, beaucoup plus exacte que la première, car il est dans la nature des fermages de n'échoir que périodiquement, comme les fruits naturels qu'ils représentent, tandis qu'il n'est pas dans la nature du louage d'avoir une durée plus ou moins longue. La périodicité sera donc, en faveur du bail, un premier indice ; mais cela ne suffit pas. La vente de fruits, quand elle est faite pour plusieurs années, offre aussi ce caractère ; il faut en outre — c'est un trait encore plus essentiel à considérer — pour qu'il y ait bail, que le fonds soit remis, soit livré à un individu ; que cet individu prépare lui-même la venue des fruits qu'il aura à percevoir ; si on lui cède simplement les fruits à venir, sans qu'il soit obligé de s'en occuper, c'est une vente. Comment serait-ce un louage ? Le louage consiste dans la concession de jouissance d'une chose qui devra être restituée à une époque indiquée. Or, si une personne s'engage à procurer une récolte qu'elle fera venir elle-même sans livrer le fonds, celui qui recevra la récolte n'aura rien à remettre. Elle sera toute à lui moyennant le prix payé. On ne trouve pas là, en effet, ces deux droits corrélatifs de propriété et de jouissance qui permettent de faire usage de l'un sans altérer l'autre ; là tout se confond. Donc pas de bail.

Le bail a aussi des rapports avec l'*usufruit*. Tous les deux sont un droit de jouissance ; tous les deux peuvent être constitués moyennant redevance ; tous les deux exigent dans la jouissance la diligence d'un bon père de famille ; mais les différences sont encore plus grandes que les ressemblances. Le bail est toujours à titre onéreux, le prix est un élément essentiel : il émane toujours d'un contrat ; l'usufruit peut être gratuit et venir d'un testament, de la loi, aussi bien que d'une convention. Le bail ne produit qu'un droit personnel (nous le prouverons tout au moins) ; le bailleur est, en conséquence, tenu de faire jouir. L'usufruit est un droit réel, et le nu propriétaire n'est tenu que de laisser jouir sans s'inquiéter des accidents qui peuvent survenir, lesquels, au contraire, restent à la charge du bailleur. Le bail passe aux héritiers, et le preneur n'a pas le droit d'abandonner le fonds pour se soustraire aux obligations qu'il a contractées ; l'usufruit s'éteint à la mort, et l'usufruitier est parfaitement libre de déguerpir, d'abandonner l'immeuble pour se soustraire aux charges que lui impose sa qualité.

Tels sont les éléments essentiels qui constituent le bail ; mais, à côté du bail ainsi revêtu de tous les accessoires qui lui donnent la force, il y a une autre espèce d'engagement dont la loi reconnaît la validité, et qui se produit assez fréquemment : « *la promesse de bail.* » Elle peut se présenter sous trois aspects différents : *promesse* de consentir un bail dans un certain temps, faite par une partie et *acceptée* par l'autre, sans que cette dernière s'engage elle-même à prendre à bail : *promesse unilatérale* ; *promesse* réciproque de donner et de prendre à bail : *promesse synallagmatique;* enfin *simple offre* non acceptée, non suivie de la volonté de l'autre partie de s'en emparer : *pollicitation.*

Parlons tout d'abord de la première promesse, *promesse de donner à bail acceptée :* elle forme un contrat unilatéral obligatoire pour le promettant. Tous les auteurs cependant ne l'admettent pas ; mais leur système repose sur une confusion. Ils disent en effet : « Pas de contrat sans concours de volontés ; » donc, tant que la volonté de prendre à bail n'est pas venue se joindre à la volonté de donner à bail, le contrat n'existe pas. Cette conclusion est erronée. Sans doute, pas de contrat sans concours de volontés ; mais c'est précisément parce qu'il y a concours de volontés que nous voyons un contrat. En effet, quand vous déclarez vous obliger à me donner à bail et que, de mon côté, je déclare m'emparer de votre promesse et vous tenir engagé par elle, nos deux volontés ne se sont-elles pas réunies sur un point commun ? n'y a-t-il pas eu « *in idem placitum consensus ?* » Sans doute, nous ne convenons pas que nous serons tenus, vous à donner à bail, moi à prendre ; seulement nous tombons d'accord sur ce fait : « que vous serez forcé de me louer ». Il y a là contrat unilatéral, mais contrat. Cette promesse d'ailleurs, pour demeurer valable, ne doit pas être conçue en termes vagues et indéterminés ; il faut qu'elle contienne les bases essentielles sur lesquelles devra plus tard reposer le contrat, s'il s'effectue. Une obligation ne peut en effet exister qu'avec un objet certain, déterminé ou facilement déterminable. La promesse doit donc régler la chose et le prix ; sans cela elle serait non avenue. Une fois cette promesse arrivée à être obligatoire, elle permet au créancier d'obtenir, malgré le refus du débiteur, la délivrance de la chose. Il s'agit là d'un fait qu'on peut exécuter sans violence aucune sur la personne. Ce que nous venons de dire de la promesse de donner à bail s'applique également à la promesse de prendre à ferme.

Passons maintenant aux *promesses synallagmatiques* réciproques de donner et de prendre à bail. Le Code ne s'explique pas sur ce point. Nous n'avons que la règle d'analogie écrite pour la vente et ainsi conçue : « La promesse de vente vaut vente lorsqu'il y a consentement réciproque des deux parties sur la chose et sur le prix » (art. 1589). Nous pouvons dire également : « La promesse de bail vaut bail lorsqu'il y a consentement réciproque des deux parties sur la chose et sur le prix ». Mais quel est le sens de cette règle ? La simple promesse de donner et de prendre à bail deviendra-t-elle, par la force de la loi, un vrai bail ? ou vaut-elle bail, en ce sens que le créancier peut, au moyen d'une telle promesse, obtenir, en cas de refus d'exécuter, un jugement qui enjoigne au débiteur de passer contrat et qui, au besoin, le tienne pour passé? A ce sujet, grande controverse. Les uns prennent l'article à la lettre, et disent que cette promesse réciproque vaut immédiatement bail; d'autres, au contraire, disent que la seule question controversée autrefois était celle de savoir « si la promesse liait assez énergiquement pour assurer, pour forcer l'exécution du contrat; si au contraire, en face du refus du promettant, il y avait simplement lieu à des dommages-intérêts. » C'est cette controverse, cette dispute, qu'aurait tranchée le Code en déclarant qu'on peut forcer à l'exécution du contrat. On cite même, à cet égard, des paroles assez significatives prises dans les travaux préparatoires. M. Maleville disait en effet sur cet article : « Il termine une grande discussion entre les docteurs, les uns tenant que la promesse de vente vaut vente et oblige à passer contrat, les autres qu'elle se résout en dommages-intérêts » (Fenet, t. III, p. 359). Cette opinion, d'ailleurs, reste la seule conforme à la raison et au bon sens. En effet, qu'est-ce autre chose que la promesse de donner et de prendre à bail, sinon la réunion de deux promesses unilatérales? Or une promesse unilatérale ne peut aboutir qu'à une exécution forcée; elle n'est pas par elle-même le contrat promis. Pourquoi en serait-il ici différemment?

Terminons enfin par la simple promesse non acceptée, la *pollicitation*. Evidemment elle peut être retirée jusqu'à ce que la partie adverse s'en empare. Mais on se pose à cet égard une question qui peut faire difficulté : Si, par exemple, la réponse affirmative est faite par lettres missives, quand devient-elle obligatoire? faut-il que la lettre d'acceptation soit parvenue, ou suffit-il qu'elle ait été envoyée? M. Duvergier admet bien que si un commissionnaire était chargé de porter ce message, il devenait obligatoire à l'arrivée seulement, parce que, le commissionnaire restant toujours à la disposition de celui qui l'envoie, on peut à son gré retenir et reprendre; si la réponse était mise à la poste, selon lui ce serait différent, parce qu'il n'est pas possible de la retirer.

Cette idée doit être rejetée. Pas plus ici qu'ailleurs une réponse ne peut obliger avant d'être parvenue. « Une lettre en effet, dit très-bien M. Troplong, fait l'office de la parole, et il n'y a rien d'obligatoire dans les mots qui ne retentissent pas à l'oreille de celui à qui on parle » (*Louage*, n° 105, note). On pourrait donc très-bien révoquer par *dépêche* ou par tout autre moyen ce qu'on écrit par lettre avant l'arrivée de celle-ci.

Nous voici maintenant complétement éclairés sur la manière de contracter un bail ; mais, en justice, les droits ne suffisent pas : il faut encore établir, prouver leur existence. Comment donc le faire en cas de contestation ? quelle forme doit revêtir le contrat ? C'est ce que nous allons examiner.

2° *De la forme et de la preuve du bail.*

Le bail est un contrat purement consensuel n'exigeant pour sa perfection, pour sa validité aucune forme spéciale. Il peut être, au gré des parties, constaté par acte public ou sous seing privé, ou même simplement confié à la bonne foi de chacun, c'est-à-dire fait verbalement (art. 1714 C. civ.). Mais, dans ce dernier cas, si l'un des deux, bailleur ou fermier, revient sur la parole donnée, quelle sera la ressource de l'autre pour établir la vérité, pour contraindre à l'exécution de la promesse ? Si l'on se référait au droit commun en matière de preuve, il faudrait répondre par une distinction, examiner la valeur en cause, autoriser la preuve testimoniale et les présomptions s'il s'agissait de moins de 150 fr., exiger un écrit si la somme en question était supérieure. Ce droit commun ne s'applique pas ici. L'art. 1715 y apporte une exception en proscrivant complétement la preuve testimoniale, « *quelque modique que soit le prix réclamé.* » Le législateur a eu pour but dans cette interdiction, comme le disaient les orateurs du Tribunat, « d'éviter la lenteur dans un genre d'affaires qui exigent la célérité, et de prévenir la multitude de difficultés et de petits procès qui

auraient pu naître pour des objets d'aussi mince importance »
(Fenet, t. XIV, p. 351).

S'il existait un commencement de preuve par écrit, rendant vraisemblable la prétention invoquée, le témoignage de-
viendrait-il admissible ? Quelques auteurs le prétendent, en
se fondant sur cette idée, « que tout ici est de droit étroit, et
que l'art. 1715 ne déroge aux principes généraux que quand
un écrit manque totalement. » Cette opinion doit être repoussée. En effet, la preuve testimoniale est prohibée en ce
qui concerne le bail verbal, le bail *sans écrit;* et le bail à
l'appui duquel on ne présente qu'un commencement de
preuve par écrit est un bail *verbal;* il rentre donc dans le
cercle de notre article, et puis les motifs ne sont-ils pas les
mêmes? La loi a voulu repousser toutes les demi-preuves,
les preuves incertaines, éloignées, les présomptions, par
motif de célérité, d'économie. Que la preuve testimoniale
soit ou non précédée d'un commencement de preuve écrite,
n'a-t-elle pas toujours le même inconvénient, les mêmes
lenteurs? Du reste, en écrivant l'art. 1347, quel était le but du
législateur? assimiler le cas de plus 150 fr. à celui de 150.
Or l'art. 1715 fait brèche à l'art. 1346 pour la preuve testimoniale toute nue ; il doit aussi faire brèche pour le surplus.
Cependant, s'il eût existé un écrit, et que cet écrit eût été
détruit par accident de force majeure, je crois, avec M. Marcadé, que nous sortirions des termes de notre article, qui vise
uniquement le *bail sans écrit,* pour rentrer dans le droit commun, et l'art. 1348 deviendrait applicable.

En dehors de ce cas, l'art. 1715 ne mentionne qu'une ressource : s'adresser à la conscience de son adversaire et lui
déférer le serment. Est-ce bien là l'unique ressource ? ne faut-
il pas y ajouter l'interrogatoire sur faits et articles, qui,
d'après l'art. 324 du Code de procédure, peut être demandé
en toutes matières et en tout état de cause? Quelques auteurs
le prétendent. Rien, selon eux, ne déroge à ce principe général. Quand l'art. 1715 dit : « le serment seul pourra être dé-
féré, » ce n'est pas par opposition à l'interrogatoire sur faits

et articles, mais bien par opposition à la preuve testimoniale dont il vient de prohiber l'emploi, que parle l'article. Nous repoussons cette opinion; elle est directement contraire à notre article. Le législateur laisse de côté les principes reçus pour en fixer de nouveaux, et, quand il autorise le *serment seul*, cela signifie que nul autre moyen de preuve, quel qu'il soit, ne pourra être admis.

Voilà pour le bail non exécuté. « Si *le bail*, dit l'art. 1715, *n'a reçu aucune exécution.* » Mais si on allègue un commencement d'exécution, la preuve testimoniale devra-t-elle être admise pour établir les faits soi-disant constitutifs d'exécution? faut-il le décider par *a contrario* de l'art. 1715? M. Duranton admet le témoignage en toute hypothèse (t. XVII, n° 56). M. Troplong, tout en condamnant cette opinion s'il s'agit de plus de 150 fr., l'adopte si le bail est d'une somme inférieure (n° 115). Ni l'un ni l'autre, à notre avis, ne sont dans le vrai. Quant au premier système, en effet, une simple réflexion le fait tomber. Tout ce qu'on peut induire de plus favorable du silence de l'art. 1715, c'est un retour pur et simple au droit commun. On ne peut jamais, au grand jamais, faire sortir d'un article écrit dans le but spécial de restreindre le témoignage une extension parce qu'il se tait. Quant au second, il doit être rejeté aussi. En effet, si nous descendons à l'article suivant celui qui nous occupe, l'art. 1716, qui se place dans le cas d'un bail exécuté, nous y voyons la preuve testimoniale prohibée pour la recherche du prix stipulé. Combien, à plus forte raison, doit échouer la preuve vocale s'il s'agit de contestation, non plus sur une condition du bail, mais sur le bail lui-même! D'ailleurs, admettre la preuve par témoins des faits considérés comme commencement d'exécution du bail verbal, c'est admettre la preuve testimoniale du bail lui-même, preuve expressément défendue par la loi.

Ce n'est pas à dire cependant que si le témoignage n'est pas admissible pour prouver des faits considérés comme exécution du bail, ces faits ne puissent très-bien être prouvés en eux-mêmes pour en tirer une conséquence indépendante de toute idée de bail. Si vous avez, par exemple, fait paître vos bestiaux sur mes terres, je ne puis pas établir que vous l'avez fait comme preneur, mais je puis très-bien, vous signalant comme usurpateur de ma propriété, établir que vous en avez joui tant de temps, et vous faire payer, en vertu de l'art. 549 du Code civil, les fruits perçus ou la valeur des jouissances, comme possesseur de mauvaise foi.

Nous connaissons maintenant ce qui a trait aux contestations pouvant survenir soit sur le bail lui-même, soit sur son exécution. Supposons maintenant cette exécution avouée, et occupons-nous des difficultés relatives aux éléments, aux conditions du bail. S'il s'agit de la durée du bail, pas là encore de preuve testimoniale. Cette durée, à défaut de convention, est fixée par l'art. 1774 au temps nécessaire au preneur pour recueillir tous les fruits de l'héritage. S'il s'agit de contestation sur *le prix*, pas de preuve testimoniale non plus. L'art. 1716 décide en effet « qu'on s'en rapporte aux quittances dans pareil cas, et qu'à défaut de quittances le propriétaire est cru sur serment, à moins que le fermier ne préfère demander une expertise, cas auquel, dit *la loi*, les frais de l'expertise restent à sa charge, si l'estimation excède le prix qu'il a déclaré. » Cette disposition peut être rigoureuse, surtout si l'estimation excède de bien peu le prix déclaré, tout en étant bien au-dessous de celui réclamé par le propriétaire, mais la loi est formelle, et c'est ouvertement violer son texte que de décider, comme le fait M. Duranton, que le juge sera libre de ne pas tenir compte de cette règle si le prix est beaucoup au-dessous de celui réclamé. Il n'y aurait qu'un moyen pour le preneur d'échapper à cet inconvénient et de rendre la liberté au juge : c'est de demander l'expertise sans déclarer le prix, en se bornant à dire qu'il est beaucoup au dessous.

Si la contestation porte sur des conditions qui ne sont réglées ni par le Code ni par le renvoi à l'usage, que décider ? Je crois qu'alors on est en dehors des art. 1715 et 1716, et que le droit commun reprend son empire. La preuve testimoniale peut être invoquée s'il s'agit de moins de 150 fr. ou s'il existe un commencement de preuve par écrit. L'écrit doit au contraire être exigé si la somme est plus forte.

Parlons enfin, pour terminer ce qui concerne la preuve, de l'influence que peuvent exercer sur le bail les arrhes fournies par une partie. S'il s'agit d'un bail ou d'une promesse de bail contestée, les arrhes ne sont pas un signe de la conclusion du marché. Nous l'apprenons par l'art. 1715 qui défend la preuve par témoins de l'existence du bail, *alors même qu'il y a des arrhes*. Mais *quid* dans une location avouée ou constatée par écrit? Il n'y a rien de précis dans la loi à cet égard. Le Code ne s'explique que sur les promesses de vente (art. 1590), où il considère alors les arrhes comme un dédit, et de cet article on conclut à juste titre que s'il s'agissait non d'une promesse mais d'une vente parfaite, les arrhes devraient être considérées comme un à-compte sur le prix. Faut-il aussi faire cette distinction pour le louage? Nous ne le croyons pas. A notre avis, les arrhes sont toujours, dans le louage, la représentation des dommages-intérêts en cas de dédit. Ceci nous semble, d'après l'art. 1715, la propension naturelle du législateur. Les arrhes ne doivent jamais être un *argumentum contractus*. Si on fait une distinction entre la vente et la promesse de vente, c'est que la vente opère translation de propriété immédiate. Or on peut bien se dédire d'une promesse, mais on ne se dédit pas d'un droit acquis; au contraire, dans un bail définitif, on peut parfaitement se dédire: il n'y a que des engagements personnels, réciproques. Ajoutons, d'ailleurs, que l'usage confirme cette solution. Dans le louage d'ouvrage, par exemple, quand on donne des arrhes à un domestique, c'est le signe d'un dédit possible. Disons aussi que ceci n'a d'effet qu'avant l'exécution, car, aussitôt qu'elle est commencée, le contrat devient irrévocable, et on a beau offrir de perdre les arrhes ou d'en donner le double, on ne peut pas se désister.

Ce que nous venons de dire de la forme et de la preuve du bail est toujours vrai entre les parties; mais vis-à-vis des tiers, la loi du 23 mars 1855 a apporté des modifications en exigeant pour sa validité complète, quand le louage dépasse dix-huit années, la formalité de la transcription (art. 2, 4°), et par tiers on entend, la loi le dit elle-même, *« ceux qui ont des droits sur l'immeuble et qui les ont conservés en se conformant aux lois »* (art. 3), par conséquent des acquéreurs de droits réels ayant rendu public le titre qui les constate. Le conflit ne pourra donc jamais se présenter entre deux fermiers. Pour eux, la priorité s'établira par le bail qui aura le premier acquis date certaine. Le conflit ne pourra se produire qu'avec un acquéreur, soit acheteur, soit donataire, ou un créancier hypothécaire. Que décider en cas de conflit entre un fermier et un créancier hypothécaire? Si la créance hypothécaire est postérieure au bail, pas le moindre doute, le bail transcrit peut être opposé pour toute sa durée ; mais si l'inverse se produit, si le bail, au lieu d'être antérieur à la créance, lui est postérieur? Quelques auteurs ont voulu prétendre qu'en pareil cas le bail ne pouvait pas être opposé pour une durée de plus de dix-huit années, se basant sur l'art. 3 qui le déclare « opposable aux tiers pour une durée seulement de dix-huit ans, quand ils ont eu la précaution de conserver leurs droits conformément aux lois. » L'argument porte à faux, car l'art. 3 raisonne dans l'hypothèse d'un bail non transcrit, et ici, dans notre espèce, cette formalité a été remplie. Disons donc que l'art. 3 ne fait aucune distinction entre les créanciers antérieurs et postérieurs. Un député, M. Duclos, avait demandé de restreindre la portée de cet article dans la crainte d'empêcher les prêts. Sa motion n'aboutit pas, et avec raison, car elle ne tendait à rien moins qu'à frapper d'incapacité pour donner à bail tous ceux dont les biens sont grevés d'hypothèques, ce qui eût été une singulière façon de favoriser la propriété dans une loi faite dans cette pensée et dans ce but.

Si le bail n'est pas transcrit, il ne devient point nul par cela même ; seulement il ne peut être opposé pour une durée *excédant dix-huit années.* Telle est la disposition de l'art. 3. Mais *quid*, par exemple, si un bail avait été renouvelé avant son expiration et que le temps restant à courir du premier avec celui stipulé pour le second dépassât dix-huit ans? faudrait-il voir là deux baux successifs, individuellement exempts de la transcription, ou un seul bail qui y soit assujetti? La loi ne prévoit point cette hypothèse; mais les principes généraux du droit nous font, avec M. Mourlon, adopter la seconde opinion et exiger que le bail soit transcrit. Pour les inscriptions hypothécaires, par exemple, la loi dit formellement (art. 2154, C. civ.) que le renouvellement d'inscription n'a d'autre objet que de proroger l'effet de l'inscription primitive, et ne forme avec elle qu'une seule et même inscription. Pourquoi en serait-il différemment du renouvellement du bail?

A défaut de transcription, le bail, nous le savons, ne peut être opposé aux tiers pour une durée de plus de dix-huit années. Mais quel est le point de départ de ces dix-huit ans? à dater de quelle époque commencent-ils à courir? La loi, malgré la demande formelle qui en avait été faite, ne se prononce pas à cet égard. La question est vivement controversée.

Il n'y a pas moins, à cet égard, de quatre systèmes. Les uns font courir les dix-huit ans à dater de l'entrée en jouissance du fermier : telle est, notamment, l'opinion de M. Paul Pont (*Priv. et hyp.*, I, n° 300). En effet, dit-il en substance, tout bail dépassant dix-huit ans exige, pour produire tous ses effets, la formalité de la transcription. Au-dessous de cette durée, il les produit sans cela. Or que fait la loi quand, un conflit d'intérêts se produisant entre le fermier et les tiers, elle trouve un fermier que la durée de son bail oblige à transcrire et qui ne l'a pas fait? Elle le maintient dans la situation qu'il s'est choisie, et, dans l'intérêt des tiers, elle suppose qu'à l'origine même le bail a été consenti pour cette durée de dix-huit ans qu'il pouvait atteindre sans être soumis à la transcription. D'autres prétendent, par analogie de l'art. 1420 du Code civil, que le point de départ des dix-huit ans est le commencement de la période de dix-huit ans où l'on se trouvera à la date soit de la transcription de l'acquisition, soit de l'inscription hypothécaire. Mais l'analogie existe-t-elle bien, comme on

le veut dire, entre notre hypothèse et l'art. 1420 ? Il s'agit, dans
ce dernier article, de l'administration du bien d'autrui. Là, le
bail a été fait par le propriétaire, alors qu'il était encore propriétaire. Une troisième opinion place le point de départ des
dix-huit ans à la date de l'acquisition du droit réel. Enfin
une quatrième et dernière le fait courir du jour de la transcription de l'acquisition. C'est à celle-ci que nous nous ran-
geons. L'esprit de la loi nous semble dire en effet : « l'acquéreur ne devra pas supporter le bail pour plus de dix-huit
années à dater du jour où il s'est fait connaître. »

Toutes ces règles, tous ces principes relatifs aux formes et
aux modes de preuves admis pour les baux regardent uniquement les rapports privés des particuliers entre eux. Alors
seulement il est vrai de dire que les parties ont pleine latitude sur la manière de contracter, et que le bail verbal (s'il
s'agit toutefois d'un bail d'une durée moindre que dix-huit
ans) a la même force, la même validité *erga omnes*, que le
bail soit constaté par acte authentique ou sous seing privé. S'il
s'agissait de biens appartenant à des personnes morales, il
n'en serait plus ainsi. L'art. 1712 du Code civil l'indique en
disant : « Les baux des biens de l'État, des communes et
des établissements publics sont soumis à des règlements par-
ticuliers. » On veut plus| de garanties lorsqu'il s'agit de la
fortune publique ou dès biens de ces établissements sur lesquels, à raison de leur utilité, l'État exerce une sorte de tutelle.

Nous n'avons point à nous appesantir sur les formalités
minutieuses usitées en pareil cas. Nous résumerons seulement le principe général en cette matière, en disant que les
baux doivent être faits avec publicité et concurrence, c'est-à-
dire qu'ils doivent être annoncés plusieurs jours d'avance, et
qu'ils sont faits ensuite par adjudication à la chaleur des en-
chères. Un cahier des charges est rédigé administrativement
et déposé au secrétariat de la préfecture, de la sous-préfec-
ture ou de la mairie, afin que chacun puisse en prendre
connaissance (l. 28 oct.- 5 nov. 1700 ; décr. 12 août 1807 ;
l. 18 juillet 1837).

3° *De l'enregistrement des baux.*

Comme accessoire des formes et des modes de preuve usités pour les baux, nous allons dire quelques mots de la formalité de l'enregistrement à laquelle ils sont assujettis. L'enregistrement produit un effet civil à l'égard des tiers, en donnant aux actes le bénéfice de la date certaine ; mais il est avant tout une mesure fiscale, et son défaut n'entraîne jamais par conséquent la nullité des contrats qui y sont soumis. La contravention aux dispositions qui le régissent reste seulement passible d'une peine pécuniaire, soit amende, soit augmentation de droit.

La première loi qui a trait à l'enregistrement des baux est la loi fondamentale du 22 frimaire an VII. L'art. 22 de cette loi exige l'enregistrement dans les *trois mois* pour les baux sous seing privé, sous peine de payer double droit (les baux authentiques y sont évidemment assujettis aussi). Le bailleur et le preneur en étaient respectivement tenus, nonobstant toute clause et convention contraires. Le droit est d'ailleurs minime (20 c. par 100 fr.), et il se calcule sur le prix cumulé de toutes les années du bail (art. 1, 1. du 16 juin 1824). On fait rentrer dans le prix toutes les charges accessoires que doit supporter le preneur. Le double droit dont parle la loi de frimaire ne peut aujourd'hui être inférieur à 50 fr. (art. 14, loi du 23 août 1871).

Les baux par convention verbale en étaient-ils tenus comme ceux constatés par écrit? Aucun article ne les y soumettait expressément. Quelques auteurs cependant induisaient l'affirmative de l'art. 13, ainsi conçu : « La jouissance à titre de ferme ou de location, ou d'engagement d'un immeuble sera suffisamment établie, pour la demande et la poursuite du paiement des droits de baux ou engagements non enregistrés, par les actes qui la feront connaître ou par des paiements de contributions imposés aux fermiers, locataires et détenteurs temporaires. » Mais on répondait que les dispositions qui autorisent l'administration de l'enregistrement à se prévaloir d'actes et de faits supplétifs à la représentation du titre de possession d'un immeuble sont relatives à la dissimulation de ce titre, et présupposent évidemment que ce titre repose sur un acte écrit; qu'il n'était dès lors pas possible d'en argumenter et d'en étendre ni le sens ni la lettre à une jouissance purement précaire et verbalement convenue. La jurisprudence s'était constamment prononcée en ce sens, et la Régie avait cessé de réclamer le droit.

La loi du 25 août 1871 est venue changer ce système ou, comme le voulait le rapporteur, rendre à la loi de frimaire son sens méconnu, en assujettissant à l'enregistrement les locations verbales comme les locations écrites. Il n'y a d'exception que pour celles n'excédant pas 100 fr. et trois années de durée, et encore ne faudrait-il pas que le même bailleur eût consenti plusieurs locations verbales de cette catégorie, dont le prix cumulé excédât annuellement 100 fr., car alors l'enregistrement serait aussi obligatoire (art. 11). La déclaration doit être faite par le preneur et, à son défaut, par le bailleur, et, à défaut de déclaration, ils sont tenus l'un et l'autre personnellement et sans recours, nonobstant toute clause contraire, d'un droit en sus qui ne peut être inférieur à 50 fr. (art. 14). Si les locations dépassent 100 fr. sans excéder annuellement 300 fr., le bailleur seul est chargé de la déclaration, seul dès lors responsable de l'amende ; il a un recours, pour le droit simple, contre son preneur à l'acquit duquel il a payé. Si les locations n'excédaient pas 100 fr., mais qu'il y en eût plusieurs, le bailleur serait également obligé, nous le savons, de faire la déclaration, mais il paierait sans recours les droits exigés (art. 11, même loi).

Enfin la loi du 28 février 1872 a apporté une modification. C'est le bailleur seul qui est désormais chargé de la déclaration : « Les obligations imposées au preneur en cas de location verbale seront acquittées à l'avenir par le bailleur, qui sera tenu du paiement des droits, sauf son recours contre le preneur. Néanmoins les deux restent solidaires pour le droit simple. » Telle est la disposition de l'art. 6. L'amende encourue est donc uniquement réclamée au bailleur. Le propriétaire se peut soustraire à l'obligation de faire l'avance en faisant un bail écrit, auquel cas l'un et l'autre encourent l'amende, et le bailleur peut se soustraire à l'amende en déposant un acte écrit dans le mois. On a pensé qu'il serait plus facile aux propriétaires, déjà obligés à se déplacer pour le paiement de leurs impôts directs, de payer en même temps cet enregistrement, que les percepteurs sont d'ailleurs déclarés aptes à recevoir pour les communes où il n'y a pas de receveur de l'enregistrement (*Instruct. de l'enregist.*, 18 sept. 1871).

CHAPITRE II.

OBLIGATIONS RÉSULTANT DU BAIL.

Les parties sont parfaitement libres d'insérer dans leur convention les clauses qui leur conviennent, et, pourvu que ces clauses ne soient contraires ni aux dispositions du Code, ni à l'ordre public, elles devront être exécutées et demeurer la loi de ceux qui les ont souscrites. Mais, à défaut de toute stipulation, et par cela même que le louage existe, il y a des obligations imposées par la nature du contrat au bailleur et au preneur, qu'ils sont tenus de remplir et d'exécuter fidèlement. Ces obligations, quelles sont-elles? Nous allons successivement les passer en revue.

SECTION I.

OBLIGATIONS DU BAILLEUR.

Les obligations imposées au bailleur par l'art. 1719 sont au nombre de trois. Il doit : 1° délivrer au preneur la chose louée ; 2° entretenir cette chose en état de servir à l'usage pour lequel elle a été louée ; 3° faire jouir paisiblement le preneur pendant la durée du bail.

1° *Délivrer au preneur la chose louée.*

Cette première obligation n'est pas seulement, comme le disait Pothier (*Louage*, n° 53 et 54), et comme l'ont dit après lui les rédacteurs du Code, de la nature du bail : elle est de son essence, car sans un certain usage, sans une certaine jouissance, il n'y a pas de bail, et sans la délivrance le droit de jouir serait impossible. Cette délivrance, du reste, ne s'applique pas au terrain seul et complétement nu ; elle comprend aussi les accessoires que les diverses coutumes donnent pour l'exploitation : tels sont, par exemple, assez souvent les pailles, engrais et fourrages, les étables pour les bestiaux et les bâtiments nécessaires pour serrer les récoltes ; mais, à moins d'une intention contraire qui apparaisse claire-ment, il faut, avec Pothier (*Louage*, n° 279), en excepter les logements de maître, parcs, jardins, bois de haute futaie et autres objets de plaisance, complétement étrangers au but qui appelle le fermier dans la métairie où il vient jouir des parties de la terre destinées à produire et à conserver les fruits.

Que dire du droit de chasse? faut-il le ranger parmi les accessoires de la chose? Cette question a soulevé de nom-breuses controverses. Une première opinion, se basant à la fois sur la nature du bail et sur la nature de la chasse, refuse de le classer parmi les accessoires, et laisse ce droit au pro-priétaire, comme dans la législation Romaine. Qu'a en vue le preneur en affermant? que peut-il exiger? Il a en vue de retirer les produits du sol, de percevoir les fruits. Il peut exiger qu'on le mette à même d'exercer cette jouissance. La chasse, quand bien même elle soit susceptible, par la vente du gibier, de procurer quelque argent, n'est pas ce que l'on appelle un produit du fonds (à moins et évidemment j'excepte cette hypothèse que le fonds ne soit uniquement destiné à la chasse). Elle est un passe-temps, une distraction, un plaisir : elle se trouve donc en dehors du louage.

Cette opinion nous paraît exacte. Je sais bien qu'on objecte que, par cela même que le fermier est installé sur son domaine, il profite nécessairement de certains avantages, de certaines faveurs qui ne sont pas des fruits : comme loger dans les bâtiments quelquefois, parcourir le fonds librement. Mais on peut répondre facilement à cela que ce sont des concessions fondées sur la force des choses, des corollaires de l'obligation d'exploiter, de conserver, de surveiller. La chasse, au contraire, reste en dehors de ces avantages ; elle ne se rattache nullement aux choses dont le fermier a besoin pour se procurer la fin du bail.

L'argument qu'on veut tirer de la loi des 28-30 avril 1790 ne me semble pas plus péremptoire. M. Duvergier (t. I, n° 73), qui s'est fait l'un des plus chauds partisans des fermiers chasseurs, croit cependant y trouver un puissant renfort pour sa cause. C'est surtout l'article 1er qui lui paraît significatif. Cet article condamne « celui qui aura chassé sans permission sur le terrain d'autrui à une amende *envers le propriétaire des fruits.* » Envers le *propriétaire des fruits* et non envers le *propriétaire du fonds*, fait bien remarquer M. Duvergier. Il en résulte donc que si le propriétaire lui-même avait, en chassant, causé du dommage, il pourrait être poursuivi par le fermier. Donc le droit de chasse ne lui appartient pas. Nous repoussons cette conclusion. D'abord ces mots *terrain d'autrui* s'appliquent, nous le croyons très-difficilement, au propriétaire ; et puis si en chassant il ne cause pas de préjudice, où trouver dans cet article le principe d'une action pour l'en empêcher ? Poursuit-on en disant que la destruction des animaux nuisibles qui ravagent les récoltes est une nécessité de l'exploitation ? nous l'accordons ; mais cette destruction des animaux nuisibles, ce n'est pas là ce qu'on entend par chasse ; la loi de 1790 se charge de nous l'indiquer clairement, car, après avoir défendu la chasse pendant un certain temps de l'année (art. 1er), elle autorise en toute saison la destruction des animaux nuisibles (art. 15) ; et même mieux, quand cette loi parle des animaux nuisibles, qu'il est permis de détruire, elle se sert des expressions de *fermier* ; quand, au contraire, elle parle de la chasse prohibée ou permise sur les héritages clos ou non clos, elle ne mentionne plus que le *propriétaire* (art. 15 de ladite loi) : preuve évidente que, dans sa pensée, la chasse regarde uniquement le maître du fonds.

Nous pouvons appliquer à la pêche ce que nous venons de décider pour la chasse. La pêche, en effet, si l'on en excepte le cas où la propriété comprend des étangs, source de revenus, n'est pas un produit du fonds. M. Duvergier voudrait là encore laisser cette faveur au fermier. C'est un dédommagement, dit-il, pour les inconvénients ordinaires du voisinage des ruisseaux, pour les frais que leur curage nécessite. Ce raisonnement ne nous satisfait pas. S'il y a des inconvénients à supporter, le fermier trouvera son dédommagement ailleurs. Qu'il diminue son prix en conséquence quand il traitera avec son bailleur, s'il prévoit le dégât ; s'il ne le prévoit pas, l'art. 1769 lui réserve un recours pour perte de moitié de la récolte attendue ; de même, en ce qui concerne le curage, si les travaux sont peu importants, ils rentrent dans la classe des réparations locatives que la loi met à sa charge ; s'ils sont trop considérables, on les cote alors réparations extraordinaires, et le propriétaire doit les supporter.

La délivrance étant une obligation du locateur, c'est à lui de payer les frais qu'elle peut occasionner : ainsi, par exemple, si l'on avait donné à louage une certaine quantité de terrain à prendre dans une grande pièce, l'arpentage nécessaire pour délivrer la quantité louée serait à la charge du bailleur. On applique ici, par analogie, l'art. 1608 du Code civil, relatif à la vente. Il faut aussi s'inspirer de la même analogie en ce qui concerne le délai pour opérer la remise obligée. A défaut de règlement à cet égard par la convention, elle doit être faite à première réquisition, et si le bailleur ne se soumettait pas à cette demande, le preneur aurait alors le droit de le poursuivre pour l'y forcer. Il pourrait même, si le refus provenait uniquement de sa mauvaise volonté, se faire mettre en possession *manu militari*. L'obligation est sans doute une obligation de faire, mais c'est un de ces faits, comme nous en avons fait la remarque en droit Romain, auquel un débiteur peut très-bien être contraint sans qu'on attente le moins du monde à sa personne ou à sa liberté.

Le preneur pourrait, s'il le préférait, demander la résiliation du bail, même avec des dommages-intérêts, si le retard ou l'impossibilité de délivrance provenait d'une faute imputable au bailleur. La quotité des dommages-intérêts varierait alors, comme dans toute obligation, suivant la bonne ou la mauvaise foi de celui qui les doit.

Ce n'est pas, d'ailleurs, seulement pour défaut de délivrance que le bailleur peut être poursuivi. Il n'est à l'abri de réclamation que si la délivrance comprend la totalité de la chose affermée. S'il manquait quelque parcelle, une remise proportionnelle à ce qui manque devrait être faite sur le prix. Mais toute diminution, si minime soit-elle, amène-t-elle ce résultat ? Il faut, pour répondre, faire des distinctions sur la manière dont a été contracté le bail, selon les règles à cet égard tracées pour la vente, règles auxquelles nous renvoie l'art. 1765.

Le bail a-t-il eu lieu avec indication de la contenance et à tant la mesure ? — *Première hypothèse.* — En fractionnant le prix en autant de parties égales qu'il y a de mesures déclarées, les contractants ont montré qu'ils attachaient à l'exactitude des mesures la plus grande importance, et la loi, interprétant cette volonté, décide que, si minime que soit la différence en moins, le preneur peut toujours exiger du bailleur la prestation de ce qui manque, si la chose est possible, si par exemple il a à sa disposition un terrain contigu. S'il ne le peut pas, ou si le preneur ne l'exige pas, il doit subir une diminution de prix (art. 1617). La résiliation du bail pourrait-elle également être demandée ? Non évidemment, par cela seul que la contenance est moindre. L'article 1617 ne laisse pas cette faculté. Mais si le fermier prouvait qu'il n'aurait pas affermé s'il avait connu la différence de la contenance réelle à la contenance déclarée, attendu que le terrain se trouve insuffisant pour la destination qu'il voulait lui donner, l'espèce ne changerait-elle pas? Selon M. Troplong, elle resterait la même. L'art. 1617 ne dit rien en effet qui ait trait à cela, et les travaux préparatoires disent le contraire ; et il cite, à ce propos, le passage suivant du rapport de M. Grenier (Fenet, n° 196) : « L'acquéreur est *toujours présumé* avoir voulu acheter, attendu qu'il en a les moyens, puisqu'il voulait acquérir une contenance plus grande ». Sans doute, nous le reconnaissons, cette liberté de résiliation ne résulte pas de l'art. 1617. C'est là tout ce que signifie le passage cité. En revanche, elle résulte des principes généraux, qui suffisent pleinement pour l'établir ; le preneur ne peut plus être *présumé* avoir voulu louer, quand il prouve qu'il n'aurait pas loué.

Le bail, au lieu d'être fait à tant la mesure, est fait avec indication de la contenance, mais pour un prix déterminé en bloc. — *Seconde hypothèse.* — L'inexactitude de la mesure, dans ce cas, ne donne lieu à une diminution du prix qu'autant que la différence entre la contenance réelle et la contenance exprimée au contrat est d'un vingtième au moins (art. 1619).

Enfin, si deux fonds avaient été loués pour un seul et même prix, avec indication de la mesure de chacun d'eux, et qu'il se trouvât moins de contenance en l'un et plus dans l'autre, on devrait faire la compensation jusqu'à due concurrence (art. 1623). Cet article s'applique bien, personne ne le conteste, au cas de louage en bloc. Quelques doutes s'étaient élevés en ce qui touche le bail à tant la mesure ; mais on doit répondre sans hésiter que la situation est la même pour les deux hypothèses. L'article parle, en effet, de toute vente faite *pour un seul et même prix,* sans distinguer le moins du monde si ce prix est fixé en bloc et par une somme totale, ou s'il l'est à tant la mesure ; et de même que tout est loué pour un seul et unique prix, si je vous loue un premier et un second fonds pour 50 fr., de même il y a un seul et unique prix si je loue ces deux fonds pour un même chiffre de 50 fr. l'hectare. La place de l'art. 1623 est aussi un argument, car il vient à la suite de deux autres dispositions applicables aux hypothèses des art. 1617 et 1619. Les travaux préparatoires viennent également fortifier cette solution. Le rapporteur du Tribunat disait en effet « que c'était la circonstance d'un seul et même prix qui faisait considérer les différents fonds comme objet unique d'une seule vente » (Fenet, t. XIV, p. 164).

Puisque la différence en moins de la contenance déclarée autorise le preneur à réclamer une diminution sur le prix convenu, la réciprocité exige que ce prix augmente si la contenance, au lieu d'être moindre, se trouve supérieure à ce qu'il était en droit d'attendre légitimement. C'est la décision de la loi; seulement il faut, toujours et en toute hypothèse, pour cela que la contenance fournie excède un vingtième (art. 1618 et 1619). Nous ne retrouvons notre distinction du *louage à la mesure* et en bloc que pour la manière d'estimer l'augmentation. Dans le premier cas l'augmentation, comme la diminution, se calcule sur l'étendue de l'objet, tandis que dans le second elle se calcule sur la valeur eu égard au prix total stipulé.

Mais, comme on ne peut jamais forcer quelqu'un à débourser une somme plus grande qu'il ne veut le faire, la loi laisse au preneur la faculté de payer l'augmentation ou de résilier le bail (art. 1620). Quelques auteurs avaient bien prétendu que cette faculté de désistement n'appartenait pas au preneur comme à l'acheteur; ils induisaient cette idée de l'art. 1765 qui, dans sa disposition de renvoi, ne semble viser que l'hypothèse de l'augmentation et de la diminution. Cette interprétation doit être rejetée. La loi dit en effet : « dans les cas et suivant les règles exprimés au titre *De la vente* », et par là elle indique toutes les règles indistinctement. Les raisons d'ailleurs qui font accorder cette faculté à l'un n'existent-elles pas avec autant, avec plus de force même, en ce qui concerne l'autre?

Toutes ces actions dont nous venons de parler, soit en résiliation, en augmentation ou en diminution, se prescrivent par un délai très-court : l'art. 1622 n'accorde qu'un an à dater du contrat. Le législateur a pensé que ce temps suffisait pour découvrir l'erreur quand il y en avait ; « un terme plus long jetterait d'ailleurs, disait M. Portalis, trop d'incertitude dans les affaires de la vie. »

Faut-il régler par les mêmes principes l'hypothèse de l'*alluvion* qui, pendant le cours du bail, peut venir agrandir l'étendue primitive du fonds loué ? Le fermier en profite-t-il, ou doit-il, pour elle, subir une augmentation de prix ? M. Troplong (*Louage*, n° 190) abandonnne ce bénéfice au fermier non-seulement quand il est presque imperceptible (alors nous serions de son avis), mais aussi quand il est d'une certaine importance. « C'est, dit-il, un principe général que les événements heureux, augmentant les profits du fermier contre toute attente, ne sont jamais une cause d'augmentation du bail. » Oui, peut-être bien pour les fruits, cette idée est exacte. La loi laisse alors le fermier bénéficier des chances inespérées ; mais en dehors de là, son exactitude est singulièrement en défaut, et l'obligation d'augmenter le prix avec l'augmentation de grandeur suffit pour montrer la différence existant entre les fruits et le fonds lui-même; d'ailleurs, si le fleuve enlevait une partie du champ donné à ferme, le preneur ne pourrait-il pas se faire accorder une diminution de loyers ? Il est donc juste que si, au lieu de commettre un larcin, le fleuve apporte un présent, ce soit le propriétaire qui en profite. Cette situation nous paraît exactement semblable à celle d'une délivrance de terre plus grande qu'elle ne devait être. Peu importe la source d'où elle émane. Que ce soit par le fait du bailleur ou par celui de la nature travaillant pour lui, le preneur a toujours plus que le louage ne lui accorde, et ses prétentions ne peuvent aller au delà. C'était autrefois l'opinion de Pothier (*Louage*, n° 278), et rien dans la loi ne nous semble déroger à cette équitable théorie. Le preneur est du reste toujours libre, s'il ne veut pas payer le surplus, de résilier le bail (art. 1610, arg. d'anal.).

Enfin, même complète, la délivrance matérielle de la chose ne suffit pas encore. L'art. 1720 exige « qu'elle soit en bon état de réparations de toute espèce, » ce qui comprend toute sorte de réparations, même les locatives. Si le bailleur refusait de les faire, le preneur pourrait obtenir un jugement l'autorisant à les faire lui-même et à en retenir le montant sur le prix convenu.

2° *Entretenir la chose louée.*

La délivrance, une fois faite, ne décharge pas le bailleur de sa responsabilité. Bien des accidents peuvent encore empêcher le fermier de retirer du fonds les avantages convenus. Les dégradations surviennent vite, même pour les choses les mieux aménagées. Il doit prolonger sa surveillance, continuer chaque jour, si l'on peut s'exprimer de la sorte, la délivrance à laquelle il est soumis. Les réparations restent donc à sa charge, mais d'une façon moins étroite toutefois. Il est dispensé des réparations locatives qui, nécessitées par la jouissance, par l'usage quotidien du fermier, doivent être faites par lui (art. 1720). La loi, qui les indique pour les baux de maisons, garde le silence en ce qui touche les héritages ruraux. On doit donc s'en référer à l'usage. Nous pouvons citer, par exemple, les menues réparations à faire aux portes et fenêtres des bâtiments, aux auges, râteliers des écuries, vacheries, bergeries, le recrépiment du bas des murailles jusqu'à une certaine hauteur, le curage des fossés, l'émondage des arbres. Toutes les autres, non-seulement les grosses réparations, telles que construction de murs, réparations aux voûtes, rétablissement des poutres et couvertures, mais encore celles de gros entretien, comme les couvertures non entières, l'entretien des digues dans les pays marécageux, le nettoyage des canaux destinés à l'assainissement des terres, etc., restent à la charge du propriétaire.

De ce principe qui impose au bailleur l'entretien de la chose louée et les réparations nécessaires, il s'ensuit que le preneur, dont elles viennent assurer et faciliter la jouissance, est tenu de les souffrir; quelque incommodité qu'elles lui causent, il ne peut réclamer aucune indemnité, car c'est la stricte exécution des promesses du bail. Le fermier a dû savoir en effet, comme le disait M. Mouricault, qu'il pourrait survenir des dégradations à la chose louée, qu'elles pourraient lui occasionner de l'embarras, et il a dû, d'après ces considérations, déterminer le prix qu'il lui convenait de donner (Fenet, t. XIV, pass., p. 325 et 327). Mais, pour que le preneur garde le silence, il faut néanmoins, d'après l'art. 1724, plusieurs conditions : d'abord, les réparations doivent être urgentes et non susceptibles d'être différées jusqu'à la fin du bail. Les tribunaux, à cet égard, décideront en fait pour chaque espèce : elles ne doivent pas dépasser une durée de *quarante* jours. Il ne fallait pas en effet mettre le preneur à la merci du bailleur, et laisser celui-ci éterniser impunément ses travaux. Enfin il faut que les réparations même urgentes, même ne dépassant pas quarante jours, ne privent le preneur que d'une partie de sa chose. S'il était privé de la chose tout entière, il pourrait faire résilier le bail, qui, faute d'objet, serait dans l'impossibilité de subsister.

Dans le cas de travaux excédant quarante jours, il y a lieu à une diminution proportionnelle de fermage. L'art. 1724 nous l'apprend ; mais comment se calcule cette diminution proportionnelle ? c'est la seule difficulté de la matière. Diminue-t-on en proportion de tout le temps employé aux réparations, ou seulement en proportion de l'excédant des quarante jours ? M. Troplong (*Louage*, n° 253) tient pour ce dernier parti. Le bailliste doit toujours avoir quarante jours de franchise. Il n'est passible d'indemnité que pour l'incommodité qui dépasse. Cette opinion doit être rejetée : elle a contre elle le texte de la loi, qui dit : « sera diminué à proportion du temps et de la partie de la chose louée dont il aura été privé, » ce qui s'entend évidemment de tout le temps qu'a duré la privation. Le rapport du Tribunat concluait aussi en ces termes. Le locataire peut réclamer « une diminution de loyer proportionnelle à la privation et à sa durée » (Fenet, XIV, p. 320) ; et, ce qui est encore plus décisif, la jurisprudence du Châtelet, à laquelle, M. Troplong le reconnaît lui-même, a été emprunté l'art. 1724, décidait dans ce sens (Poth., *Louage*, n° 77).

3° *Faire jouir paisiblement le preneur.*

Le défaut de réparations est une des choses susceptibles d'empêcher la jouissance du preneur ; mais à cette cause il s'en ajoute bien d'autres : — des *vices inhérents* à la chose peuvent la rendre impropre à l'usage auquel on la destine ; — des *cas de force majeure* peuvent la détruire en totalité ou en partie ; — des *troubles émanant* soit des tiers, soit du bailleur lui-même, peuvent gêner la jouissance du fermier. — Dans tous ces cas, le bailleur est responsable ; il est tenu de faire cesser l'inconvénient que subit le preneur, et il lui doit indemnité s'il ne réussit pas à y porter remède. Cette indemnité varie nécessairement avec chaque nature de fait. Avec chaque sorte de troubles ou d'embarras, la responsabilité est plus ou moins étroite : c'est ce que l'on appelle *l'obligation de garantie.*

Passons en revue les différentes espèces qu'elle comprend.

Garantie des vices ou défauts de la chose louée. — Telle est l'hypothèse de l'art. 1721 : « Il est dû garantie au preneur pour tous les vices ou défauts de la chose louée, quand même le bailleur ne les aurait pas connus lors du bail. S'il résulte de ces vices ou défauts quelques pertes pour le preneur, le bailleur est tenu de l'indemniser. » Cet article présente plusieurs difficultés.

D'abord, quels sont les vices, les défauts donnant ouverture à cette action ? Évidemment ils doivent avoir une certaine gravité. Le preneur ne peut pas exiger toutes ses aises, et s'il n'alléguait qu'une simple incommodité, il devrait être repoussé dans sa demande. Mais faut-il, comme le voulait

Pothier, que ces vices apportent à la chose un empêchement absolu ? Il suffit, croyons-nous avec M. Troplong (n° 100), que la chose louée ne remplisse pas le but proposé, par suite de quelque vice inhérent. Ces vices ne doivent pas non plus avoir été connus du preneur : il est alors présumé les avoir acceptés.

Mais à quoi aboutit cette action ? Le preneur, indistinctement dans tous les cas, peut faire résilier le bail et se dispenser de payer le prix. Tous les auteurs sont d'accord à cet égard. Les dommages-intérêts sont-ils dus également en toute hypothèse, par cela seul qu'il y a préjudice ? le bailleur peut-il, au contraire, arguer de sa bonne foi, de son ignorance plausible et irréprochable ? Ce point est discuté. En droit romain, nous nous rappelons qu'il fallait faute pour que des dommages-intérêts puissent être demandés. C'était la disposition qui résultait de la loi 19, §§ 1 et 2, D., *loc.* Cette opinion était aussi celle des anciens auteurs, tels que Pothier, Domat. J'ajoute aussi que c'est un principe rationnel, consacré en général par le Code, art. 1382 : « Tout fait dommageable oblige celui par la faute de qui il est arrivé à le réparer. » C'est également ce qui a lieu en matière de vente (art. 1644 et 1645). Y a-t-il un texte pour déroger à ce sage principe ? A coup sûr, il n'y en a point de formel. Trouve-t-on au moins une disposition tacite ? M. Delvincourt (t. III, p. 191) et avec lui un arrêt de requête du 31 mai 1833 l'ont prétendu. L'art. 1721, disent-ils, ne fait aucune distinction, et « *ubi lex non distinguit, nec nos distinguere debemus.* » Nous croyons que ce simple silence ne suffit pas pour abroger une règle si ancienne et si juste. Tout au contraire, le silence, en face d'une opinion anciennement et unanimement admise, est considéré par tous les auteurs comme un signe de maintien et d'approbation. D'ailleurs on peut trouver, même dans l'art. 1721, un argument pour réfuter cette doctrine. L'article contient deux alinéas. Dans le premier, il n'est question que de garantie, et le législateur dit formellement : « garantie est due quand même le bailleur n'aurait pas connu les défauts lors du bail ». Dans le second, il est question d'*indemnité pour cause de pertes*, et nous ne voyons plus cette même mention : « quand même le bailleur n'aurait pas connu les défauts. » Puisque le législateur a senti le besoin de s'expliquer clairement dans la première hypothèse, il laisse donc la seconde sous l'empire des anciens principes. Nous retournons ici contre M. Delvincourt la nature d'argument qu'il nous donne, et nous devons conclure de ce silence, inexplicable autrement, que des règles différentes régissent deux espèces différentes.

Le bailleur ne doit pas seulement garantie pour les vices antérieurs au bail, il la doit également pour ceux qui sont survenus depuis. C'est là une différence avec la vente, résultant de la nature particulière de ces deux contrats. Dans la vente, en effet, la propriété étant transférée, aussitôt que le contrat est parfait la chose passe aux risques de l'acheteur, tandis que dans le louage l'objet étant la jouissance continue de la chose, que ce trouble soit antérieur ou postérieur, il empêche la jouissance et fait manquer l'objet de la convention.

Garantie résultant d'un cas de force majeure. — On entend par force majeure un événement imprévu qui trompe la vigilance de l'homme le plus attentif et auquel il ne peut résister : « *Casum fortuitum definimus*, disait Vinnius, *quod humano cœptu prævideri non potest, nec cui præviso potest resisti.* » Ces faits peuvent résulter de la nature des choses, comme les tremblements de terre, les inondations, le feu du ciel ; ou de l'homme, comme la guerre, l'invasion, le brigandage, un fait de la puissance publique.

Si ces accidents anéantissent, détruisent totalement la chose, alors plus de bail : pas de louage sans objet : « Si, pendant la durée du bail, la chose louée est détruite en totalité par cas fortuit, le bail est résilié de plein droit » (art. 1722). A cette destruction, à cette suppression matérielle, nous devons assimiler le cas où la chose, quoique subsistante, est modifiée de façon à ne plus être employée à la destination convenue. Il y a là encore comme une perte matérielle par l'intention des parties : ainsi celui qui loue une pente de mon-

tagne pour y faire paître des bestiaux, qui loue un champ
pour y cultiver du tabac, considère comme une suppression
véritable l'ordre imposé par le gouvernement de reboiser
cette pente ou de ne plus planter de tabac dans ce champ ;
de même si une vigne est convertie en terre labourable par
les ravages d'une armée qui en détruit les ceps ; il faudrait
aussi donner cette solution si une invasion empêchait le fermier de cultiver son champ. L'esprit, sinon la lettre de l'article 1722, vient ici à son secours.

Si, au lieu d'être totale, la perte ne porte que sur une partie
de la chose, le preneur est alors libre de maintenir le bail
moyennant réduction de prix, ou de résilier. Il ne saurait
ici évidemment être question de dommages-intérêts d'aucune
sorte, puisque le fait qui occasionne la privation de jouissance
du preneur est indépendant de la volonté du bailleur et résulte d'une force invincible. C'est d'ailleurs ce que dit la loi:
« Si elle n'est détruite qu'en partie, le preneur peut, suivant
les circonstances, demander ou une *diminution du prix* ou
la résiliation même du bail. »

Ici surgit une difficulté. Quand le preneur opte pour la
continuation de bail, peut-il exiger les réparations nécessaires pour mettre en état convenable la partie de bien encore
existante et qui doit être désormais l'objet du bail ? La question est controversée ; mais, à notre avis, elle ne devrait pas
l'être. L'art. 1722 en effet, laissant le choix au preneur entre
le maintien du bail et sa résiliation, ne se sert, que je sache,
d'aucune expression limitative et exclusive. Il est muet sur la
question des réparations ; le droit commun garde alors son
empire, et, d'après ce droit commun (art. 1720), le bailleur
doit toutes les réparations qui peuvent devenir nécessaires.
S'il en était autrement d'ailleurs, le *droit d'option* laissé au
fermier deviendrait un vain mot. Le bailleur refusant les réparations nécessaires pour qu'il tire parti de l'objet sauvé des
débris du cas fortuit, il serait dans la nécessité de demander
la résiliation. La loi n'a pas voulu d'un pareil résultat.

Toute destruction, il faut le dire aussi, ne légitime pas la plainte du fermier. En droit, *rien* et *presque rien* sont assimilés, et, s'il n'est pas nécessaire, comme dans la législation romaine, que la perte subie soit *plus quam tolerabile*, il faut au moins qu'elle soit d'une certaine importance. Les tribunaux ont à apprécier quand l'étendue du dommage leur paraît assez grande pour motiver un recours ; quelquefois même la seule crainte d'un danger imminent et sérieux pourrait autoriser la résiliation du louage. On ne saurait forcer quelqu'un à habiter une maison qui menace ruine. La question est encore laissée à l'arbitrage de la justice.

Nous venons de dire qu'en cas de destruction partielle par force majeure, le preneur avait le choix entre la résiliation du bail et la réduction du prix. Cette règle n'est pas cependant tout à fait sans exception. S'il ne s'agit que d'une perte momentanée, laissant les sources productives du fonds intactes pour l'avenir, le fermier ne peut demander que la remise du prix : c'est ce qui a lieu quand les fruits sont enlevés par un cas fortuit. L'art. 1769 dispose en effet « que le fermier peut demander une remise de prix si la totalité ou la moitié d'une récolte au moins lui est enlevée. » Mais ce droit à la remise est-il bien un corollaire naturel du principe de l'art. 1722 sur la force majeure ? ne serait-ce pas plutôt une règle d'équité contraire à la nature du bail, introduite par indulgence dans un but de faveur envers le fermier ? Quelques auteurs l'ont prétendu, notamment M. Duranton (t. XVII, n° 100) et M. Duvergier (t. II, n°° 150 et 151). Autre chose, dit-on, est garantir une jouissance libre et paisible, autre chose est garantir une quotité de fruits. Le bailleur contracte bien la première obligation, nullement la seconde : il garantit purement et simplement le droit *in abstracto*, sans s'occuper de ce qu'il peut produire. Si, en fait, le fermier ne se trouve pas recueillir une utilité réelle, peu importe : le droit tout entier lui appartenait ; son bailleur ayant accompli son obligation, il n'y a aucun motif doctrinal de le libérer de la sienne. Ce raisonnement, spécieux au premier abord, reçoit bien vite une réponse péremptoire : c'est la perception qui fait les fruits ;

tant que les fruits sont adhérents au sol, ils n'existent pas, juridiquement parlant : ils sont une partie du sol lui-même, ils font partie de l'immeuble ; le cas fortuit qui les enlève frappe donc l'immeuble, et le droit de jouir étant ainsi diminué, la simple application des principes conduit à une remise. Qu'on ne dise pas non plus que, dans cette remise, il y a quelque chose d'inconciliable avec le caractère aléatoire du bail. Sans doute il y a quelque chose d'aléatoire dans le bail, et quand les parties ont fait leur marché, c'est l'œil fixé sur les chances bonnes ou mauvaises se produisant en temps ordinaire, d'après le cours régulier des choses, qu'elles sont tombées d'accord ; mais les événements inaccoutumés, extraordinaires, insolites, ne sont pas entrés dans leurs prévisions ; s'ils se produisent, la justice exige donc, pour rétablir l'équilibre, qu'ils exercent une certaine influence sur le contrat, comme ils en exercent une sur la jouissance qui en est l'objet.

Abordons, maintenant que nous en avons étudié le fondement, les conditions auxquelles est soumise cette remise de fermages pour perte de fruits.

Il faut d'abord que la perte dont il s'agit soit au moins *de moitié*. A Rome, nous le savons, on s'était borné à poser cette règle : le dommage doit être considérable, *« si plus quam tolerabile. »* Ceci entraînait des questions de fait très-graves. Le droit canonique fixa le premier la grandeur du dommage à la moitié. Le Code s'est inspiré de cette décision, et l'a consacrée dans l'art. 1769, qui d'ailleurs, malgré cette fixation, reste entouré de nombreuses difficultés. Ainsi, comment faut-il calculer cette moitié sur la quantité des fruits ou sur leur valeur ? Première controverse. Le texte de la loi ne semblerait pourtant pas devoir admettre d'hésitation. Il y est, en effet, parlé de récolte enlevée : *« si la totalité ou la moitié d'une récolte au moins, »* sans qu'il soit le moins du monde question de leur valeur. Cependant tel n'est pas l'avis de M. Troplong (*Louage*, n° 717). Ressuscitant une vieille opinion de Clappiers et de Brunemann, il demande le calcul sur la valeur. On ne peut en effet, dit-il, avoir droit à une indemnité que si on éprouve un préjudice, une lésion ; or, si le haut prix rend le fermier indemne, où trouver un préjudice ? L'argument de texte doit être repoussé. Il ne s'applique qu'à la constation matérielle de la stérilité : « si au moins la moitié de la récolte manque ». C'est là le fait : la *stérilité*. Mais la stérilité n'est qu'un élément ; il faut de plus, pour aboutir dans sa demande, établir le dommage. Or le dommage, on ne peut le connaître qu'en s'en rapportant à la valeur. Une simple réflexion renverse ce système : si le calcul se devait faire sur la valeur et non sur la quantité, il faudrait alors toujours le faire ainsi pour être équitable. Qu'arriverait-il alors ? c'est que, dans une année très-abondante, un fermier perdant le quart de sa récolte et vendant les trois quarts très-bon marché subirait une perte de moitié d'une année ordinaire, et il viendrait réclamer. Personne n'admet cela ; cependant il y a dommage, et si le premier calcul pouvait être opposé par le propriétaire au fermier, pourquoi ne pourrait-il pas l'être par le fermier au propriétaire ?

Si le bail comprenait des héritages de diverse nature, prés, terres, vignes, et que le prix eût été fixé en bloc, c'est sur la totalité du domaine que se calcule la perte de moitié. Il en serait différemment si le bail avait été fait à tant la mesure ; car alors il y aurait autant de baux que de pièces, et c'est sur chaque pièce que devrait être calculé le dommage. L'indemnité est proportionnelle à la perte subie. Disons d'ailleurs que, quand la loi parle de la moitié des fruits, elle n'entend parler que de la moitié des fruits produits par le fonds, année commune, et non pas moitié de la récolte présente. Ce point était universellement enseigné autrefois par tous les jurisconsultes *civilistes* et *canonistes;* et, quoique les articles 1769 et 1770 ne rappellent pas cette doctrine, la raison dit qu'elle conserve sous le Code tout son empire.

Tel est le cas, assez simple, quand le bail n'est fait que pour une seule année. Mais quand il est fait pour plusieurs années, la loi établit une compensation : « *à moins qu'il ne soit indemnisé par les récoltes de l'année précédente,* » dit l'article 1769, et ceci est de toute justice ; car un bail comprenant plusieurs années est un tout qu'il faut apprécier dans son ensemble. Cette compensation était consacrée par le droit Romain et par le droit Canonique. Notre ancienne jurisprudence ne suivait pas universellement cette doctrine. C'est ainsi que, dans le ressort des parlements de Toulouse et de Bordeaux, on tenait que chaque année portait avec elle son cas fortuit et son rabais. On aurait considéré comme une injustice d'enlever au fermier les gains acquis. Dans les autres ressorts, on admettait la compensation pour les cas de calamités naturelles, comme grêle, orage ; mais l'on faisait exception si le fermier était pillé par les ennemis (arrêt du Parlement de Paris, 5 mai 1564 ; Charondas, liv. IV, ch. ci). Le Code a repoussé ces idées, et a admis la compensation d'une manière générale.

Cette compensation, comment s'opère-t-elle ? faut-il réunir toutes les années et balancer les excédants des unes par le déficit des autres, ou le propriétaire peut-il prendre en considération uniquement les excédants des bonnes années, sans égard au déficit de moins de moitié des années faibles ? Une première opinion veut qu'on fasse une somme totale. Elle se base sur les termes de l'art. 1769. La remise a lieu, dit ce texte, « à moins que le fermier ne soit indemnisé par les *récoltes précédentes,* » toutes les récoltes précédentes, et non pas telles récoltes à l'exclusion de telles autres ; « et quand les récoltes précédentes n'auront pas indemnisé, on reportera le calcul à la fin du bail pour faire compensation de toutes les années de jouissance : » toutes les années encore, les mauvaises comme les bonnes. Impossible d'être plus clair. Cependant cette opinion, ainsi développée par MM. Troplong, Aubry et Rau (sur Zach., t. III, p. 31), est vivement combattue par MM. Duvergier et Marcadé. En effet, dit en substance ce dernier (t. VI, p. 510 et suiv.), « la loi ne donne une indemnité que pour la perte de la moitié d'une récolte au moins. » Toute perte inférieure est laissée à la charge du fermier. Or, si l'on additionne les mauvaises années avec les bonnes , ne serait-ce pas l'obtenir indirectement, mais très-réellement? Enfin il y a aussi un autre argument encore bien péremptoire. Quand les années antérieures ont été assez bonnes pour indemniser le fermier des pertes qu'il subit, le propriétaire est irrévocablement, définitivement libéré , malgré les déficits de moins de moitié qui plus tard pourraient survenir. Or, si les excédants des bonnes années devaient compenser les bénéfices des années mauvaises, pourquoi la loi n'eût-elle pas reporté le calcul définitif à la fin du bail, comme elle le fait en faveur du propriétaire qui doit l'indemnité quand les années d'avant ne suffisent pas à la couvrir? Pourquoi donc le Code refuse-t-il la remise immédiatement, par cela seul que la perte de moitié est réduite à moins de moitié par un excédant antérieur, et sans tenir compte de la possibilité d'un déficit subséquent? Voilà une grande objection. Notre système la justifie: cela a lieu parce que la balance des excédants avec les déficits de moins de moitié n'est pas admise. Les auteurs contraires, notamment MM. Aubry et Rau, sont obligés de taxer la loi d'inconséquence : « Nous conviendrons, disent ces derniers, qu'il y a, jusqu'à un certain point, inconséquence dans la loi en ce que si la perte de plus de moitié arrive dans le cours du bail, et que le fermier se trouve à ce moment indemnisé par les récoltes antérieures, il serait, malgré les déficits de moins de moitié qu'il pourrait éprouver dans les dernières années, non recevable à réclamer une remise. Pour éviter cette inconséquence il eût fallu, dans tous les cas , remettre à la fin du bail le calcul de compensation à faire en pareille circonstance. » Or la loi ne doit jamais être taxée d'inconséquence, surtout quand on présente une explication juridique qui concilie parfaitement la contradiction apparente de ces textes. Entre deux opinions, dont l'une accuse ainsi le législateur et l'autre le justifie, l'hésitation n'est pas permise un instant. D'ailleurs ce système, que les principes de la loi soutiennent et fortifient, n'est point, comme le lui reproche M. Troplong, contraire à l'équité. Quel effet peut-il produire, même en supposant réunies contre le fermier les chances les plus dures, les plus défavorables? C'est que pour la durée du bail, il n'aura que peu de chose en sus de la moitié des fruits espérés. Or qu'a de surprenant ce résultat? le principe de la loi n'est-il pas de n'accorder de remise au fermier que s'il subit une perte de plus de moitié? et ce principe n'est-il pas appliqué même dans le cas où il est parfaitement certain que cette perte ne se compensera pas par le gain des autres années, quand le bail est pour un an par exemple?

Il y a encore une autre difficulté sur la question de compensation : si les bénéfices des années antérieures ne couvrent pas la perte entière subie dans la dernière année, et empêchent seulement que cette perte ne soit de moitié, l'action du fermier sera-t-elle paralysée? M. Duranton (t. XVII, n° 201) prétend que, dans ce cas, le fermier n'est pas indemnisé ; car il y a une perte dont il n'a pas été couvert, et l'article 1760 veut que le fermier soit indemnisé. Cette opinion doit être repoussée. M. Duranton confond deux choses : la compensation qui sert à déterminer l'étendue de la perte, avec l'indemnité qui vient, s'il y a lieu, réparer cette perte. En effet, d'après la loi, toutes les années du bail sont solidaires les unes des autres. Le système de la division en autant de contrats partiels qu'il y a d'annuités a été repoussé ; on veut une seule masse, et ce n'est qu'après la compensation établie qu'on peut connaître l'étendue de la perte, or si, par suite de la compensation, il est établi que la perte réelle est inférieure à la moitié d'une année, il n'y a pas lieu à indemnité.

Nous savons, nous l'avons indiqué, que, d'après l'art. 1760, « quand le fermier n'est pas indemnisé par les années précédentes, il faut attendre la fin du bail, auquel cas il se fait une compensation de toutes les années de jouissance. » Il y a donc une différence entre les années qui suivent et celles qui précèdent le désastre. Les premières liquident définitivement le compte, les autres suspendent l'opération. Le fermier doit en conséquence, sauf à compter plus tard, continuer à payer les fermages ; cependant, par mesure d'équité, l'article 1769 autorise les juges à dispenser provisoirement le fermier de payer les loyers. La remise du prix que ferait le bailleur de son propre gré ne serait aussi censée que provisoire et conditionnelle : on suppose, comme en droit Romain, que le bailleur a voulu secourir le fermier, sans renoncer aux chances d'avenir ; il faut dire aussi, toujours comme en droit Romain, que cette remise n'est conditionnelle qu'autant que le sort de l'indemnité est subordonné aux années ultérieures. Si les années précédentes avaient rendu le fermier indemne, et que le bailleur renonçât, ce serait la renonciation à un droit acquis, et il ne pourrait revenir sur cet abandon qu'en prouvant son ignorance de l'abondance des années précédentes.

La loi n'indique aucun moyen, aucun genre de preuve spécial pour constater le cas fortuit ; les juges ont à cet égard un pouvoir discrétionnaire. Ainsi il a été très-bien jugé qu'il n'y avait nulle nécessité à faire constater les dommages à mesure qu'ils arrivent et par des procès-verbaux réguliers. La preuve peut être faite par titre ou par témoins (Cass., 4 mai 1831) ; il faut néanmoins qu'ils soient constatés à une époque qui laisse encore des traces susceptibles de les faire connaître. C'est ce qu'exige encore très-bien le même arrêt (Dall., 1831, 1, 249).

Telle est la première condition en ce qui concerne la perte ; mais à cette première condition d'une remise viennent s'en ajouter bien d'autres.

Il faut, nous l'avons déjà dit, que les fruits soient encore adhérents au sol ; s'ils avaient été séparés, ils cesseraient alors d'être un accessoire de la chose : ils auraient été mobilisés au profit du preneur. C'est ce que déclare formellement l'art. 1771 : « *Le fermier ne peut obtenir de remise lorsque la perte arrive après que les fruits sont séparés de la terre.* » Le Tribunat voulait faire ajouter : « s'ils ont été mis en état d'être enlevés ; » mais cet amendement fut rejeté, et la simple séparation suffit. Ce serait en vain que le preneur insisterait sur ce qu'il n'a pas eu le temps de mettre les fruits à couvert, « quand bien même le sinistre est venu le frapper , lorsqu'à peine la faucille avait détaché les grains de leur tige, » dit M. Troplong (n° 744), sa plainte serait vaine ! Cependant, si le fermier paie en denrées , et qu'il ait été convenu que la prestation due serait prise sur les fruits de la chose, le pro-priétaire subit la perte ; en effet, en se réservant telle quantité dans les fruits du fonds, il a empêché que cette quantité ne passât dans le domaine de son fermier : celui-ci n'en a fait la récolte que pour le maître, et non pour lui ; il ne serait responsable que si le propriétaire l'avait mis en demeure de livrer sa part afférente. C'est ce que déclare encore l'art. 1771 : *« à moins que le bail ne donne au propriétaire une quotité de la récolte en nature ; auquel cas le propriétaire doit sup-porter sa part de perte, pourvu que le preneur ne fût pas en demeure de lui livrer sa portion de récolte. »* Mais si la pres-tation en denrées était fixée en général et sans attribution d'origine, le fermier ne serait pas déchargé ; car il se trou-verait, au lieu d'une espèce, débiteur d'un genre, et les genres ne périssent pas : *« Conductor est debitor generis, quod nunquam perire potest, »* disait le président Favre. Enfin , la connaissance du dommage qu'aurait eue le fermier au moment du bail le rend encore inhabile à réclamer une in-demnité. *« Le fermier ne peut également demander une re-mise lorsque la cause du dommage était existante ou connue à l'époque où le bail a été passé »* (art. 1771). Il est alors censé avoir voulu la prendre à ses risques et périls. On sup-pose d'ailleurs que le prix a été fixé en conséquence.

La convention peut aussi mettre les cas fortuits à la charge du fermier. L'art. 1772 autorise cette stipulation. « La ferme, dans ce cas, comme le dit Pothier, est le prix de l'espérance incertaine qu'a le fermier de recueillir les fruits. » Cette stipu-lation doit être expresse : *« Le preneur peut être chargé des cas fortuits par stipulation expresse »,* dit l'art. 1772. Mais cette stipulation peut être plus ou moins large. La loi distin-gue deux sortes de cas fortuits : les cas fortuits *ordinaires,* que l'on peut prévoir facilement, tels que *la grêle, le feu du ciel, la gelée, la coulure* ; et les cas fortuits *extraordinaires,* que l'on ne prévoit pas généralement, tels que *les ravages de guerre, l'expulsion du fermier par l'ennemi, les inondations.* Cette division des cas fortuits en *prévus* ou *ordinaires,* et *imprévus* ou *extraordinaires,* est déjà vieille dans le droit. Elle avait été faite la première fois par Bartolo, et le Code l'a sagement consacrée, malgré la puérile idée de Vinnius qui, jouant sur les mots, prétendait qu'il n'existait pas de cas fortuits *prévus,* qu'alors ils ne seraient pas *fortuits.* Vinnius avait sans doute raison jusqu'à un certain point. A la vérité, le cas *fortuit* rangé dans la classe des cas *prévus* est *imprévu,* en ce sens qu'on ne sait ni quand, ni comment, ni même s'il arrivera ; mais sa possibilité peut être prévue, et c'est ce que fait tout homme intelligent : il songe à la gelée, à la grêle, accidents journaliers ; mais son patriotisme lui défend de supposer une invasion ennemie ; sa pensée ne voit pas les fleuves rompant leurs digues à la saison des récoltes et entraînant tout ce que son travail a fait naître !

Cette convention, étant contraire à la nature du bail, doit toujours être entendue d'une façon restrictive : ainsi, si elle porte simplement que le fermier se charge des cas fortuits, on n'entend par là que les sinistres ordinaires, les cas prévus. Pour que tous soient à sa charge, il faut que l'on ait mentionné tous les cas *prévus* et *imprévus.* Ainsi le recommande l'art. 1773.

Trouble émanant du bailleur. — Si le bailleur est garant du cas fortuit, à plus forte raison l'est-il de son propre fait. Aussi l'art. 1723 lui défend-il, pendant toute la durée du bail, d'apporter de changement à la chose louée. S'il le faisait, le preneur aurait contre lui une action en résiliation ou en dommages-intérêts. Ainsi ne pourrait-il pas changer une terre en pré, planter un bois en vigne, détourner le cours d'un ruisseau. Il est astreint à laisser jouir le fermier des terres de sa métairie en la nature qu'elles étaient lors du bail, pendant tout le temps qu'il doit durer. Pothier cependant apportait à cette doctrine un tempérament: il autorisait le propriétaire qui y avait intérêt, moyennant indemnité, à faire un changement peu considérable, comme s'il s'agissait de détacher quelques arpents d'un vaste héritage pour agrandir un parc. Ce tempérament, qui porte une atteinte légère à la vérité, mais incontestable à l'égalité qui doit présider à l'exécution des contrats, ne devrait pas être admis. S'il s'agissait pourtant d'un fait non préjudiciable, comme si, vers la fin du bail, le locateur voulait planter quelques arbres sur une petite portion des terres du domaine, nous croyons que le fermier ne s'y pourrait pas opposer. Nous revenons, sur ce point, à l'opinion de Pothier, et comme lui nous disons : « Ces arbres ne peuvent pas, pendant le peu de temps qui reste à courir, pousser assez de racines ni produire assez d'ombre pour diminuer d'une façon sensible la jouissance que le fermier doit avoir de ses terres. » Il serait bien mal venu à s'en plaindre ; ce serait un acte de pure chicane : « *malitiis non est indulgendum.* » Indépendamment du changement de forme interdit au bailleur, il doit en outre s'abstenir de tout fait de nature à gêner le fermier, à lui nuire : ainsi il ne peut cueillir aucun fruit.

Trouble émanant des tiers. — Des tiers peuvent *gêner, troubler,* pour emprunter les termes de la loi, le malheureux preneur dans sa jouissance. Quels sont, à ce sujet, les devoirs du bailleur? Il faut distinguer s'il s'agit d'un *trouble de fait* ou d'un *trouble de droit.*

S'agit-il d'un *trouble de fait,* c'est-à-dire de simples voies de fait d'un tiers, sans prétention par lui soulevée d'aucun droit sur la chose, c'est le cas prévu par l'art. 1725 : le bailleur est déchargé de toute responsabilité; c'est au preneur à exercer sur le fonds une surveillance suffisante pour en écarter les malfaiteurs, au preneur à poursuivre en son nom personnel s'ils lui causent un préjudice, et à se défendre ainsi lui-même contre ceux qui le gênent. « Le bailleur n'est pas tenu de garantir le preneur du trouble que des tiers apportent par voies de fait à sa jouissance, sans prétendre d'ailleurs aucun droit sur la chose louée, sauf au preneur à les poursuivre en son nom personnel. »

Pothier admettait aussi cette solution comme thèse générale; mais il la modifiait immédiatement par une exception. Il autorisait le fermier, si son action était inefficace, soit à cause de l'insolvabilité des défendeurs, soit parce que les auteurs du trouble étaient inconnus, à recourir contre le bailleur pour se faire décharger d'une part proportionnelle de fruits; car il y a alors force majeure qu'il n'a pu empêcher, et dans ce cas indemnité est due. Le projet primitif de la loi sanctionnait ce tempérament de Pothier, « sauf au preneur à demander, s'il y a lieu, une diminution de prix, » y était-il dit (Fenet, t. XIV, p. 222). Mais au Conseil d'État, MM. Lacuée et Regnaud s'élevèrent vivement contre cette disposition finale. On ne pouvait, disaient-ils, faire cette exception sans rayer immédiatement le principe qu'ils posaient. Leur motion fut acceptée, et le paragraphe supprimé laissa la loi telle que nous la voyons aujourd'hui. Mais si les voies de fait prenaient le caractère d'événements de force majeure, comme s'il s'agissait de ravages de guerre, d'invasion de bandes armées, on sortirait alors de l'art. 1725 pour rentrer dans le cas de l'art. 1722, et la privation de jouissance donnerait lieu à une diminution de loyers.

Bien entendu, il ne s'agit ici que des voies de fait postérieures à l'entrée en jouissance. Ce n'est qu'après la possession commencée que le preneur est obligé de se défendre lui-même. Si les voies de fait étaient antérieures à l'entrée en jouissance et l'empêchaient de se mettre en possession, ce serait au bailleur à les faire cesser; car autrement il ne remplirait pas son obligation de délivrance.

Si, au lieu d'une simple voie de fait, il s'agit d'un *trouble de droit*, c'est-à-dire si un tiers prétend quelque droit soit de propriété, soit de possession sur la chose louée, et porte ainsi atteinte à la jouissance du preneur, c'est alors l'affaire du bailleur, c'est à lui de combattre cette prétention et de supporter les conséquences de l'éviction totale ou partielle qui en peut résulter, pourvu toutefois que le preneur ait eu le soin, comme l'art. 1768 lui en fait un devoir, d'avertir le propriétaire, dans le délai de huitaine, des usurpations qui ont pu être commises sur le fonds. Mais ce trouble peut être envisagé de deux façons. Il peut se traduire en acte judiciaire, en demande portée devant les tribunaux contre le fermier : c'est ce que Pothier appelait trouble *judiciaire*. Ou bien le tiers peut avoir dépossédé le fermier, et alors il se tient sur la défensive jusqu'à ce qu'on lui ait fait rendre justice. Que peut faire le preneur en semblables circonstances ?

Supposons d'abord le cas où un *tiers intente contre lui une action* tendant soit à le faire délaisser, soit à lui faire souffrir l'exercice de quelque servitude. Deux partis lui sont alors laissés par l'art. 1727 : il est libre de rester dans l'instance en appelant son bailleur en garantie, ou de faire prononcer sa mise hors de cause en nommant le bailleur pour lequel il possède. Pothier n'autorisait que ce dernier parti. Suivant lui, l'action en garantie ne pouvait s'ouvrir que si le fermier avait été évincé, ou si tout au moins, en vertu d'un jugement obtenu par le tiers, sommation lui avait été faite de vider les lieux. L'art. 1727 a été plus large. Le preneur peut, en effet, avoir intérêt à rester en cause, non pas qu'il ait à défendre à l'action sur le fonds (le propriétaire a seul qualité à cet égard) ; mais il peut faire statuer en même temps par un seul et unique jugement, ce qui évite la lenteur et des frais sur son recours en garantie ; il peut aussi, ce qui est encore plus important pour lui, proposer de son chef quelques moyens tendant à établir que l'éviction du propriétaire ne doit pas entraîner la sienne, par exemple s'il est preneur de bonne foi d'un propriétaire apparent. Dans ce cas, nous le savons, le bail est maintenu même contre le propriétaire véritable ; également aussi pour le cas où l'auteur du trouble a ratifié le contrat.

Passons maintenant à la *seconde hypothèse*. L'auteur du trouble n'est plus demandeur. Après avoir commis la voie de fait, il se tient sur la défensive. Ayant dépossédé le fermier.

en tout ou en partie, il attend qu'on l'attaque pour lui faire rendre justice. Ce cas n'est pas prévu par nos articles, qui se placent toujours dans l'hypothèse d'une demande exercée contre le preneur. Mais la réponse à faire sur les droits du fermier en pareille circonstance est facile. Il ne peut que dé-noncer le trouble au bailleur et exercer son action en garantie contre lui. Il n'a aucune capacité pour intenter contre les tiers les actions ayant trait à la propriété ou à la possession de la chose. La complainte, la réintégrande lui sont refusées, aussi bien que toutes les actions relatives à la propriété ou à ses démembrements ; sur quoi se baserait-il en effet pour les réclamer ? il n'est ni propriétaire ni possesseur ; car, s'il pos-sède, c'est à titre précaire et comme représentant du bailleur. Toute décision intervenue entre le fermier et le défendeur sur ces droits serait donc pour le maître *res inter alios acta*, et ne saurait lui être opposée. Il ne faudrait excepter que le cas où le fermier soutiendrait que, quel que soit le droit du pro-priétaire, le bail doit subsister : alors, en effet, il n'y a pas débat sur la propriété, ni même, à proprement parler, sur la possession du fonds ; il s'agit d'un droit inhérent au preneur, qui puise en lui-même ses moyens d'attaque et de défense.

L'action en garantie aboutit à une indemnité ; cette indem-nité que comprend-elle ? Il ne s'agit plus là seulement, comme en cas de réparations nécessaires et de force majeure, d'une simple remise proportionnelle de fermages ; il faut en outre dédommager le preneur de tout le préjudice qu'il subit et de tout le gain dont il est privé. Il y a là, en effet, une faute dont la réparation complète est due. Si le bailleur succombe, c'est qu'il a eu tort de louer une chose sujette à éviction : qu'il subisse la conséquence de sa négligence. S'il triomphe, le preneur n'en a pas moins été gêné ; il n'a rien à voir dans les démêlés du bailleur et de l'étranger ; seulement, si le bailleur doit toujours payer, il reste en droit de se faire tenir compte par son adversaire de la somme qu'il débourse. Il est vrai qu'à la rigueur l'art. 1726 ne parle que d'une remise propor-tionnelle : « *Ils ont droit à une diminution proportionnée sur le prix du bail à loyer ou à ferme.* » Mais ceci n'est pas un argument pour enlever à la garantie son effet caractéristique et perpétuel. Cet article est en effet rédigé sans aucune précision ; il ne prévoit même qu'un seul cas, celui d'une remise proportionnelle, oubliant la dépossession totale où doit avoir lieu une cessation complète de canon. Du reste, l'art. 1744 nous suffit, puisque, en cas d'expulsion même conventionnelle (*a fortiori* si elle est forcée), il oblige le bailleur aux dommages-intérêts. Disons aussi, et la chose va de soi, qu'en cas d'éviction partielle, la diminution des fermages ne se calcule pas sur la valeur locative que pourrait avoir actuellement le bien loué, mais sur celle fixée par la convention. Ainsi, que le prix, dans l'intervalle, ait augmenté ou diminué, peu importe : ni l'abaissement ni la plus-value ne doivent être pris en considération. Pour les dommages-intérêts seuls, on doit avoir égard à cela ; car ils comprennent dans leur évaluation tout le gain dont l'éviction a privé le conducteur.

Telle est l'action en garantie. A quelles conditions s'exerce-t-elle ? Plusieurs sont exigées ; il faut d'abord, nous le savons, que le preneur dénonce le trouble au bailleur. L'art. 1726 l'exige, « *pourvu que le trouble et l'empêchement aient été dénoncés au propriétaire.*» Le silence du preneur peut, en effet, compromettre gravement les droits du bailleur, qui n'a pas pu agir en temps utile. L'art. 1768 le condamne même, dans ce cas, à des dommages-intérêts envers le propriétaire ; à plus forte raison l'empêche-t-elle d'être garanti et dédommagé. Cependant, malgré les termes restrictifs de l'article, la jurisprudence admet, et avec raison, que le défaut de dénonciation n'autoriserait pas la fin de *non-recevoir*, si le preneur parvenait à démontrer que le bailleur n'avait aucun moyen de faire cesser le trouble. L'art. 1640 décide cela en matière de vente. Il faut user d'analogie. Il en serait de même s'il était établi que, malgré le silence du preneur, le bailleur a été informé du trouble, et a obtenu réparation. Le bailleur ne pourrait s'appuyer sur rien pour refuser l'indemnité.

L'éviction doit en outre procéder d'une cause antérieure

au contrat, et peu importerait d'ailleurs qu'elle fût ou non connue du bailleur. Mais il ne faut pas, par exemple, qu'elle ait été connue du preneur. Il ne serait pas, dans ce cas, admis à se plaindre du préjudice, puisqu'il l'a ratifié d'avance en acceptant. Quant aux causes d'éviction postérieures, le locateur n'en est garant que si elles proviennent de son propre fait. La remise des fermages est donc, en pareil cas, l'unique ressource du preneur ; quelquefois cependant la loi lui réserve une indemnité. Quand il s'agit d'expropriation pour cause d'utilité publique, l'expropriant en est toujours tenu vis-à-vis de l'exproprié, pourvu que le propriétaire ait ou le soin de dénoncer ses fermiers ou qu'ils se soient dénoncés eux-mêmes (art. 21, loi du 3 mai 1841). Le jury reste chargé de l'évaluation de la somme à payer.

On peut très-bien, comme en matière de vente, stipuler la *non-garantie*, en ce sens qu'on renonce aux dommages-intérêts ; mais faut-il dire que la clause de louage à *ses risques et périls*, ou la connaissance du danger de l'éviction qu'avait le preneur en laissant insérer la clause de non-garantie, autorise, comme l'art. 1629 le fait en matière de vente, le locateur à refuser la restitution des fermages ? La plupart des auteurs refusent ici l'application de cet article. En effet, l'éviction anéantit, fait cesser le bail (art. 1741). Or à quel titre le locateur pourrait-il exiger le paiement du prix pour une jouissance qui a déjà pris fin ? Dans la vente, le prix payé est devenu la propriété du vendeur. Le bailleur, au contraire, n'a droit aux fermages qu'au fur et à mesure de la jouissance qu'il procure ; or la jouissance est brisée, interrompue ; comment les fruits civils qui la représentent pourraient-ils lui survivre ?

Faut-il encore, avec M. Troplong (*Louage*, n° 282), ajouter une troisième condition, à savoir que la privation de jouissance doit être d'une certaine importance ? Nous répondrons négativement. A notre avis, il y a lieu à indemnité pour toute privation de jouissance, quelle qu'elle soit. L'idée que la privation de jouissance doit être d'une certaine importance est toute naturelle au cas de force majeure, « car cette force majeure, déjà si désastreuse par elle-même, comme le dit très-bien M. Troplong, ne doit pas être aggravée dans ses contrecoups contre le bailleur par des recherches minutieuses. » Mais, dans le cas qui nous occupe, il n'en est pas ainsi : il y a toujours plus ou moins à reprocher au bailleur pour avoir donné à bail une chose qui renfermait un principe d'éviction. Si donc la privation est modique, l'indemnité sera modique, mais elle sera toujours due.

Outre l'action de garantie, le preneur a toujours contre le locateur, contre sa caution, ses héritiers ou autres successeurs universels *l'exception de garantie*. L'exception appartient en effet de plein droit à quiconque est nanti de l'action : « *Cui damus actionem, eidem et exceptionem competere multo magis quis dixerit*, » disait la loi romaine (l. 156, D., *de reg. jur.*). Il peut donc repousser l'action de toute personne qui serait tenue de garantir si un autre évinçait. Le propriétaire de la chose louée *a non domino*, devenu l'héritier du bailleur, ne pourrait pas attaquer le preneur, à moins qu'il ne fût héritier bénéficiaire, cas auquel il ne se trouve pas personnellement soumis aux obligations du défunt. L'exception peut être également invoquée contre le légataire universel et à titre universel, et même contre le successeur à titre particulier, d'après les nouveaux principes de l'art. 1743.

Dans l'obligation de garantir au fermier la libre jouissance du fonds, nous pouvons, comme en droit romain, faire rentrer pour le bailleur l'obligation de payer l'impôt foncier (loi du 3 frim. an VII, art. 147). C'est bien, à la vérité, une charge des fruits, mais la jouissance ne serait pas réelle si cette charge n'était pas retranchée ; cependant le fermier peut être obligé d'en faire l'avance. La loi du 3 frimaire an VII autorise l'Etat à le lui réclamer directement, sauf son recours immédiat contre le bailleur, auquel il peut retenir sur son prix de ferme la contribution payée à sa décharge, « à moins, dit la loi, qu'il n'en ait été autrement convenu par le bail, » et presque tous les baux contiennent des stipulations à cet égard. Le plus souvent la charge du paiement est laissée au fermier, et dans bon nombre de baux on lit cette clause : « *le fermier sera chargé des impôts mis et à mettre.* » Ceci s'entend de tous les impôts, même extraordinaires, qui sont un accessoire de l'impôt principal, tels que les centimes additionnels départementaux et communaux. Mais, malgré la généralité des expressions, on laisse en dehors les charges extraordinaires, comme les emprunts forcés, les contributions de guerre : c'est là une dette de la propriété qui doit être supportée par le bailleur. Il est d'ailleurs de tradition que les lois créant des impôts extraordinaires déterminent le mode de perception et la proportion dans laquelle doivent le supporter les contribuables. C'est ainsi que le *fameux* impôt des 45 centimes, décrété par le gouvernement provisoire de 1848, fut mis à la charge des propriétaires, nonobstant toute clause et prohibition contraires.

Enfin une dernière obligation impose au bailleur de restituer au fermier à la fin du bail le montant des dépenses nécessaires faites sur le fonds. Le fermier eût pu en effet (art. 1720) les exiger du bailleur ; il a préféré les avancer comme son gérant d'affaires : il est juste qu'il rentre dans ses déboursés. Mais si, au lieu de dépenses nécessaires, il s'agissait de dépenses voluptuaires, ou même simplement utiles, que dire ? Il faut d'abord distinguer si les améliorations sont ou non susceptibles d'être enlevées. Si elles sont susceptibles d'être enlevées, le preneur peut en opérer le retrait. Il en était ainsi en droit romain et dans notre ancien droit français. Le Code n'a pas abrogé cette règle. L'art. 599, en ce qui a trait à l'usufruit, dit bien « *que les améliorations profitent au propriétaire ;* » mais c'est un texte spécial qu'il ne faut pas faire sortir de ses limites. L'art. 555 offre d'ailleurs à cet égard un argument d'analogie ; quoique fait pour une espèce différente, c'est encore lui qui se rapproche le plus de la nôtre.

Mais le bailleur pourrait-il s'opposer à l'enlèvement, en offrant de payer la valeur des améliorations ? Notre ancien droit jugeait affirmativement (arrêt du Parlement de Bretagne, 17 oct. 1575) quand il s'agissait d'améliorations faites à perpétuelle demeure, comme les plantations d'arbres. Nous croyons la solution encore exacte aujourd'hui. Ces améliorations sont en effet incorporées à l'immeuble par droits d'accession. Le fermier a dû s'attendre à ce qu'elles resteraient ; car le retrait enlève à ces choses toute leur utilité ; d'ailleurs il n'est point lésé, car on l'indemnise.

Si les choses au contraire peuvent se déplacer, s'il s'agit d'améliorations susceptibles d'être enlevées et transportées facilement ailleurs, par exemple comme des arbres de pépinières, la même jurisprudence permettait au fermier, nonobstant toute offre d'indemnité, de les enlever. Cette solution est encore exacte. Il est évident en effet que le preneur ne les a attachés à l'immeuble que momentanément, avec intention de les reprendre et de les retirer selon son bon plaisir. L'accession n'est pas assez énergique pour les retenir.

Si elles ne pouvaient pas être enlevées, elles resteraient, comme en droit romain, sans indemnité au bailleur.

Citons encore une nouvelle obligation imposée au bailleur par la loi du 28 février 1872. En cas de location verbale assujettie à l'enregistrement aujourd'hui, absolument comme les locations écrites, c'est lui qui est tenu de faire la déclaration exigée et qui encourt l'amende s'il ne la fait pas.

Nature du droit du preneur, et de l'action qui le protége.

Nous en avons fini avec les obligations du bailleur et, par conséquent aussi, avec les droits du preneur, que nous avons examinés en même temps comme deux choses corrélatives. Chaque obligation entraîne en effet avec elle une action permettant de forcer à son exécution celui qu'elle frappe, pour le cas où il essaierait de s'y soustraire. Il nous reste maintenant à examiner la nature de ce droit et la nature de cette action qui le protége.

Tout d'abord, quelle est la nature du droit appartenant au preneur? est-ce un droit personnel? est-ce un droit réel? La question peut paraître assez singulière, d'après les explications dans lesquelles nous venons d'entrer. « Le droit personnel est en effet celui qui nous met en rapport avec une chose par l'intermédiaire d'une personne déterminée, celui dont nous ne pouvons obtenir la réalisation qu'en nous adressant à un individu nommément désigné qui la procure ». Or tous les articles que nous avons vus jusque-là nous ont montré avec la dernière évidence un pareil caractère résultant du louage. Partout et en toute occasion, nous voyons le preneur contraint de recourir au locateur pour arriver à l'objet de son droit, pour *la délivrance*, pour *les réparations*, pour *la garantie*, pour *les indemnités*; toujours, en un mot, ils sont associés l'un à l'autre, en rapports presque quotidiens et constants. Quelle différence avec un usufruitier, par exemple! Lui, il possède bien sur la chose un droit réel, absolu! Indépendant de toute personne, il n'a personne qui doive le faire jouir; on ne le voit nulle part en relations avec le propriétaire. Si la chose est en mauvais état, il doit la subir; si des troubles surviennent, il les supporte ou les repousse comme il le peut; si ses récoltes sont détruites, il n'a aucune plainte à élever, il est chez lui, *se jactat in aula!* Il faut donc, pour renverser toutes ces notions, quelque article formel contredisant ce qui semble résulter de la nature des choses. Quelques auteurs, et entre autres M. Troplong, voient cela dans l'art. 1743, imposant à l'acquéreur à titre particulier, contrairement au droit romain, l'obligation de respecter le bail qu'il trouve existant au moment de son acquisition. Nous démontrerons, en expliquant cet article, qu'il n'a nullement ce caractère, et qu'il ne change en aucune façon la théorie admise jusqu'à ce jour de la personnalité du droit du fermier.

Ce premier point résolu, passons à un second. Cette créance dont est nanti le preneur vis-à-vis du bailleur est-elle mobilière ou immobilière? Question encore débattue. Pour décider si un droit est *mobilier* ou *immobilier*, il faut voir si l'objet qu'il a en vue est lui-même *mobilier* ou *immobilier*. Or, ici, de quoi s'agit-il? à quoi tend l'action? Elle ne tend pas à avoir l'immeuble, mais seulement à avoir les fruits, et les fruits sont quelque chose de mobilier. Pour que l'action fût immobilière, il faudrait que le bailleur se dessaisît en faveur du preneur de la propriété du domaine utile. Or il n'en est rien. La propriété reste toujours entre les mains du bailleur, qui reçoit annuellement par le fermage le produit net du fonds, et qui possède toujours par son fermier qui n'est qu'un détenteur précaire. L'action est donc mobilière, susceptible par conséquent de tomber dans la communauté, devant être portée non devant le tribunal de la situation de l'immeuble, mais devant le tribunal du domicile du défendeur.

Demandons-nous maintenant quelle est la modalité de cette créance : est-ce une créance conditionnelle, une créance à terme, une créance successive, naissant chaque jour avec son objet? C'est là un troisième sujet vivement controversé. Quant au système qui veut prétendre que la créance est successive, qu'elle naît chaque jour avec sa propre cause, la prestation quotidienne de jouissance fournie par le locateur ; qu'ainsi donc au moment du bail rien n'existe; que le locateur possède un simple droit éventuel, une simple espérance tant qu'il n'a pas fait jouir le preneur, quant à ce système une simple réflexion le renverse ! Le louage en effet, dans cette opinion, n'est plus un contrat consensuel; il se transforme en une série de contrats *réels* où l'obligation du fermier ne naîtrait que *re*, celle du locateur se formant *consensu*. Or pas plus à Rome que dans notre droit actuel, ce contrat n'est réel; la définition même du louage nous montre clairement que l'obligation du locateur a pour objet la prestation de la jouissance d'une chose déterminée pendant un certain temps, et pour cause l'obligation que prend le fermier de payer en retour une certaine somme. La cause de l'obligation que contracte une des parties est l'obligation même que l'autre partie contracte envers elle. Les deux causes naissent, les deux obligations se forment en même temps ; l'exécution viendra ensuite. De plus, le système que nous réfutons est en contradiction flagrante avec l'art. 2102, car il est exclusif de toute idée de collocation pour l'avenir. La dette de fermage ayant pour corrélatif la jouissance, on ne peut rien demander pour l'avenir à aucun titre. On répondrait : La jouissance procurée par vous au preneur n'a existé que dans le passé, et votre créance ne peut avoir pris naissance que pour l'avenir. Vous ne pouvez donc réclamer que les fermages échus.

D'autres auteurs prétendent que l'obligation du fermier est subordonnée à la condition suspensive de la prestation de la jouissance par le locateur ! Le principal argument qu'on invoque est celui-ci : la jouissance étant chose future et incertaine, l'obligation du fermier qui a pour cause cette jouissance est-elle même future et incertaine, c'est-à-dire conditionnelle ! C'est là une erreur. Sans doute il y a dans la prestation à fournir quelque chose de futur, d'incertain ; mais ce n'est pas l'obligation elle-même qui est incertaine, elle existe pleine et entière dès l'origine ; c'est son exécution qui est susceptible de se diviser, et qui dès lors, comme toute obligation dont la réalisation est différée, peut un jour ou l'autre tomber, s'évanouir faute d'objet. Mais de ce que l'exécution d'une chose puisse se faire par partie, de ce qu'elle soit susceptible de se diviser, il ne s'ensuit nullement que le droit lui-même n'ait pas une existence assurée. Ce qui en résulte simplement, c'est que, comme dans tout contrat synallagmatique, il y a une condition résolutoire implicitement contenue, autorisant l'autre partie, ici le fermier, à cesser ses obligations quand le premier ne peut plus remplir ses promesses. La dette ne manque pas de prendre naissance par la défaillance d'une condition suspensive ; la dette actuelle au contraire prend fin par l'événement d'une condition résolutoire. Les termes de la loi, se servant en pareil cas des mots *résolution*, *résiliation*, le prouvent évidemment ; car quand une condition suspensive manque, on ne dit pas que le contrat est *résilié*, on se borne à dire qu'il n'a jamais existé.

Aussi, quand on vient faire cette objection : — Si le louage a, comme la vente, toute sa perfection dès l'instant qu'il est conclu, pourquoi les risques de la chose louée sont-ils pour le locateur, tandis que les risques de la chose vendue sont à la charge de l'acheteur ? Si le louage et la vente diffèrent de ce côté, leur nature diffère. Dans la vente, tout est certain, présent, complet, définitif ; dans le louage tout est futur, incertain, dès lors suspensivement conditionnel, — la réponse est facile : Le cas fortuit n'empêche pas que le loyer soit dû ; il fait seulement obtenir une décharge, une indemnité, laquelle n'est pas absolue, laquelle se trouve au contraire assujettie à plusieurs conditions : tantôt la perte doit être plus de moitié, tantôt les réparations doivent durer plus de quarante jours (art. 1769, 1724). Pourquoi cela ? pourquoi un règlement pareil ? Si les fermages n'étaient dus qu'au fur et à mesure de la jouissance, la jouissance n'ayant pas lieu, la dette ne naîtrait pas ; et puis, comment expliquer avec ce système la validité de la clause qui met les risques à la charge du fermier ? semblable convention devrait être nulle, comme entraînant une obligation sans cause. Nous au contraire, qui considérons la remise comme une simple indemnité, nous comprenons très-bien que le fermier y renonce par avance, au moment même où il traite avec le bailleur.

Nous conclurons donc que l'obligation du fermier est une obligation à terme. L'obligation à terme est en effet celle dont l'effet est retardé sans que sa certitude le soit, et nous avons montré que l'existence de l'obligation était certaine, positive depuis que s'était fait l'accord des volontés, que le consentement était intervenu. Nous en verrons les conséquences quand nous parlerons de l'effet de la faillite sur le bail.

Enfin, comme dernière question, les obligations du bailleur et, par conséquent, les actions du preneur sont-elles divisibles ou indivisibles ? L'indivisibilité, la plupart du temps, résultera de l'intention des parties. Quand on loue une chose, c'est afin d'en jouir en totalité ; le plus souvent on n'eût pas consenti à la louer pour portion, parce que la chose ne remplirait pas ainsi le but pour lequel elle a été louée. Dans ce cas alors la délivrance ne peut être faite partiellement. Si le bailleur a laissé plusieurs héritiers, chaque héritier n'est pas admis à se libérer en donnant sa part : chacun peut être actionné pour le tout , sauf son recours contre ses cohéritiers. Il y aura donc presque toujours l'indivisibilité *solutione*. Cependant, si cette intention ne résultait pas des circonstances, alors rien n'empêcherait l'obligation de délivrance d'être divisible , puisque l'objet qu'elle comprend , une terre , une ferme, l'est lui-même.

Faut-il en dire autant de l'obligation de garantie? On retrouve en droit français les mêmes controverses qui s'agitaient sur les textes romains. Les uns , et notamment MM. Troplong et Duranton, suivent encore l'opinion de Dumoulin, et proclament en même temps l'*indivisibilité* de l'action et la *divisibilité* de l'exception ; mais cette opinion est fausse par cela même que ces estimables auteurs font une différence entre deux choses identiques, l'action et l'exception. L'exception, en effet, nous l'avons fait remarquer déjà , ne fait qu'empêcher le débiteur de la garantie de prendre ce que l'action en garantie le forcerait de rendre aussitôt après l'éviction ; c'est, comme on l'a dit avec raison, une sorte de compensation entre le droit de revendication que le débiteur de la garantie pourrait avoir contre le preneur et le droit de garantie appartenant à ce dernier ; or, s'il n'y a qu'une compensation entre les deux actions et entre les deux droits, n'est-il pas évident que la mesure de l'action sera la mesure de l'exception? Si le preneur évincé n'avait le droit de reprendre au moyen de l'action en garantie qu'une seule partie de la chose, il ne pourrait opposer l'exception que pour cette partie ; si, au contraire, l'action lui permet de reprendre toute la chose dont il a été évincé, il pourra opposer l'exception pour le tout. C'est là une conséquence invincible ; aussi M. Duvergier (t. I, n° 355) et Marcadé (t. VI, p. 270), plus logiques, acceptant le point de départ de leurs adversaires, l'*indivisibilité* de l'action, concluent-ils également à l'*indivisibilité* de l'exception.

Enfin M. Rodière, et c'est l'opinion qui nous semble la meilleure, admet la divisibilité de l'action et de l'exception (*Traité de la solid. et de l'indiv.*, n°⁵ 431 et suiv.). En effet, l'obligation de livrer et l'obligation de garantir sont deux modes de l'obligation de faire jouir; elles ont le même objet, la possession de la chose louée par le preneur. Elles ne diffèrent que par une seule circonstance : dans la première, le preneur n'a pas encore la possession, il faut la lui donner; dans la seconde, il l'a déjà reçue, il faut la lui maintenir, ou s'il l'a perdue la lui rendre. Or cette obligation de maintenir ou de rendre est parfaitement susceptible d'une exécution partielle. Supposons en effet que le preneur troublé s'adresse au locateur; le locateur le fait maintenir en possession de la moitié de la chose : voilà l'obligation exécutée pour partie. Eh bien! supposons deux garants au lieu d'un : chacun doit moitié; pourquoi ne serait-il pas libéré quand il l'a fournie? La possession, dit-on, ne peut pas être divisée : on ne peut pas concevoir un tiers, une moitié de la possession de la jouissance d'une chose. Il ne faut pas équivoquer: sans doute on ne peut pas procurer la moitié de la possession de toute une chose; mais en procurant la possession entière de la moitié, n'a-t-on pas exécuté pour moitié l'obligation de faire jouir de toute la chose? On ajoute : Chaque garant est obligé de défendre le preneur contre celui qui veut l'évincer : on ne peut pas défendre pour partie, faire valoir la moitié d'un argument, produire la *moitié* d'un titre. Il faut encore là s'entendre sur la portée des expressions. Sans doute, si plusieurs débiteurs sont en cause, chacun ne pourra pas plaider la moitié d'un moyen, produire la moitié, le tiers d'un titre; mais chacun peut faire valoir tous les moyens pour demander que le preneur soit maintenu en possession de la moitié, du tiers de la chose. D'ailleurs la défense en justice n'est qu'une manière d'exécuter l'obligation de garantie, dont le but est « de maintenir le preneur en possession. » Il y a bien

d'autres façons d'en arriver là ; on peut obtenir par une transaction que le preneur ne soit plus troublé ; on peut, avant
d'aller en justice, reconnaître le bien fondé des griefs que
l'on reproche ; et de toutes ces façons, on arrive facilement à
une exécution partielle.

SECTION II.

OBLIGATIONS DU FERMIER.

Le preneur acquiert par le bail un droit de jouissance sur
le fonds loué ; mais ce droit de jouissance, il ne peut pas,
comme un propriétaire, l'exercer à son gré : il faut qu'il en
use en bon père de famille, qu'il conserve à la chose la destination convenue ou résultant des circonstances. Puis, pour
conserver ce droit, pour tenir compte au maître du fonds de
l'usage dont il se prive, il doit payer le prix convenu : telles
sont les deux obligations principales imposées par l'art. 1728.
Ajoutons-en une troisième, qui n'est, à proprement parler,
qu'un corollaire de la première : rendre en bon état, à la fin
du bail, la chose qui lui a été confiée. Nous allons successivement passer en revue ces diverses obligations.

1° *Jouir en bon père de famille et suivant la destination de la chose.*

Jouir en bon père de famille et suivant la destination de la
chose, ce sont là deux idées, deux obligations fort distinctes.
On peut en effet être un excellent père de famille, faire de
très-bonne administration, augmenter même la production
et la valeur du fonds, sans laisser à la chose sa destination,
par exemple en défrichant des bois, en convertissant une
vigne en terre labourable, en pré ; de même, on peut laisser
la chose avec le mode de culture qu'elle était habituée à avoir,

et se montrer à son égard peu diligent. Voyons donc en quoi consistent ces deux devoirs.

Jouir en bon père de famille : C'est se conduire comme un homme diligent, soigneux. Ainsi le fermier est tenu de façonner les terres en temps convenable, de ne pas les épuiser en obtenant d'elles des produits forcés, de les entretenir d'engrais, de veiller au maintien des clôtures et édifices, de bien cultiver en un mot ; et, pour assurer cette obligation de bonne culture, la loi l'oblige à garnir l'héritage des bestiaux et ustensiles nécessaires à son exploitation (art. 1766). « Étant obligé, dit Pothier (n° 201), de jouir de la métairie en bon père de famille et de la cultiver, il s'ensuit qu'il doit avoir tout ce qui est nécessaire pour la culture.» Cet article, d'ailleurs, ne s'applique pas à la lettre partout. Il y a encore beaucoup d'endroits où, comme en droit Romain, le bailleur délivre la ferme toute garnie ; l'usage des lieux doit être considéré à cet égard, et les juges auront à tempérer par l'examen des circonstances particulières cette disposition absolue. Il ne doit pas non plus détourner les fourrages réservés pour la nourriture des bestiaux, ni les pailles et engrais qui font partie du domaine, étant, comme le disait Coquille, « destinés à le faire valoir, » à moins, et Pothier l'autorisait jadis (n° 190), que la ferme ne produise plus de fourrages et de pailles qu'il n'en faut pour la nourriture des bestiaux et pour faire les fumiers, à moins aussi que des usages locaux ne modifient cette règle. C'est ainsi que, dans quelques communes de Normandie, la paille de seigle appartient au fermier ; c'est ainsi également que, dans l'Artois, où le pacage des moutons et d'autres engrais entretiennent suffisamment la fécondité du sol, on laissait autrefois au preneur les pailles et les fumiers (Merlin, v° *Fumiers*, § 1).

Ces soins, cet entretien matériel ne suffisent d'ailleurs pas. Le fermier doit, en outre, veiller à la conservation des droits qui appartiennent à l'héritage, faire attention, par exemple, à ne pas laisser éteindre les servitudes par le non-usage. La loi lui fait également un devoir d'avertir le propriétaire des

usurpations qui peuvent être commises, afin qu'il se mette
en mesure de les réprimer. L'art. 1768 impose même cela
sous peine de dommages-intérêts. Présent en effet sur les
lieux, surveillant les limites par ses occupations agricoles de
chaque jour, il est bien mieux à même que le maître de s'en
apercevoir. Rigoureusement parlant, si l'on s'en tenait à
l'art. 1768, il n'est question que des usurpations ; mais il ne
faut pas donner à ce texte une interprétation aussi restrictive. Par le mot « *usurpations* » on doit entendre non-seulement les envahissements matériels , mais aussi tous les faits
qui portent atteinte à la propriété ou à la possession. C'est là,
en effet, le principe général des art. 1726 et 614 du Code civil.
Pour cette dénonciation, le fermier a le laps de temps exigé
dans une assignation, *huit jours francs*, plus un jour par trois
myriamètres de distance. La distance est ici celle existant
entre le bien rural cultivé par le fermier et le domicile du
propriétaire. Aucune forme spéciale n'est requise pour cette
dénonciation ; elle peut donc être faite d'une manière quelconque, même verbalement. Cependant, si les relations entre
le propriétaire et le preneur sont un peu tendues, il sera
prudent à lui de donner l'avertissement par écrit, ou même
par acte d'huissier, fait très-bien remarquer M. Troplong
(n° 603).

Jouir suivant la destination de la chose. — Si la convention
s'explique à cet égard, pas de difficulté ; s'il n'y a pas de convention, il faut alors, dit la loi, conserver celle *présumée
d'après les circonstances*. Ces circonstances peuvent varier à
l'infini, et sont laissées à l'arbitrage du juge ; c'est ordinaire-
ment d'après l'usage des lieux que l'on se règle. Ainsi le
fermier pourrait, croyons-nous, faire les améliorations généralement adoptées par les cultivateurs voisins : il est probable, en effet, que le propriétaire eût agi de la sorte s'il
avait de ses propres mains cultivé ses terres. Il pourrait donc
défricher quelques pâturages, planter des collines en vignes,
et même, quand il y a une clause « que le fermier doit se conformer aux usages des précédents propriétaires, que tout

dessolement, tout désaisonnement lui est rigoureusement interdit, » la jurisprudence, avec raison, l'interprète restrictivement. Ainsi, tout en défendant au fermier, en pareille circonstance, de défricher les prairies, de dessécher les étangs en rapport, on lui permettrait le défrichement des landes, le desséchement des marais, la plantation des dunes. Quelque clause qu'il y ait, on ne peut supposer au bailleur l'intention de prohiber des améliorations qui ne peuvent que l'enrichir gratuitement. Un arrêt de la cour de Bruxelles du 24 mars 1807 allait même jusqu'à permettre au fermier de substituer à l'ancien système des soles triennales la culture alterne sans jachères, avec mélange de plantes fourragères et sarclées. On pourrait aussi, aujourd'hui surtout que ce mode d'exploitation est presque universellement adopté par la science, donner la même solution.

L'art. 1720 indique la sanction de ces deux obligations : « Si le preneur emploie la chose louée à un autre usage que celui auquel elle a été destinée, ou dont il puisse résulter un dommage pour le bailleur, celui-ci peut, suivant les circonstances, faire résilier le bail. » Cet article pose ainsi deux alternatives. « *Le preneur ne laisse pas à la chose sa destination;* » il cultive *d'une façon dommageable.* Nous repoussons l'idée de ceux qui, comme MM. Duvergier (I, 400) et Duranton (XVII, 00), veulent supprimer la disjonctive *ou* et la remplacer par la conjonctive *et,* pour imposer deux conditions à l'application de l'art. 1720. Nous ne voyons pas sur quelle base peut reposer une semblable opinion. Pourquoi corriger un texte formel? ceci n'est permis que rarement, et pour le cas seul où l'esprit de la loi indique d'une façon évidente la fausseté de l'expression employée par ses rédacteurs. Ici, rien de pareil. L'art. 1720 se lie très-bien aux deux obligations de l'art. 1728, qui distingue parfaitement comme deux choses différentes la *jouissance* du bon père de *famille* et la *jouissance selon la destination* de la chose, comme le fait l'art. 1766 et comme l'avait fait auparavant Pothier dans son titre du *Louage,* qui a fourni au Code de si précieux matériaux. Le manquement à l'un de ces devoirs peut donc parfaitement suffire pour entraîner la résiliation , pourvu qu'il ait la gravité suffisante.

Enfin le preneur est encore tenu , l'art. 1766 le rappelle , de se conformer à toutes les clauses du bail. Ces clauses peuvent varier à l'infini , selon la nécessité des lieux , la destination de la chose , les besoins particuliers de chaque genre d'exploitation ; mais parmi toutes ces clauses , il en est une dont la loi s'occupe nommément , à cause de sa fréquence et de sa gravité , « *la prohibition de sous-louer ou de céder imposée au fermier.* »

Le droit de jouissance concédé par le bail n'est pas exclusivement attaché à la personne ; il passe aux héritiers du preneur, peut être saisi par ses créanciers, et peut faire également l'objet d'une transmission entre vifs. Cette dernière faculté, découlant de la nature même du bail, est formellement consacrée par l'art. 1717, malgré les quelques difficultés que souleva sa rédaction. Deux conseillers d'État, MM. Pelet et Lacuée (Fenet, t. XIV, p. 236), voulaient s'opposer à son maintien , parce que , d'après eux , semblable faculté ne se conciliait pas très-bien avec l'intérêt de la propriété et le respect qui lui était dû. Ils pensaient sans doute que cette transmission devait dégager le preneur primitif de ses obligations personnelles. Telle n'était pas la disposition de la loi ; au contraire, loin de diminuer les garanties du bailleur, l'arrivée d'un cessionnaire ou d'un sous-locataire les augmente en les rendant, en vertu de l'occupation des lieux, directement obligés envers lui. MM. Bigot-Préameneu et Cambacérès firent remarquer cela, et l'article fut voté.

Nous venons d'embrasser sous une même formule de *transmission entre vifs* toutes les substitutions d'une personne étrangère au preneur primitif. Vis-à-vis du bailleur en effet, de quelque façon que cette substitution soit faite, sa situation est la même ; mais, dans les rapports du preneur et de celui qui lui succède, les choses ne se passent pas de la sorte, et il faut soigneusement distinguer la *sous-loca-*

tion de la *cession*. Ainsi la sous-location produit les effets d'un louage, autorise par conséquent le sous-fermier à traiter son sous-locateur comme un bailleur ordinaire, à exiger de lui la chose en bon état de réparations de toute espèce (art. 1720), à lui réclamer une indemnité pour perte de récoltes (art. 1769), etc. La cession au contraire produit les effets d'une vente, met le sous-fermier à la place du fermier ordinaire, sans que le second soit le moins du monde obligé de faire jouir le premier, de lui délivrer la chose en bon état, de s'occuper des cas fortuits qui peuvent survenir. Revenons maintenant à ce qui doit nous occuper spécialement, *la prohibition de sous-louer ou de céder*.

Les propriétaires attachent la plupart du temps, et avec raison, une grande importance au choix de leurs fermiers. Un bon cultivateur augmente en effet chaque jour, par une exploitation bien dirigée, la valeur du fonds qu'il tient à bail. Aussi sont-ils disposés à lui faire des conditions beaucoup plus avantageuses ; et alors, pour que leur but soit rempli, ils interdisent la *cession* ou la *sous-location*. Cette clause, dans notre ancien droit, ne s'exécutait généralement pas à la lettre, et, quoique plus scrupuleusement observée pour les biens ruraux que pour les maisons, on passait très-souvent outre. Le Code civil en exige sévèrement le maintien : « Cette clause est toujours de rigueur, dit l'art. 1717 : elle peut être stipulée pour le tout ou pour partie ». Mais, malgré ces termes restrictifs, des discussions ont surgi sur son étendue : ainsi, quand le bail interdit de *sous-louer*, nul doute (personne ne songe à contester sur ce point) que la défense de céder n'y soit comprise ; celui qui n'a pas le moins ne saurait avoir le plus. Mais quand on défend de *céder le bail*, cette prohibition comprend-elle également celle de sous-louer ? Ici controverse ; la cession est, en effet, un acte plus grave que la sous-location. En défendant le plus, on peut laisser la permission du moins, et quelques arrêts se sont prononcés en ce sens. Nous déciderons cependant, sans hésiter, que la prohibition de céder entraîne celle de sous-louer. En effet, la différence entre ces deux conventions est sans doute très-grande dans les rapports existant entre le preneur et le cessionnaire ou le sous-fermier, mais vis-à-vis du bailleur elle est sans importance ; que le changement survienne par voie de bail ou par voie de cession, sa situation est toujours la même. En stipulant la clause, il n'a eu qu'un but : empêcher l'occupation des lieux par un autre qu'un fermier de son choix ; son intention doit être respectée.

Une autre question discutée est celle-ci : « La prohibition de sous-louer » entraîne-t-elle la sous-location partielle comme la sous-location totale ? Non, a dit M. Duvergier (t. I, 374), reproduisant en cela deux arrêts, l'un de Bruxelles et l'autre de Paris. Mais cette idée, qui pouvait être exacte dans notre ancien droit, où la défense de sous-louer ne s'exécutait pas dans sa rigueur, cesse de l'être aujourd'hui sous l'empire du Code. La défense de sous-louer, faite purement et simplement, s'entend de toutes les sous-locations. Cependant si, au lieu de prohiber, d'interdire purement et simplement la sous-location, on avait ajouté ces mots : « *en totalité, pour le tout,* » nous croyons avec M. Marcadé (t. VI, p. 444) que la faculté d'une sous-location ou d'une cession partielle serait autorisée par là même. Pourquoi, en effet, ajouter ces mots : « en totalité ? » ils ne peuvent avoir un autre sens. Disons aussi que, malgré la sévérité recommandée dans l'application de la clause prohibitive de sous-louer, on ne saurait y voir une contravention si, au lieu de cultiver personnellement, le preneur le faisait faire par un homme de confiance à ses gages : on est alors censé cultiver soi-même quand on a des domestiques qui vous représentent. Enfin, malgré la prohibition, si le propriétaire donnait à la sous-location, à la cession un consentement antérieur ou postérieur, exprès ou tacite, cette sous-location, cette cession deviendrait parfaitement licite, et toute plainte contre elle resterait interdite.

La contravention à la clause prohibitive de sous-louer autorise le bailleur, en se basant sur les art. 1741 et 1766, à demander la résiliation du bail; mais cette résiliation ne s'opère pas de plein droit. On suit, à cet égard, les principes de l'art. 1184 du Code civil. Elle doit, par conséquent, être demandée, et prononcée par la justice. La jurisprudence admet même avec raison que si, avant la demande, les choses étaient remises dans leur premier état, ou si le preneur offrait de reprendre immédiatement l'objet en question, la résiliation ne saurait avoir lieu. Ce que la loi déclare de rigueur en effet, c'est la *convention*, la *prohibition* de sous-louer, et non la résiliation qui doit s'ensuivre.

2° *Payer le prix.* — *Privilége du bailleur.*

La seconde obligation du preneur est de payer le prix aux termes convenus ; ces termes, à défaut de convention, sont réglés par l'usage des lieux. On suit du reste pour le paiement, si aucune stipulation n'y déroge, les principes généraux du droit. Ainsi le paiement doit être fait au domicile du conducteur, qui est le débiteur ; mais, la plupart du temps, on oblige le fermier à le porter au bailleur. Malgré cette stipulation pourtant, si le bailleur changeait de domicile et que le second domicile fût plus éloigné que le premier de la métairie, le fermier ne pourrait être obligé d'aller l'y trouver : « *Nemo alieno facto prægravari debet.* » Le bailleur devrait alors indiquer une personne à qui les fermages seraient payés dans le lieu de son ancien domicile, « à moins cependant, comme le disait Pothier, qu'il y ait simplement entre les deux domiciles une différence peu considérable, comme si, par exemple, le locateur restait dans la même ville et avait simplement changé de quartier. » Cette différence ne devrait pas entrer en considération.

Ce n'est pas seulement le preneur qui est tenu vis-à-vis du bailleur au paiement du prix : en cas de sous-location, le sous-fermier devient directement obligé, en vertu de l'occupation des lieux, vis-à-vis du locateur jusqu'à concurrence de ce que lui doit son cédant immédiat. C'est la disposition formelle de l'art. 1753, inséré dans le Code sur la proposition de la Cour de Lyon, et qui, par suite d'une erreur dans le remaniement des articles, figure sous la rubrique des règles spéciales aux baux à loyer. Il convient aux deux, comme le dit d'ailleurs très-bien l'art. 820 du Code de procédure. Si cependant le sous-fermier avait payé au preneur, l'action du bailleur serait-elle paralysée ? Oui en ce qui concerne les termes échus, à moins que le propriétaire n'établisse une fraude ; autrement ils sont présumés faits de bonne foi, et nous déciderons même que les quittances sous seing privé pourraient très-bien lui être opposées. Sans doute le propriétaire est un tiers, et, aux termes de l'art. 1328, les actes n'ayant pas date certaine peuvent être repoussés par les tiers à qui on les oppose ; mais cet article ne doit pas être pris à la lettre dans un contrat où tout se passe de bonne foi. L'échéance du terme fait supposer l'acquittement de l'obligation, car le bailleur n'aurait pas manqué d'élever la voix si on ne l'avait pas payé. Quant aux paiements faits par anticipation, la loi les regarde comme non avenus ; elle les considère comme frauduleux par une présomption *juris et de jure*, c'est-à-dire n'admettant pas la preuve contraire. Le sous-fermier qui a été assez imprudent pour le faire est obligé de payer une seconde fois au premier bailleur qui le réclame ; il n'y a d'exception que si ces paiements anticipés ont été faits en vertu d'une clause du bail ou en vertu de l'usage des lieux. Le sous-fermier, en effet, qui s'est conformé à cette obligation ou à cet usage ne peut pas être réputé avoir agi frauduleusement ou avec légèreté.

En règle générale, le paiement doit être fait au propriétaire, à celui qui a affermé ou à son mandataire ; quelquefois cependant le paiement cesse de lui être dû. Ainsi, quand le propriétaire a vendu, ce n'est pas à lui, mais à l'acquéreur que le fermier est tenu de payer. Quand il tombe en faillite, étant dessaisi de l'administration de ses biens (art. 442, C. com.), c'est à ses créanciers, représentés par les syndics, que le paiement doit être fait. En cas de saisie, à dater de la transcription, les fruits sont immobilisés au profit des créanciers. Le locateur qui reçoit les paiements en est comptable comme un séquestre judiciaire, et une simple opposition faite par les créanciers suffit pour empêcher le preneur de se libérer entre les mains du bailleur, et pour ne plus lui permettre de se libérer qu'en vertu d'un mandement de collocation ou à la caisse des dépôts et consignations (art. 685, C. pr.). *Quid* si les paiements avaient été faits par anticipation ou, ce qui est la même chose, si le bailleur en avait fait à un tiers la cession anticipée ? La validité soit du paiement, soit de pareille convention n'a jamais fait doute vis-à-vis des créanciers chirographaires, à moins, bien entendu, qu'ils n'établissent, conformément à l'art. 1167 du Code civil, un concert frauduleux entre le bailleur et le preneur. Vis-à-vis des créanciers hypothécaires, la question avait été un instant controversée. Les uns disaient que le bail accompagné d'une stipulation aux termes de laquelle le propriétaire perçoit ou cède d'avance les fermages dans une proportion considérable constitue l'aliénation de la jouissance pour un temps déterminé, et doit être assimilé à une constitution d'usufruit à l'égard de laquelle il est admis que le créancier hypothécaire suit l'immeuble dans les mains de l'usufruitier. D'autres prétendaient que le propriétaire ne pouvait disposer des revenus à venir de son immeuble, parce que, aux termes de l'art. 2166 du Code civil, les créanciers hypothécaires avaient droit non-seulement au prix, mais encore aux intérêts du prix ou aux revenus qui les représentent. Mais ces arguments ne se soutenaient pas. En effet, on ne pouvait comparer le bail à l'usufruit, celui-ci conférant un droit réel, un vrai démembrement de la propriété, celui-là n'engendrant qu'un droit personnel, et ne donnant dès lors aucun droit de suite aux créanciers hypothécaires. Quant à l'art. 2166, sans doute, en règle générale, il permet au créancier hypothécaire d'exercer son droit sur le prix et sur les intérêts ou revenus ; mais on ne peut pas opposer ce texte à un tiers qui a acquis les fruits civils à échoir à un moment où le propriétaire qui les a transmis avait le droit d'en disposer. Aussi la jurisprudence avait-elle fini par décider que, pour les créanciers hypothécaires comme pour les créanciers chirographaires, ils ne pouvaient, sauf le cas de fraude, formuler aucune plainte ; mais la preuve de la fraude était bien difficile à faire, et les acquéreurs, les créanciers saisissants étaient ainsi trompés dans leurs plus légitimes espérances par des paiements ou des cessions qui diminuaient considérablement la valeur de l'immeuble. La loi du 23 mars 1855 a remédié à cet abus en assujettissant à la transcription « les paiements anticipés ou les cessions de fermages à venir, quand ces paiements anticipés ou ces cessions équivaudraient à trois années de loyers (art. 2, § 5) ; sans cela ils ne pourraient être opposés pour plus de trois ans à ceux qui ont acquis des droits sur l'immeuble et qui les ont conservés en se conformant aux lois. » Ceci s'applique aux acquéreurs et aux créanciers hypothécaires, les uns conservant leurs droits par la transcription, les autres par l'inscription. Quant aux créanciers chirographaires, leur situation est la même après qu'avant la loi de 1855 : ils ne sont pas tiers dans le sens de ce nouveau texte législatif, et, pour faire annuler la cession ou le paiement, ils n'ont que la ressource de l'art. 1167.

Le paiement, au lieu de consister en argent, peut se faire en nature. A ce sujet, quelques difficultés sont susceptibles de se présenter : ainsi, quand le prix est en denrées, que décider si la ferme n'avait pas produit les denrées stipulées ? Il faut user de distinctions. Si on a exigé des denrées en général, le preneur devra les acheter pour les livrer ; si au contraire le propriétaire les avait réservées comme fruits de son cru, il est libéré quand ces fruits n'y sont pas (art. 1771). Quelquefois, au lieu d'un prix fixé soit en argent, soit en nature, le choix est laissé au bailleur ou au fermier. Quelle base d'évaluation prendra-t-on dans cette hypothèse ? faudra-t-il prendre la valeur d'une année commune ou de l'année même ? A défaut de convention nous ferions, avec M. Troplong, la distinction suivante, qui nous paraît équitable (n° 676) : s'il s'agit de convertir la prestation en argent une fois pour toutes, il faudra estimer au prix commun : en effet, l'avenir qu'on règle comprendra certainement des années d'inégale fertilité, et le meilleur moyen de ne faire payer ni trop ni trop peu est de prendre une moyenne. Au contraire, si la conversion n'était que pour l'année seule où l'on se trouve, l'évaluation se devrait faire d'après le prix des denrées de l'année, car le fermage en argent n'est que la représentation du fermage en nature. Disons aussi avec Pothier (n°s 205 et suiv.) que, quand des charrois (clause assez fréquente) sont imposés au fermier, le bailleur, à moins d'une nécessité impérieuse, absolue, à laquelle il n'a pas donné lieu par sa faute, ne doit les exiger qu'en temps opportun ; il ne pourrait le faire, par exemple, pendant le temps des grands travaux.

Les arrérages du prix se prescrivent par cinq ans (art. 2277, C. civ.). Cependant, quand il s'agit de certaines prestations en nature, comme des charrois à exécuter, des réparations à faire, cette règle, croyons-nous, ne s'applique pas, et il suffit d'opposer une déchéance tirée de ce qu'elles n'ont pas été exigées en temps et lieu ; en effet, ces prestations n'ont d'utilité qu'à certaines époques fixes et pour une certaine cause spéciale et précise, et il serait assez singulier de voir un propriétaire demander après coup *des réparations* pour une inaction qui serait de son fait.

Ajoutons, comme accessoire du prix, l'impôt des portes et fenêtres, dont le preneur doit faire le remboursement au propriétaire qui en fait l'avance, ainsi que l'enregistrement des locations verbales quand elles excèdent 100 fr. (l. du 25 août 1871). L'enregistrement des baux écrits est également, à sa charge, rangé dans la catégorie des frais d'acte, et doit également être remboursé si le bailleur l'avait soldé.

Tel est le droit. Voyons maintenant les garanties accordées au bailleur et les moyens coercitifs qui en sont la sanction. En cas de non-paiement, deux voies lui sont ouvertes :

il peut *poursuivre l'exécution ;* il a même, à cet égard, *un privilége :* il peut poursuivre *la résiliation du bail.*

Privilége du bailleur. — Le droit Romain, nous nous le rappelons, frappait d'une hypothèque tacite au profit du bailleur les produits de la ferme, et, la plupart du temps, la convention des parties y ajoutait les objets mobiliers qui la garnissaient. Cette hypothèque, au moyen de l'action *Servienne,* permettait de suivre chez les tiers détenteurs les objets qui auraient été soustraits. Notre ancien droit s'inspira des lois Romaines, en les amplifiant et en les modifiant. Ce ne furent plus seulement les fruits nés du sol, mais encore tous les objets par le fermier apportés dans la métairie qui devinrent affectés au paiement des fermages (Cout. de Paris, art. 17, et d'Orléans, 415 et 416), et, au lieu d'une hypothèque tacite, ce fut un privilége spécial sur les meubles subordonné en général à la possession par le débiteur de la chose grevée, et qui s'évanouissait avec elle si, dans un délai de *quarante jours,* le bailleur n'avait pas fait restituer les choses enlevées.

C'est ce même droit de privilége qu'a conservé le Code civil pour tout ce qui *concerne l'exécution du bail.* Il porte, aux termes de l'art. 2102 : 1° sur *les objets garnissant la ferme,* 2° sur *les objets servant à l'exploitation,* 3° sur *les fruits de la récolte de l'année.*

Tout d'abord, sur *les objets garnissant la ferme.* Mais qu'entend-on par objets garnissant la ferme ? Il y a à ce sujet bien des discussions, bien des théories, dont le tort grave, dit avec beaucoup de raison M. Paul Pont (*Priv.,* n° 121), est de répandre de l'obscurité dans une matière très-nette en elle-même. D'après quelques-uns, devraient seulement être cotés meubles garnissants ceux qui sont en évidence ; il en faudrait exclure tout ce qui se tient sous clef. Suivant d'autres, il n'y aurait bien aussi, en principe, que les meubles apparents susceptibles d'être classés parmi les meubles garnissants ; mais, dans l'application, il faudrait faire exception pour certains objets laissés d'ordinaire renfermés, la vaisselle, le linge. Nous repoussons ces distinctions. Une

ferme, comme une maison, est garnie par tout ce qu'elle renferme, aussi bien par les choses tenues sous clef que par les
choses apparentes , aussi bien par les pailles qui s'étalent
dans les granges que par les vins qui se cachent dans les
caves , ou les farines dans les greniers; il n'y a d'exception
que pour les choses qui, dans la pensée évidente du locateur,
n'ont pu lui servir de garantie : tels sont, par exemple , les
objets déposés momentanément pour être repris aussitôt;
telles sont également *les créances :* les créances, en effet, ne se
trouvent pas dans les titres qui les constatent; ce sont des
meubles incorporels n'ayant, à proprement parler, aucune
situation : « *nullo continentur loco,* » disaient les commentateurs; tel est encore l'argent *comptant,* car on peut dire
avec Pothier « qu'il est destiné non point à demeurer dans
la maison , mais à être dépensé au dehors. » D'ailleurs,
l'art. 520 exclut ces deux sortes de biens quand on s'est
servi pour un legs de cette expression la plus générale possible : « *une maison avec tout ce qui s'y trouve* ». A plus forte
raison encore sont-ils exclus dans notre espèce.

Mais, en dehors de là, tout ce que contient la ferme est
grevé du privilége ; et que ces objets soient ou non la propriété du preneur, peu importe ; le bailleur les a vus ou a pu
les voir là : il a dû compter sur eux pour sa garantie. D'un
autre côté, le propriétaire a eu l'imprudence de les y laisser :
il a dû supposer le droit dont ils seraient grevés. Telle est la
présomption tirée de ces faits par la loi ; à moins que la
preuve du contraire ne la fasse tomber, ce qui arriverait, par
exemple, s'il était établi que le bailleur a eu connaissance de
l'origine de ces objets ; il serait mal venu à prétendre, en pareille circonstance, qu'il les a supposés affectés à son gage ;
de même s'ils avaient été volés à leur propriétaire ou perdus
par lui : il serait impossible de voir là, de sa part, un consentement tacite à l'engagement. L'art. 2279 lui donne du reste,
dans ce cas, trois ans pour revendiquer.

Le privilége porte également sur les meubles du *sous-fermier.* La chose est toute naturelle et toute simple, puisque

l'art. 1753 donne au bailleur action directe contre lui pour le paiement des fermages : où il y a action, il doit y avoir garantie à l'action. Ce privilége, bien entendu, n'aura lieu, comme la dette elle-même, que jusqu'à concurrence de la somme due par le fermier principal.

Le second chef du privilége ne présente pas de difficultés. Les objets *servant à l'exploitation*, ce sont : les animaux, les instruments aratoires. Il en est de même du troisième, *les fruits de l'année.* » Que dire de ceux des années précédentes ? ne sont-ils jamais compris dans le privilége ? Jamais en tant que fruits proprement dits ; mais s'ils ont été engrangés, ils peuvent être grevés de privilége comme objets mobiliers garnisant la ferme, tandis que les premiers le sont, engrangés ou non. Une question surgit à ce sujet : Les fruits de l'année ont été engrangés en dehors de la ferme ; le locateur de ce bâtiment a ainsi privilége : voilà un concours. La loi a bien voulu le prévenir en obligeant le preneur à engranger dans les lieux à ce destinés (art. 1767) ; mais enfin le concours existe. Que décider ? Si c'est sans nécessité que ce transport a eu lieu, le bailleur aurait action pour faire rentrer les fruits ainsi déplacés ; mais si au contraire c'était par nécessité, le preneur n'ayant pas pour les loger l'emplacement suffisant, alors le locateur du bâtiment l'emporterait ; « car, si la ferme a produit la récolte, les granges qui la renferment l'ont conservée, » et la préférence est toujours donnée sur le prix de l'objet à celui qui l'a conservé le dernier.

Tels sont les objets qui servent de garantie à la créance du bailleur. En ce qui concerne les objets garnissant la ferme et servant à l'exploitation, la base du privilége est une convention tacite de gage : il se fonde sur l'occupation ; en ce qui concerne les fruits, il se base sur le droit de propriété. Le locateur en est propriétaire *jure soli*, jusqu'à ce qu'il ait été payé, puisque c'est sa chose qui les a produits.

Ce privilége est accordé pour toutes sortes de baux, pour les locations verbales, comme pour les locations constatées par acte authentique ou sous seing privé. Cependant la forme n'est pas indifférente, soit pour la facilité de réalisation du gage affecté, soit pour l'étendue du privilége. Si le bailleur est nanti d'un titre exécutoire, il pourra, aussitôt que ses fermages ne seront pas payés, faire saisir et vendre les effets qui lui servent de garantie ; si au contraire il n'a en mains qu'un titre sans authenticité, il lui faut un jugement du tribunal pour arriver à la vente. Tout ce que la loi lui permet, c'est de faire opérer une *saisie conservatoire*, appelée *saisie-gagerie*, c'est-à-dire de faire mettre sous la main de la justice les objets grevés de privilége, pour éviter leur disparition : un jour après une *sommation* (1) faite par huissier, à moins qu'une ordonnance du président du tribunal n'autorise la saisie immédiate (art. 819, C. pr.).

Mais c'est surtout sur l'étendue du privilége, quand la contribution est ouverte entre les différents créanciers , que la forme du bail a une si grande influence. Selon que le bail aura ou non reçu date certaine avant la saisie ou la faillite, le bailleur pourra réclamer une somme plus ou moins considérable.

Le bail a-t-il reçu date certaine ? le privilége s'exerce alors dans le sens le plus large et le plus étendu. Tout ce qui est échu, tout ce qui est à échoir, les termes passés comme les termes à venir bénéficieront de la préférence, dit l'art. 2102, à moins que les autres créanciers, comme ils en ont toujours le droit, n'établissent une fraude ; mais la bonne foi est présumée, et tout se paie.

Le bail, au contraire, n'a-t-il pas reçu date certaine ? la loi alors s'arme de défiance ; elle ne refuse pas le privilége, mais elle le restreint singulièrement. Le bailleur aura , dit l'art. 2102, *« privilége pour une année à partir de l'expiration*

---

(1) Nous disons *sommation*, bien que l'art. 819 du Code de procédure emploie l'expression de *commandement*. La loi se sert évidemment ici d'une expression inexacte ; le *commandement*, en effet, présuppose comme condition essentielle un titre exécutoire, et la *saisie-gagerie* n'a précisément d'objet qu'à défaut de titre exécutoire. Si le bailleur en avait un en mains, il prendrait directement la voie de la saisie-exécution, qui lui offre bien plus d'avantages.

de l'année courante. » Cette phrase, qui ressemble un peu aux anciens oracles de la *Sibylle*, a prêté le flanc à de nombreux systèmes. Faut-il la prendre à la lettre? ne privilégier qu'une année à partir de l'année échue, en laissant de côté tous les termes passés? Quelques auteurs l'ont prétendu, notamment M. Grenier (t. II, n° 309), et aussi quelques arrêts (Bordeaux, 12 juin 1825 et 17 décembre 1839). On ne crée point, dit-on, de privilége par interprétation. Tout est de droit étroit en notre matière; le texte est formel : « *c'est l'année qui doit suivre l'expiration de l'année courante.* »

Cette opinion n'est pas généralement très-goûtée. M. Valette (t. I, p. 72 et suiv.) et avec lui M. Demante, tout en se portant très-restrictifs, veulent au moins que l'année courante soit ajoutée à celle qui la suit. Si en effet, disent en substance ces deux estimables auteurs, la loi a présumé la bonne foi et la sincérité du bail pour une année qui n'a pas encore commencé, c'est-à-dire pour un temps où tout pouvait être suspecté, combien, à plus forte raison, cette présomption doit-elle être admise pour un temps où aucune suspicion ne peut s'élever, au moins quant à l'existence du bail, car à défaut d'écrit la possession sert de preuve. On cite aussi ces paroles de M. Tarrible lors de la discussion des art. 819 et suivants du Code de procédure, qui s'occupent de la même hypothèse : « ou pour l'exécution de *l'année courante et de la suivante* lorsque le bail n'a ni authenticité ni date certaine » (Locré, t. XXIII, p. 167).

M. Mourlon, lui (*Com. théor. et prat.*, n° 101), substitue au mot *année*, prise comme point de départ, le mot *terme*, et il suppose que la loi a déterminé l'année privilégiée, en retournant en arrière, à compter de l'expiration des termes courants; et alors le bailleur aurait privilége pour une seule année, composée, comme dans l'ancien usage du *Châtelet*, du terme courant et des trois derniers termes échus. Ce système est à coup sûr fort ingénieux, mais il exige pour se soutenir bien des suppositions. Il faut d'abord que le législateur, par une inadvertance inexplicable, ait pris *l'année courante* pour le *terme courant*. Il faut ensuite changer le sens *naturel*, régulier des *mots*, et supposer que l'expression *à partir*, qui indique un point de départ d'où l'on va aller en avant, signifie ici cependant un point d'arrêt d'où il faudra revenir en arrière. Ce sont là des sens par trop divinatoires pour être admis.

Enfin un quatrième et dernier système, généralement suivi en jurisprudence, et qui a pour lui aussi en doctrine d'estimables auteurs, tels que Zachariæ, Duvergier, donne privilége pour toutes les années échues, l'année courante et une année à partir de cette année courante, par conséquent pour le passé, le présent et une année de l'avenir. C'est cette solution que nous adoptons. On ne doit pas en effet chercher ce que la loi donne au bailleur dont le titre n'a pas date certaine, mais seulement ce qu'elle lui enlève ; or la loi ne refuse privilége que pour les années à échoir, sauf la première à laquelle ce bénéfice demeure attaché. L'avenir est donc seul restreint, car si la loi eût voulu être restrictive pour le passé et pour l'avenir, elle aurait d'une manière expresse posé la limite dans le passé, comme elle l'a fait pour l'avenir. D'ailleurs on comprend la crainte de fraude pour l'avenir ; mais, pour le passé, elle n'est pas plus à redouter dans le cas de bail n'ayant pas date certaine que dans le cas de bail authentique ou enregistré, puisque, d'une part, la date du commencement du bail étant toujours facile à constater par le fait public de l'entrée en jouissance, le nombre des années dont le loyer pourra être dû sera toujours fixé avec certitude, et que de l'autre les quittances données par le bailleur pourront être supprimées même en cas de bail authentique.

L'art. 2102 a été modifié, et le privilége du bailleur restreint en matière de commerce, quand le preneur tombe en faillite, par une loi récente du 12 février 1872, dont nous examinerons les dispositions en traitant de l'influence de la faillite du preneur sur le contrat de bail.

Dans le cas où le bailleur profite du droit que lui donne un bail ayant date certaine pour se faire payer par privilége les fermages à venir, l'art. 2102 accorde comme compensation aux créanciers le droit de sous-louer la ferme pour leur compte. Ceci est profondément équitable, car il eût répugné à la justice et à la raison que le preneur ainsi payé par anticipation de ses fermages eût en outre la chose à sa disposition, et en pût tirer un profit nouveau en la relouant. Ce droit appartient aux créanciers, nonobstant la clause prohibitive de sous-louer ou de céder. Nous dirons même qu'il n'est utile que dans ce cas; car, à défaut de cette clause, l'art. 1166 du Code civil, qui permet aux créanciers d'exercer les droits et actions de leur débiteur, les y eût autorisés. Cette prohibition n'est d'ailleurs pas sans effet pour le bailleur, car si la clause défendant la sous-location a été insérée dans le bail, il est libre, en renonçant aux fermages à venir, de reprendre le bien concédé; dans le cas contraire, il ne le peut qu'avec le consentement des créanciers.

Pour exercer ce droit, les créanciers sont assujettis à certaines conditions. Ainsi, si les meubles du preneur n'ont pas produit un prix suffisant pour acquitter dans son intégralité la créance du bailleur, les créanciers qui veulent user de la faculté de relouer doivent, dit l'art. 2102, « *payer au bailleur tout ce qui lui reste dû.* » M. Valette prend ces termes dans leur sens rigoureux. M. Paul Pont (*Priv.*, n° 120) y fait au contraire, à notre avis, une sage restriction : il permet aux créanciers, pour le cas où le privilége du bailleur ne lui aurait assuré le paiement que d'une partie des loyers, de relouer l'immeuble pour le temps que représentent ces loyers. En effet, de ce que l'art. 2102 les autorise à s'approprier le droit de bail pour tout le temps qui reste à courir, il ne s'ensuit nullement qu'ils soient obligés de profiter de cette faveur pour le tout, et ne puissent la restreindre au temps durant lequel les sommes privilégiées ont suffi pour couvrir les fermages ; il arriverait autrement que les créanciers, gênés par la déconfiture de leur débiteur, ne pourraient que très-rarement payer d'avance les loyers d'un bail peut-être fort long, et que le bailleur obtiendrait à la fois la chose et le prix, ce qui serait par trop inique ; mais par exemple une autre sûreté ne remplacerait pas le paiement des fermages. Le texte est trop formel pour donner une décision contraire : ainsi l'offre d'une caution pour garantie des loyers à venir a été, à très-juste titre, repoussée par un arrêt de la Cour de cassation du 7 décembre 1858 (Dall., 1859, 1, 62).

Tel est le privilége. Survit-il à la dépossession ? En droit commun, tout privilége sur les meubles n'est efficace que si celui à qui il appartient est resté nanti des objets sur lesquels il repose : « *Les meubles n'ont pas de suite par hypothèque* » (art. 2140). La loi y fait une exception dans notre espèce : « Le propriétaire peut saisir les meubles qui garnissent sa ferme lorsqu'ils ont été déplacés sans son consentement, » dit l'art. 2102. Le détournement est considéré comme une espèce de vol du droit de gage. Or, de même que le propriétaire d'un objet volé peut le reprendre partout où il se trouve, de même le locateur est autorisé à reprendre son gage, même dans les mains d'un tiers de bonne foi ; mais ce droit de suite ne peut être exercé que dans un délai de 40 jours à dater de l'enlèvement, sans en excepter, comme le veut M. Duranton, le cas de concert frauduleux entre le locateur et le tiers ; il ne fait alors courir le délai que du jour où le locateur a été instruit du déplacement. Il ne faut pas distinguer où la loi ne distingue pas.

Ce droit de revendication se trouve quelquefois paralysé : ainsi, par exemple, si le propriétaire avait donné son consentement à l'enlèvement, il serait mal venu à se plaindre dans ce cas. La loi dit d'ailleurs : « *déplacés sans son consentement.* » De même, si les meubles soustraits avaient été achetés de bonne foi d'un marchand vendant des choses pareilles, ou à la foire, le bailleur serait obligé, pour exercer sa revendication, de rembourser au possesseur actuel le prix que les meubles lui ont coûté. Le privilége du locateur ne peut pas, en effet, être traité plus favorablement que le droit de propriété ; or, le propriétaire d'un meuble volé ne peut, aux termes de l'art. 2280 du Code civil, évincer qu'à cette condition le possesseur de bonne foi, l'ayant acheté à la foire ou d'un marchand vendant des choses pareilles.

Le possesseur de meubles détournés pourrait-il se défendre en offrant de prouver que ceux qui restent dans la ferme suffisent pour assurer le paiement des créances du bailleur ? Quelques auteurs, mus par un sentiment d'équité et aussi tirant argument de l'art. 1752, qui a trait aux loyers de maisons, et où il est dit « *que le propriétaire doit garnir la maison de meubles suffisants* » pour ne pas être expulsé, admettent l'affirmative. Cependant nous croyons, avec M. Paul Pont (n° 132) et un arrêt de Poitiers du 28 juin 1810, que l'indivisibilité du privilége s'oppose à la prétention des possesseurs de meubles détournés. Ces meubles, une fois entrés dans la ferme, sont frappés d'un droit réel que le bailleur est toujours maître de faire valoir, s'il est dans les termes de l'art. 2102.

Voilà pour les meubles et objets garnissant la ferme : le texte est formel ; mais quand il traite de ce droit de revendication, il ne parle pas des *fruits de l'année*. Que décider à leur égard ? le droit de suite n'existe-t-il pas dans cette hypothèse ? le privilége s'éteint-il par leur déplacement ? Quelques auteurs le prétendent, se basant sur les termes formels de l'art. 2102 et aussi de l'art. 819 du Code de procédure, où il n'est plus question que des *meubles* quand la loi parle du droit de revendication, laissant par conséquent dans l'ombre les *fruits de l'année* mentionnés quand on énumère les bases du privilége ; mais cet argument de texte se réfute facilement. L'art. 2102, dit-on, ne donne que le droit de revendiquer les meubles qui garnissent la ferme. Or les fruits détachés du sol sont meubles (art. 520, C. civ.), et les fruits *garnissent* la ferme, car leur destination naturelle est de garnir les greniers, fenils, celliers. La revendication se peut donc exercer sur eux comme sur les meubles meublants. M. Delvincourt objecte pourtant. Les fruits étant destinés à être vendus, il faut qu'il y ait sûreté pour l'acquéreur. En conséquence, le locateur ne doit pas avoir le droit de revendiquer. Oui, cela est juste : les fruits sont faits pour être vendus, et leur aliénation n'est pas susceptible de critique ; mais pourquoi ? parce qu'il y a à la vente un consentement tacite, présumé, résultant de la force des choses, et nullement parce que leur revendication est interdite. Si donc, au lieu d'être vendus, ils avaient été engagés, le droit de revendication existerait parfaitement.

Le privilége a surtout lieu de s'appliquer en ce qui concerne le *prix*, mais il se donne pour toutes les obligations résultant du bail, « *pour tout ce qui concerne l'exécution du bail,* » dit l'art. 2102, pour les réparations locatives, la restitution, et tous les engagements qui en résultent pour le preneur. Une question cependant fait difficulté : Se donne-t-il pour les avances faites par le bailleur au fermier? Si ces avances sont constatées par l'acte de bail, pas de difficultés ; mais si elles sont faites pour un titre ultérieur? Quelques auteurs, notamment M. Delvincourt (t. III, p. 273), prétendent qu'elles doivent être alors assimilées à un prêt ordinaire. Cette opinion, croyons-nous, doit être rejetée. Les avances, en effet, sont faites en vue de l'exploitation ; elles sont une suite directe du bail, facilitant son *exécution*, et rentrent ainsi dans le cercle de notre article. C'était autrefois aussi l'opinion de Pothier (*Louage*, n° 254). Rien ne semble devoir y déroger.

Le privilége du bailleur (ce que nous en avons dit jusque-là le montre évidemment) est traité avec grande faveur. Si favorable qu'il soit pourtant, il est primé par plusieurs priviléges encore plus favorables : « *Les sommes dues pour semences et pour les frais de récoltes de l'année*, dit l'art. 2102, *sont payées sur le prix de la récolte, et celles dues pour ustensiles, sur le prix de ces ustensiles, par préférence au bailleur.* » Par *ustensiles* la loi entend ici les *ustensiles* servant à l'exploitation, et non les ustensiles de ménage : il n'y a pas plus de raison, en effet, de favoriser ceux-ci que les autres meubles de la maison ; quant aux premiers, la chose est toute naturelle, car ils procurent la récolte des fruits sur lesquels est assis le privilége des sommes dues à leur sujet. L'art. 2102 fait encore passer avant le bailleur « *le vendeur d'effets mobiliers qui garnissent la ferme sur le prix de ces objets, quand le bailleur savait qu'il était encore dû,* » et la preuve de cette connaissance se peut faire par toute espèce de moyens.

Sous l'empire du Code, le bailleur pouvait encore trouver un autre mode de coercition pour arriver au paiement de ses fermages : il lui était permis de stipuler « *la contrainte par corps.* » Cette faculté fut prohibée par la loi des 13-16 décembre 1848. On voulait en effet, disait avec raison le rapporteur, « affranchir de cette voie de rigueur une dette qu'une mauvaise récolte ou le retard éprouvé dans le paiement du prix de la vente des denrées met souvent le fermier dans l'impossibilité d'acquitter à l'échéance. » Mais l'art. 2062 du Code civil autorisait toujours la contrainte par corps contre les colons et fermiers qui ne représentaient pas à la fin du bail le cheptel de bétail, les semences et instruments aratoires qui leur avaient été confiés, « à moins qu'ils ne justifiassent que le déficit de ces objets ne procédait point de leur fait. » Ce dernier article a lui-même disparu depuis la loi du 22 juillet 1867, qui a aboli d'une manière générale la contrainte par corps en matière civile et commerciale. Il ne saurait donc en être question pas plus dans le bail que dans tout autre sujet de droit.

Résiliation du bail. — Enfin le bailleur peut, à défaut de paiement, expulser le preneur en faisant résilier le bail.

Plusieurs cours, dans le projet du Code civil, avaient demandé qu'une disposition spéciale fixât le temps après lequel l'expulsion pour défaut de non-paiement pourrait être requise ; la cour de Grenoble, notamment, demandait que les arrérages excédassent une annuité du prix. Dans notre ancienne jurisprudence, c'était généralement à deux termes, sans compter le courant, qu'était fixé le délai ; cependant, si les termes étaient courts, on accordait trois échéances. Le Code ne prescrit rien, se bornant à rappeler sa pensée dans le principe général de l'art. 1741 : « *Le bail se résout par le défaut du preneur de remplir ses engagements.* » C'est alors au juge à examiner et à se prononcer d'après les circonstances : il sera toujours libre d'accorder des délais quand les débiteurs lui paraîtront dignes de cette faveur. Mais si le bail contenait une clause résolutoire expresse, le juge aurait-il également cette faculté ? Dans notre ancien droit, cette clause était généralement considérée comme comminatoire, et le juge était laissé libre d'examiner la cause qui avait empêché de payer, et, si elle lui semblait trop favorable, d'accorder des délais. Tous les auteurs décident au contraire aujourd'hui qu'il y a là une convention formelle qui doit nécessairement, en toute hypothèse, recevoir son exécution. Il faut toujours d'ailleurs une mise en demeure, à moins que la convention n'en dispense formellement.

A ce sujet, nous avons à résoudre une question controversée : La résiliation pour défaut de paiement du prix encourue par le preneur frappe-t-elle également le sous-fermier qui a rempli d'une façon irréprochable ses engagements vis-à-vis de son sous-bailleur ? La négative a été soutenue par M. Duvergier (t. I, n° 539). En effet, dit-il en substance, la résolution du titre en vertu duquel un bailleur possédait n'entraîne pas toujours la résolution du bail, lorsque ce titre l'autorisait à le passer : telle est notamment la situation de l'acheteur à réméré, du grevé de substitution, du propriétaire apparent. Pourquoi en serait-il différemment ici ? De plus, l'article 1753 rend le sous-preneur directement obligé du bailleur primitif ; or, quand il y a engagement direct et personnel, la résolution ne peut procéder que d'une infraction à cet engagement : or, ici le sous-preneur a fait tout ce qu'il devait faire. Ces arguments ne sont que spécieux et se réfutent facilement. Quant à la première idée d'assimiler le sous-preneur à celui qui traite avec un propriétaire apparent, une simple réflexion détruit cette assimilation. Pourquoi les baux faits par le propriétaire apparent sont-ils maintenus ? c'est parce que le preneur a cru traiter avec un propriétaire incommutable ; on ne veut pas porter tort à sa bonne foi. Dans notre espèce, au contraire, le sous-preneur a vu parfaitement que le droit de celui avec qui il traitait était résoluble ; il n'a donc pas à se plaindre quand la résolution arrive. Quant au second point, l'engagement personnel et direct du sous-preneur vis-à-vis du bailleur primitif, sans doute il existe, mais à quel titre ? ce n'est pas un nouveau bail qui est censé consenti. Tout ce que fait la loi, c'est de voir dans l'occupation des lieux la source d'une indemnité pécuniaire due personnellement par celui qui occupe. Or cette occupation tolérée par le propriétaire ne peut pas lui être imposée de force quand le bail est résolu ; le sous-preneur n'est là que comme un garant, comme une caution du preneur primitif. Or ce que la loi donne au bailleur comme avantage ne peut pas tourner contre lui.

Restituer les choses à la fin du bail.

Le preneur doit, comme dernière obligation, restituer à la fin du bail la chose dont il a joui. Il doit la restituer dans l'état où il l'a reçue, sauf les dégradations provenant de force majeure ou de vétusté. Mais qui prouvera l'état des lieux au moment du bail ? qui prouvera que les dégradations, que les pertes ont eu lieu par vétusté ou force majeure ?

En ce qui concerne l'état des lieux au moment du bail, la prudence conseille de faire dresser ce que l'on appelle un état de lieux, c'est-à-dire une explication détaillée de la condition, de la situation où ils se trouvent, et alors aucune difficulté ne se présente : le preneur doit les restituer tels qu'ils sont mentionnés ; mais, à défaut de cet état de lieux, comment sera-t-il présumé les avoir reçus ? Il faut distinguer entre les réparations locatives et les autres.

Pour les premières, les réparations locatives, le bailleur, étant obligé par l'art. 1720 de livrer la chose louée en bon état de réparations de toute espèce, est présumé avoir rempli cette obligation, au moins en ce qui les concerne. On ne peut supposer que le preneur eût accepté l'immeuble sans cela. La loi présume donc qu'il l'a fait (art. 1732). « S'il n'a pas été fait d'état de lieux, le preneur est présumé les avoir reçus en bon état de réparations locatives et doit les rendre tels , sauf, ajoute l'article, la preuve contraire ; » et il est libre de la faire par toute espèce de moyens, même par témoins, aussi bien au-dessus qu'au-dessous de 150 fr., car il s'agit là d'un fait et non d'une convention.

Pour les autres réparations, au contraire, qui ne sont pas à sa charge pendant la durée du bail, il y a tout lieu de croire que le preneur s'en sera moins occupé que des locatives, dont il reste tenu ; par conséquent la loi ne pose pas, en ce qui les concerne, cette présomption de la réception de la chose en bon état ; ce serait au propriétaire à prouver que rien ne manquait.

Une fois en possession, étant obligé, comme nous le savons, de jouir en bon père de famille, la loi le déclare responsable de toutes les dégradations ou pertes provenant de sa faute (art. 1732) ; à la fin du bail, elles sont censées être de son fait, à moins qu'il n'établisse qu'elles ne lui sont pas imputables. Obligé de restituer en effet, si, au moment de la restitution, la chose ne se trouve plus dans l'état où il l'a reçue, il ne remplit pas son obligation, « à moins, comme le dit très-bien M. Troplong, qu'il ne fasse plier la puissance de cette obligation qui milite contre lui par la preuve des faits d'excuse de nature à l'exonérer. »

Quels sont ces faits d'excuse ? Ils sont nécessairement très-variables ; mais quelle diligence devra avoir remplie le preneur qui les allègue pour triompher ? de quelle faute est-il tenu ? Notre ancien droit, pour échelonner les diverses responsabilités, admettait trois sortes de diligence dont le défaut constituait trois sortes de faute : la diligence que l'homme le plus habile portait dans ses affaires : le manquement à cette diligence constituait la faute très-légère ; — la diligence qu'un homme habile, comme le commun des mortels, avait dans ce qui le regarde : le manquement à cette diligence constituait la faute légère ; — enfin la diligence que l'homme le moins

habile apportait dans la gestion de ses intérêts : manquer à
cela, c'était commettre une faute lourde. Le Code a repoussé
par l'art. 1137 cette division tripartite des fautes, et on
s'étonne que M. Duvergier ait voulu la ressusciter (t. I, 410),
précisément pour imposer au fermier la faute très-légère,
qui, d'après notre ancien droit, ne le frappait même pas ; car
cette faute n'a trait qu'aux contrats passés dans l'intérêt d'une
seule personne, et ici l'intérêt est réciproque. Les art. 1728
et 1732 se chargent d'ailleurs de répondre préremptoirement :
l'un exige les soins d'un *bon père de famille* (le superlatif est
banni), c'est-à-dire les soins d'un homme ordinaire, et
l'art. 1732 se borne à dire : « est tenu de *sa faute*, » c'est-à-
dire du manquement aux devoirs que remplissent les hommes
soigneux, sans aller chercher ceux qui ne commettent jamais
ni la moindre négligence, ni la moindre omission (1).

Parmi ces causes fréquentes de ruine, la loi énumère
spécialement l'incendie, et lui consacre l'art. 1733, ainsi
conçu : « Il répond de l'incendie, à moins qu'il ne prouve
que l'incendie est arrivé par cas fortuit, ou force majeure,
ou vice de construction, ou que le feu a été communiqué par
une maison voisine. »

Quel est le sens, l'étendue, la limite de cet article ? C'est la
seule difficulté qu'il présente. Ces trois modes de preuves
qu'il indique ne sont-ils qu'énumératifs ou limitatifs ? l'article
rentre-t-il dans le droit commun ou en sort-il ? Cette question
divise les auteurs. D'après MM. Duvergier (t. I, n° 437),
Troplong (n° 382), et aussi deux arrêts de la Cour de Metz
(28 juill. et 31 déc. 1854), statuant précisément sur le cas
d'incendie des bâtiments d'exploitation dépendant d'une
ferme, cet article ne serait que l'expression du droit commun,
et il suffirait, pour s'affranchir de toute responsabilité, de

(1) Nous soutenons cette opinion, au point de vue général, comme principe
fondamental. Dans quelques cas, nous allons le voir pour les art. 1733 et 1735
notamment, la loi y fait exception, et ne dégage le preneur de la responsabilité qu'en cas de diligence *la plus exacte* ; mais ce ne sont là que des faits spéciaux.

prouver qu'on n'a pas été en faute, qu'on est à l'abri de toute négligence, sans indiquer, sans s'inquiéter par quelle cause l'accident est survenu. Mais il nous semble impossible d'admettre un semblable système en présence des termes restrictifs et formels de notre article. Si ce texte n'avait pas pour but de déroger aux principes généraux sur la preuve, il serait en effet parfaitement inutile et n'aurait aucun sens. A quoi bon ce luxe de détails, d'hypothèses, pour dire simplement que le fermier répond de l'incendie s'il ne prouve qu'il est exempt de faute? L'art. 1732, qui proclame sa responsabilité pour toutes les dégradations et pertes à lui imputables, arrivées pendant sa jouissance, ne suffit-il pas?

Mais la loi, par exemple, en s'écartant du droit commun sur le point à prouver, ne s'en écarte pas quant à la manière de le prouver. L'art. 1733 dit en effet simplement : « *à moins qu'il ne prouve,* » sans indiquer rien de particulier sur le mode dont cette preuve devra être faite. On reste alors sous l'empire des principes ordinaires. Toutes sortes de moyens peuvent donc être admis, aussi bien la preuve testimoniale que les simples présomptions, toujours autorisées quand les témoins sont admis. Aussi faut-il repousser cette idée de M. Duvergier (t. I, n° 436), et de quelques arrêts, notamment de Paris et de Toulouse, établissant une fin de non-recevoir « parce que les offres de preuves faites n'avaient pas pour point d'appui des documents indépendants de la preuve testimoniale. » Sans doute les tribunaux sont toujours libres de ne pas s'en rapporter aux présomptions, s'ils ne les trouvent pas précises et concordantes ; mais, en droit, il ne les peuvent jamais repousser en semblable circonstance, par cela seul qu'elles sont des présomptions et des probabilités.

Telle est l'hypothèse, la solution fournie par l'art. 1733, quand il n'y a vis-à-vis du propriétaire qu'un seul fermier; mais si au lieu d'un il s'en trouve plusieurs, ce qui peut arriver, par exemple en supposant une même ferme louée par moitié à deux familles logeant sous le même toit, la loi va plus loin, et l'art. 1734 les déclare tous *solidairement* responsables vis-à-vis du propriétaire, à moins que l'un d'eux ne prouve *ou que le feu a éclaté chez son voisin, ou que le feu n'a pu commencer chez lui.* Cette disposition est très-rigoureuse, et on comprend à merveille les vives critiques qu'elle a soulevées lors de sa discussion. M. Mouricault (Fenet, t. XIV, p. 320) la justifiait en disant : « C'est aux locataires à se surveiller mutuellement. » Mais cette raison, contraire aux faits, pourrait très-bien se retourner contre le propriétaire, et nous paraît loin d'être péremptoire et concluante. La loi est formelle : on la respecte sans l'approuver.

La question de faute et de responsabilité soulève un point délicat et controversé, quand le propriétaire habite lui-même une partie de la ferme. Le feu a pris ; on ignore le point de départ de l'incendie. Comment le propriétaire sera-t-il traité ? Peut-il, en vertu des art. 1733 et 1734, invoquer la présomption de faute qui pèse sur les locataires ? Non, car la présomption de l'art. 1734 se base sur ce que l'incendie a eu nécessairement son origine chez l'un ou l'autre des locataires ; et ici, le propriétaire habitant la maison, rien ne peut affirmer que le feu a pris plutôt chez le locataire que chez lui.

Peut-il s'assimiler à un locataire, et agir par conséquent contre les autres locataires pour obtenir d'eux leur part de la réparation du dommage, en supportant lui-même sa part ? Cela ne le mènerait encore à rien. Il peut bien, s'il le veut, se faire traiter comme simple locataire ; mais de locataire à locataire, le demandeur est tenu de faire la preuve de la faute reprochée.

Il doit donc, pour rétablir la présomption légale des articles 1733 et 1734, prouver tout d'abord que le feu n'a pas pris chez lui : c'est alors seulement qu'il recouvre la faveur de nos textes ; tant que ce fait n'est pas acquis, ils restent inapplicables. Aucune présomption n'est possible.

Tenu de rendre la chose dans l'état où il l'avait reçue, il s'ensuit, par une conséquence naturelle et logique, que si le preneur se trouve dans l'impossibilité de le faire, il doit la remplacer en dédommageant le bailleur de tout le mal que peut lui faire éprouver la privation de la chose, ce qui comprend le *lucrum cessans* et le *damnum emergens*. Cependant ce serait aller trop loin de dire, avec M. Troplong (n° 390), que le preneur doit toujours payer la somme nécessaire pour la reconstruction du bâtiment. Dans ce cas, en effet, il pourrait arriver souvent que le bailleur gagnât la différence entre un bâtiment tout neuf et un bâtiment presque usé. Le preneur, à notre avis, serait donc libre d'exiger qu'on lui tienne compte de la différence. Ainsi l'ont parfaitement jugé plusieurs arrêts (notamment Nancy, 9 août 1840, et Paris, 23 janvier 1866 ; Devill., 1850, II, 129 ; *J. Pal.*, 1867, 341).

Tous ces articles que nous venons d'expliquer s'appliquent, il est à peine besoin de le dire, aussi bien au sous-fermier qu'au fermier principal. Le sous-fermier est, en effet, tenu envers le fermier par les mêmes liens que celui-ci envers le bailleur originaire ; et le bailleur, à son tour (art. 1753), est autorisé à exercer directement les actions de son fermier contre celui qui a sous-affermé de lui.

Enfin, comme dernière limite de la responsabilité du preneur, indépendamment des dégradations et des pertes provenant de son fait, la loi met encore à sa charge toutes celles occasionnées par le fait des personnes de sa maison ou de de ses sous-locataires. C'est la disposition formelle de l'article 1735, et, nous le voyons, cette responsabilité est bien plus rigoureuse qu'elle ne l'était à Rome. En droit romain, elle ne frappait le preneur qu'autant qu'il avait commis la faute de prendre chez lui des personnes dangereuses par leur étourderie et leur négligence. Cette théorie était, dans la pratique, la source de difficultés, car comment prouver que le fermier avait connu les mauvaises mœurs, l'incurie de ses hôtes et serviteurs ? L'ancien droit rejeta ces distinctions, et le Code a sanctionné ce système en obligeant le preneur à répondre indistinctement des fautes de toutes les personnes de sa maison ou de celles qu'il choisit comme sous-fermiers. A lui d'exercer une surveillance étroite et rigoureuse.

Une autre conséquence de l'obligation de restituer la chose telle qu'elle lui a été donnée oblige le fermier sortant « à laisser les pailles et engrais de l'année, s'il les a reçus lors de son entrée en jouissance. » C'est ce que dit l'art. 1778, et cet article va encore plus loin : il autorise le bailleur, « quand bien même le fermier sortant n'aurait pas reçu les pailles et engrais, à les lui faire laisser pour le prix d'estimation qui en sera fait. » Cette espèce d'expropriation est autorisée dans l'intérêt de l'agriculture, qui ne peut pas prospérer sans engrais destinés à réparer chaque année les déperditions du sol. L'engrais ne peut pas être fait sans les pailles, et si le fermier usait de son droit rigoureux de les enlever, la difficulté de s'en procurer rendrait quelquefois la terre improductive. Le fermier, du reste, aurait mauvais gré de se plaindre de cette disposition, car il reçoit l'estimation de ce qu'il abandonne, et il trouvera dans la ferme où il va l'équivalent de ce qu'il laisse dans l'ancienne. Faut-il étendre aux fourrages ce que la loi dit des pailles et engrais ? Oui, selon M. Troplong (art. 783). Les fourrages servent en effet, comme les pailles, à l'alimentation des bestiaux, et sont aussi indispensables dans une métairie.

Cette estimation devra être faite par experts : si le fermier était libre en effet de fixer le prix lui-même, rien ne serait plus facile que de rendre illusoire la disposition de la loi en demandant pour payer la valeur une somme exagérée.

Mais bien entendu, même quand le fermier n'a pas reçu en entrant les pailles et les fumiers, aucune indemnité ne serait due, aucune estimation ne serait faite, si telle était la convention des parties. M. Troplong fait même résulter cette clause de l'obligation imposée par le bail « de convertir en fumiers toutes les pailles de la récolte. » On a voulu en effet par là, dit-il (n° 785), réserver à la terre toutes les pailles de sa production, et ceci pour la dernière année comme pour les autres. On n'a fait ni exception ni différence. M. Marcadé (t. VI, p. 520) critique cette solution, et avec raison ; « elle fait, selon lui, une confusion étrange entre l'ancien droit et notre droit actuel. Autrefois, sur le sujet qui nous occupe, les coutumes se divisaient en deux classes : les unes, et c'était le droit commun, laissaient les pailles au propriétaire sans indemnité ; les autres au contraire, et c'était l'exception, permettaient non-seulement au fermier sortant d'enlever ses pailles et engrais: elles lui permettaient en outre, même pendant le bail, de les vendre et de les transporter ailleurs. Alors on se demandait à ce sujet, et c'était précisément l'espèce de l'arrêt du parlement de Paris du 22 août 1781 cité par M. Troplong, si la stipulation « de *convertir les pailles en fumiers* » sous une coutume d'exception, c'est-à-dire le retour au droit commun sur l'un des points qu'elle autorisait, n'entraînait pas par voie de conséquence le retour au droit commun sur le second point, pour l'*abandon sans indemnité des pailles au propriétaire*, et la jurisprudence concluait à l'affirmative. Ce n'était peut-être pas un jugement irréprochable ; car autre chose est la conversion des pailles en fumiers, autre chose leur abandon pur et simple; mais enfin il s'agissait par là de revenir au droit commun, de rentrer dans la règle générale, et on conçoit la présomption plus facile en pareille circonstance.

Aujourd'hui, au contraire, que le droit commun ne permet pas de prendre les pailles sans les payer, il serait assez extraordinaire que la simple clause « de convertir *les pailles en fumiers* » dispensât de l'indemnité. Il y a entre l'engagement de ne pas ruiner les terres en les privant de leur nourriture, de leur aliment indispensable, et le fait « de donner les pailles en cadeau au fermier », une distinction qui résulte du simple bon sens.

Quant aux *semences*, la loi n'en parle pas. Si le fermier les a reçues lors de son entrée, elles appartiennent à la ferme et il doit les y laisser à son départ ; s'il n'en a pas reçu, c'est au nouveau fermier à s'en procurer.

Enfin, le Code s'occupe de la transition d'un fermier à l'autre. Il y a, en effet, à ce moment une complication de droits et d'intérêts qui s'enchevêtrent les uns sur les autres, et qui amènent pendant les derniers mois du bail qui finit et les premiers mois de celui qui commence une espèce de jouissance commune entre les deux fermiers entrant et sortant. Le Code, et avec raison, pour la fixation exacte de ces droits et de ces devoirs réciproques, s'en réfère aux usages, qui varient avec chaque contrée; il se borne à poser par l'art. 1777 un principe général : « Chacun des deux fermiers doit laisser prendre par l'autre les logements et autres facilités dont il a besoin. Le fermier sortant doit laisser à celui qui lui succède dans la culture les logements convenables et autres facilités pour les travaux de l'année suivante, et réciproquement le fermier entrant doit procurer à celui qui sort les logements convenables et autres facilités pour la consommation des fourrages et pour les récoltes restant à faire. Dans l'un et l'autre cas, on doit se conformer à l'usage des lieux. » Tel est le texte de l'article.

Tribunal compétent pour connaître des actions résultant du bail.

Nous connaissons maintenant les obligations respectives du bailleur et du preneur; il nous reste à dire un mot du tribunal compétent pour prononcer sur les actions qu'elles engendrent. Sans appel jusqu'à 100 fr., à charge d'appel jusqu'à 200 fr., le juge de paix est compétent en règle générale.

Toutes les actions qui résultent du bail sont en effet personnelles et mobilières, et l'art. 1er de la loi du 25 mai 1838 attribue compétence au juge de paix en ce qui concerne ces actions. Passé ce chiffre, c'est au tribunal de première instance qu'il appartient de décider, et ce tribunal est ici, comme en matière personnelle, celui du domicile de la partie défenderesse (art. 59, C. pr.).

Pour certaines espèces cependant, la compétence du juge de paix se trouve agrandie : c'est ainsi qu'en ce qui concerne les dégradations et pertes prévues par les art. 1732 et 1735, sauf pour le cas d'incendie, il lui reste permis d'en connaître, à charge d'appel, jusqu'à 1,500 fr. (art. 4, loi du 25 mai 1838) ; de même également pour les indemnités réclamées par le fermier, par suite de non-jouissance provenant du fait du propriétaire, quand le droit à indemnité n'est pas contesté. Enfin les actions en paiement de fermages, les demandes en résiliation de baux fondées sur le défaut de paiement de fermages, les expulsions de lieux, et les demandes en validité de saisie-gagerie, quand les locations n'excèdent pas annuellement 400 fr., il peut en connaître, à charge d'appel, à quelque prix qu'elles s'élèvent (loi du 25 mai 1838, art. 14, et loi du 1er mai 1855, art. 1er, combinées). Il connaît également, quel que soit le chiffre en question, de tout ce qui a trait aux réparations locatives mises par la loi à la charge du fermier, toujours aussi sous la réserve de l'appel au delà de 100 fr. (art. 5, § 2, loi du 25 mai 1838).

CHAPITRE III.

EXTINCTION DU BAIL.

Les causes qui peuvent mettre fin au bail sont nombreuses dans notre droit. Elles peuvent se ramener à trois chefs principaux : 1º l'extinction du bail la plus normale, la plus régulière par l'arrivée du terme fixé ; 2º l'extinction du bail par suite de causes indépendantes de la volonté des parties ; 3º l'extinction du bail par des causes personnelles soit au bailleur, soit au preneur.

1º *Extinction du bail par l'arrivée du terme. — Tacite reconduction.*

Tout bail, dans notre droit, pour être valable, doit être fait avec une durée fixe et déterminée. Si les parties ne l'ont pas stipulée, la loi s'en charge pour elles et règle le moment où il devra prendre fin. L'arrivée *du terme* est donc le premier mode d'extinction à mentionner. Aussitôt qu'il est échu, le bail cesse de plein droit, sans qu'il soit besoin de distinguer, comme en ce qui concerne les maisons, entre les baux écrits et ceux qui ne le sont pas. Telle est la disposition formelle de l'art. 1775. C'est par erreur, et par suite seulement d'un remaniement opéré après coup dans les dispositions du Code, que l'art. 1736, exigeant un congé quand la durée n'est pas limitée par la convention, a été placé sous la rubrique des règles communes aux deux sortes de conduction.

Rien ne force pourtant les parties contractantes à se prévaloir de cette extinction. Le fermier peut continuer à jouir du fonds, et si le propriétaire ne s'y oppose pas, la loi voit dans cet accord l'intention de persister dans leurs rapports mutuels, et elle déclare qu'un nouveau bail est formé : c'est *la tacite reconduction* (art. 1738). Elle était usitée en droit romain comme dans notre ancien droit. Elle fut abolie par la législation intermédiaire, dans la crainte des surprises et des difficultés auxquelles elle peut donner lieu quelquefois. M. Tronchet voulait même faire maintenir cette prohibition par le Code. Son observation fut, à juste titre, rejetée, et on comprendrait difficilement qu'on ne l'eût pas fait dans un système qui admet les baux non écrits. Mais quel est le temps de jouissance nécessaire pour la faire supposer ? Il y avait autrefois à cet égard une grande diversité. La coutume du Bourbonnais la faisait résulter de ce simple fait qu'avant l'expiration du terme, aucune partie n'avait dénoncé à l'autre son intention de ne pas continuer l'exploitation. La coutume de Saint-Flour voulait même que cette dénonciation ait été faite six mois à l'avance. La coutume de Lille, au contraire, permettait au propriétaire de la faire cesser après l'expiration du terme, jusqu'à la fête de la *Chandleur*, à la charge de rembourser les frais de labour et de semence. La Cour d'appel de Caen avait demandé un délai de dix jours. MM. Bigot-Préameneu et Portalis pensèrent qu'il était préférable de s'en rapporter à la sagesse du juge, et cette décision fut même insérée dans le texte de la loi : « Si le preneur est laissé en possession pendant le temps nécessaire pour faire présumer qu'il y a tacite reconduction, il s'opère un nouveau bail. » Par un oubli presque inexplicable, cette rédaction ne trouva plus place dans le texte définitif. Malgré cela, on voit clairement le but de l'art. 1738, et l'esprit qui animait ses rédacteurs doit être suivi.

La tacite reconduction, il ne faut du reste pas s'y tromper, n'est pas le même bail qui continue; c'est un autre qui recommence. De là plusieurs conséquences : il faut d'abord la capacité des parties au moment où il intervient ; il faut aussi qu'aucune forme spéciale ne soit requise pour sa validité, et qu'il puisse être contracté par le consentement seul. Ainsi, pas de tacite reconduction dans les baux soumis à certaines règles particulières dans l'intérêt de ceux pour qui ils sont passés, pour les baux des établissements publics par exemple.

Les cautions qui auraient garanti la première obligation ne garantissent pas la seconde. La sûreté donnée pour un contrat ne s'étend pas à un autre ; une caution ne peut pas être engagée par le fait d'autrui. De même les hypothèques ne peuvent pas se projeter d'un bail sur l'autre, car pour les constituer la convention seule ne suffit pas : il faut un acte authentique. Il en était différemment à Rome, parce que l'hypothèque naissait du simple consentement, et on pouvait prétendre avec raison que, l'obligation principale subsistant, l'accessoire devait la suivre.

Pour quel temps est-elle censée faite ? A Rome, c'était toujours pour un an. Aujourd'hui ce terme peut être plus long. Elle est comme un bail sans durée limitée, censée faite pour le temps nécessaire afin que le preneur recueille tous les fruits de l'héritage affermé : ainsi, s'il s'agit d'un pré, d'une terre dont les fruits se récoltent en un an, elle ne durera qu'une année ; s'agit-il au contraire d'une terre divisée en plusieurs soles, elle durera autant d'années que le nombre de soles à cultiver.

Sauf d'ailleurs la caution, l'hypothèque et la durée, la ta-

cite reconduction est censée faite aux mêmes conditions que
le bail précédent. *Quid* cependant pour le privilége ? Évidemment il existe pour le nouveau bail comme pour l'ancien,
puisque la loi l'accorde aussi bien pour les louages verbaux
que pour les louages écrits. Mais si le bail auquel succède la
tacite reconduction est constaté par acte authentique, cet
acte authentique continue-t-il à donner des avantages au bail
qui recommence ? faut-il au contraire, pour l'étendue du privilége le traiter comme un bail sans date certaine ? La cour
de Bordeaux l'a jugé de la sorte (arrêt du 12 janvier 1825).
Nous croyons cependant qu'il faut donner une autre solution,
et que l'authenticité est une des choses du bail qui se perpétue. Dans quel but, en effet, a-t-on restreint le privilége
quand la date certaine fait défaut? c'est à cause de la facilité
que peuvent avoir le propriétaire et le fermier de se concerter
ensemble pour exagérer le prix ou le nombre des années à
courir; or ici cette raison n'existe pas. Le prix en effet est
fixé par le bail authentique, qui à cet égard continue à faire
foi, et le temps, la durée est fixée par l'usage. Rien n'est donc
laissé à la mauvaise foi des parties, la collusion ne paraît pas
avoir de prise. Tel est l'avis de M. Troplong (*Priv.*, n° 157).

2° *Extinction du bail par suite de causes indépendantes de la volonté des parties.*

Parmi ces causes d'extinction, quelques-unes nous sont
déjà connues : ainsi la perte de la chose louée ; ses modifications essentielles anéantissent le bail. Pas de louage sans
objet ; l'art. 1722 nous l'avait déjà appris, et l'art. 1741 nous
le répète : « Le contrat de louage se résout par la perte de la
chose louée, » dit l'article. On peut y ajouter l'éviction du
bailleur, l'annulation ou la rescision de son titre, à moins que
le titre résolu ne l'autorisât à passer bail, comme un acheteur
à réméré, un grevé de substitution.

La *consolidation* est encore une cause d'extinction, par

exemple quand le fermier succède au locateur soit en propriété, soit en usufruit; car on ne peut être fermier de sa propre chose, ni d'une chose dont on a l'usufruit. La mort, au contraire, n'a aucune influence sur le bail. Nous le disons parce que la loi a senti le besoin d'abroger formellement, par l'art. 1742, une disposition en vigueur dans certaines coutumes où l'on pratiquait cette maxime : « *Mort rompt tout louage,* » disposition que Loysel considérait d'ailleurs établie contre toute raison.

Enfin l'expropriation pour cause d'utilité publique, événement de force majeure qui nécessite quelques explications, fait disparaître le bail moyennant indemnité. Telle est la règle de l'article 39 de la loi du 3 mai 1841 ; le jury reste chargé de faire cette évaluation en prenant en considération le dommage, les pertes que sa suppression cause au preneur.

Mais est-il nécessaire, pour que le droit à indemnité existe, que le bail ait une date certaine antérieure à l'expropriation ? La loi de 1841 est muette à ce sujet. Faut-il induire de son silence qu'il n'y a entre les deux sortes de baux aucune distinction à faire ? faut-il au contraire rentrer dans les principes généraux, qui ne rendent un acte opposable aux tiers qu'à la condition d'établir la certitude de leur date ? Cette question est vivement controversée. Nous croyons qu'aucune distinction ne doit être faite. Et d'abord, nous écartons tous les arguments tirés du droit commun, des principes généraux. Nous sommes là en matière spéciale, et la loi de 1841 doit se suffire à elle-même. Il n'y a donc, et ce serait déjà un point suffisant pour consacrer notre doctrine, aucun texte qui établisse de différence. La loi a bien pris le soin de s'expliquer quand elle a voulu en faire, non-seulement dans de nombreux articles du Code civil, mais encore dans le Code de procédure. Nous avons du reste quelque chose de plus. Notre solution ressort implicitement des différentes dispositions sur l'expropriation : l'art. 48 laisse en effet le jury complétement libre sur l'interprétation, sur la validité des titres. Rien ne l'oblige à rejeter comme frauduleux un bail non enregistré, pas plus qu'il n'est forcé d'admettre comme sincère un titre revêtu de cette formalité. La loi a trouvé dans ce pouvoir discrétionnaire une garantie suffisante. Si la fraude est possible, c'est à lui de la saisir où elle se trouve. Enfin l'art. 21 nous fournit encore un argument : cet article exonère le propriétaire de l'indemnité s'il a soin de faire connaître ses fermiers, et ceci sans autre exception que le cas de fraude. Or quel est le sens de cet article ? il décharge le propriétaire pour y substituer l'expropriant. L'expropriant représente donc le propriétaire, le bailleur ; or, entre les contractants il ne doit pas être question de date certaine ; l'expropriant, qui ne fait que se substituer à l'un d'eux, doit rester dans les mêmes liens.

Cette question écartée, il en surgit une autre aussi sérieuse et aussi bien discutée. Il arrive quelquefois que dans les baux on trouve cette clause : « En cas d'expropriation, le preneur n'aura droit à aucune indemnité. » L'expropriant peut-il s'en emparer pour se soustraire à l'application de l'art. 39 ? Le preneur peut-il lui répondre que cette clause concerne uniquement ses rapports avec son bailleur, qu'elle a été établie seulement pour protéger le locateur contre sa négligence à se conformer à l'art. 21 (à dénoncer ses fermiers), ce qui, nous le savons, le rend passible de l'indemnité? Il y a des décisions pour et contre ; mais nous croyons que l'expropriant est apte à s'en prévaloir. La plupart du temps, en effet, cette clause n'aura été souscrite que dans un seul but : « faire accorder au bailleur une indemnité plus forte, » car moins les droits qui grèvent la chose sont nombreux, plus le jury accorde d'indemnité au propriétaire de l'immeuble, et, la plupart du temps aussi, le preneur n'aura pas signé un pareil contrat sans faire entrer en ligne de compte, dans le prix à débattre, le risque qu'il court. Il est donc probable, presque certain, qu'il paie à cause de cela meilleur marché. Or, est-il juste de lui allouer ainsi une indemnité double : indemnité du locateur qui a loué moins cher, indemnité de l'expropriant qui l'expulse? La Cour de Paris ne l'a pas pensé (arrêts du 24 déc. 1859 et 24 févr. 1860; Sirey, 1860, 2, 311 à 313), et nous admettons cette solution.

Tel est le cas pour l'expropriation totale ; mais, bien entendu, si elle n'est que partielle, le bail subsiste pour le surplus, pourvu que la parcelle restante soit susceptible d'être appropriée aux besoins du fermier, et il peut exiger que le bailleur fasse les travaux nécessaires à cet effet. Il en sera ainsi également quand le propriétaire, comme l'autorise l'art. 50 pour certaines hypothèses, a forcé l'expropriant à prendre l'immeuble entier. L'expropriant devra alors maintenir le bail et faire les travaux nécessaires pour le continuer.

Que dire maintenant de la saisie immobilière? Quel est l'effet sur le bail de la mise de l'immeuble sous la main de la justice ? Fait après le commandement, il se trouve évidemment nul ; mais quand il est consenti auparavant, se trouve-t-il également nul dans tous les cas ? Voici, à cet égard, ce que nous dit l'art. 684 du Code de procédure civile : « Les baux qui n'auront pas acquis date certaine avant le commandement pourront être annulés si les créanciers ou l'adjudicataire le demandent. » Quel est le sens de cet article ? Faut-il dire, par argument *a contrario,* que s'ils ont date certaine ils ne pourront jamais être annulés? Non, cette solution serait inexacte. Évidemment la loi, par l'art. 684 du Code de procédure, ne veut pas enlever au créancier saisissant le droit de faire rescinder un acte frauduleux de son débiteur, comme l'y autorise l'art. 1167 du Code civil. Elle ne peut pas, parce qu'il s'agit d'une saisie, priver ainsi le créancier du droit commun. Mais alors, peut-on dire, si le *bail à date certaine,* comme *le bail sans date certaine,* sont l'un et l'autre susceptibles d'être annulés pour fraude, à quoi bon cet article ? L'article garde encore une portée très-considérable, et il y a une grande différence entre les baux qui ont acquis une *date certaine* avant la saisie et *ceux qui ne l'ont pas acquise.* Les premiers sont présumés sincères. S'il y a une fraude, s'ils ont été faits en vue de la saisie pour frustrer les créanciers, c'est alors à eux de l'établir, de le prouver, et ils devraient même, pour réussir, établir la complicité du fermier, comme cela est exigé toutes les fois qu'il s'agit d'un acte à titre onéreux. Les seconds, au contraire, sont de plein droit présumés frauduleux. Leur date apparente a beau les placer avant le commandement, on suppose que cette date est fausse, et c'est aux parties qui ont figuré au bail à combattre cette présomption, à établir sa sincérité. Cette présomption n'est sans doute pas écrite en toutes lettres dans la loi, « mais nous devons la suppléer, dit très-bien M. Colmet d'Aage (t. II, p. 328), afin de mettre une différence raisonnable entre le bail qui a une date certaine avant le commandement et celui qui n'en a pas. »

Ce droit de demander la nullité est accordé par la loi aux *créanciers* et à l'*adjudicataire*. Par le mot de *créanciers* il faut évidemment entendre les créanciers hypothécaires ; mais nous rangerons aussi dans la même catégorie le créancier chirographaire saisissant. L'art. 684 n'y répugne pas ; l'expression de *créanciers* est assez large pour contenir tous ceux qui sont parties dans la poursuite, et nous trouvons encore un argument d'analogie dans l'art. 687 qui fait dériver de la saisie, aussi bien au profit du créancier hypothécaire que du créancier chirographaire saisissant, un droit auquel le saisi ne peut préjudicier par une aliénation. Ne doit-on pas décider, par identité de raison, que le saisi ne peut nuire au créancier saisissant, même chirographaire, par un bail postérieur au commandement ?

Cette faculté de demander l'annulation du bail est aussi accordée à l'adjudicataire. A quoi lui sert cette faculté, est-il permis de se demander, puisqu'en vertu de l'art. 1743 du Code civil l'acquéreur peut expulser le fermier dont le bail n'a pas date certaine? Aussi, sous ce rapport, lors de la discussion de l'article, quelques-uns voulaient-ils supprimer le mot « *adjudicataire* » et le laisser sous l'empire de l'art. 1743. Ce mot a été maintenu.

Faut-il en conclure que son droit a été amoindri? qu'au

lieu d'expulser tout preneur n'ayant pas date certaine, comme l'autorisait l'art. 1743, il est obligé pour le faire, d'après l'art. 684, que les tribunaux aient statué sur le mérite du bail suivant les circonstances ? Une pareille interprétation mentirait à l'esprit de la loi, qui a voulu favoriser l'adjudicataire et non lui nuire. L'adjudicataire ne perd pas le droit qu'il puise dans l'art. 1743 du Code civil, et il trouve dans l'art. 684 du Code de procédure de nouveaux avantages. L'art. 1743, en effet, n'a trait qu'à la certitude de la date des baux avant l'adjudication ; l'art. 684, au contraire, a trait à la certitude de la date des baux avant le commandement. L'adjudicataire pourra donc alternativement, suivant son avantage, invoquer les deux textes, et, sans l'art. 684, il eût été forcé de subir les baux qui auraient acquis date certaine entre le commandement et l'adjudication ; avec l'art. 684, il lui sera loisible d'en demander la nullité.

Mais quand bien même le bail est reconnu valable, la saisie immobilière, une fois accomplie, a toujours pour effet, nous le savons, d'enlever au bailleur la disposition des fermages : « A partir de la transcription de la saisie, dit en effet l'art. 685 du Code de procédure, déjà cité, les fermages sont immobilisés, pour être distribués avec le prix de l'immeuble, par ordre d'hypothèque. Si les créanciers ne disent rien, le saisi peut toucher ; alors il sera considéré comme séquestre judiciaire, et il en devra compte aux créanciers. Ceux-ci peuvent d'ailleurs, par simple acte d'opposition, saisir-arrêter les fermages entre les mains du preneur, qui ne pourra alors se libérer qu'en exécution de mandements de collocation, ou par le versement des fermages à la caisse des consignations. »

3° *Extinction du bail par suite de causes personnelles aux parties.*

Tout d'abord, une condition résolutoire peut avoir été consentie par les parties, et l'arrivée de cette condition met fin au bail ; mais, indépendamment de cette condition résolutoire expresse, il y en a une sous-entendue dans le louage, comme dans tous les autres contrats synallagmatiques, et qui permet la résiliation pour le cas où l'une des parties ne remplirait pas ses obligations : « Le contrat se résout par le défaut respectif du bailleur et du preneur de remplir leurs engagements », dit l'art. 1741. Nous avons examiné plusieurs de ces hypothèses dans le cours de notre étude.

Que dire de l'aliénation ? Autrefois, à Rome et dans notre ancien droit, la règle générale dispensait l'acquéreur d'entretenir la jouissance concédée au preneur par le propriétaire. Nanti d'un *jus in re*, il devait l'emporter sur celui qui n'avait à sa disposition qu'un simple droit *personnel*. Une semblable législation offrait de graves inconvénients : elle ouvrait d'abord un vaste champ de controverses et de procès pour les dommages-intérêts à déterminer, et elle était en outre excessivement nuisible aux intérêts agricoles; car on n'entreprend de grands travaux, de grandes améliorations qu'avec la certitude de suivre en paix son entreprise et de la mener à bien. Impossible de faire de bonne agriculture quand on reste placé sous le coup d'une éviction toujours menaçante. Aussi Gaïus, nous nous le rappelons, conseillait-il fortement dans tous les actes de vente d'insérer une clause imposant à l'acheteur le respect du bail (L. 25, D., *loc.*). Le droit intermédiaire convertit ce conseil en loi pour tout bail d'héritage rural dont la durée n'excéderait pas *six ans*, et pour les autres il permettait d'y faire échec seulement dans le cas où l'acquéreur s'engageait à cultiver lui-même, et à fournir des dommages-intérêts pour le préjudice causé au fermier (l. des 28 sept.-6 oct. 1791). L'art. 1743 a accueilli cette innovation, en rayant l'exception qu'elle comportait. Il dit en effet formellement : « Si le bailleur vend la chose louée, l'acquéreur ne peut expulser le fermier; » mais pour cela il faut qu'il s'agisse d'un bail ayant date certaine. L'article ajoute en effet : « le fermier ou le locataire qui a un bail authentique, ou dont la date est certaine. » Pour ceux qui ne l'auraient pas acquise au moment où la propriété change de mains, l'aliénation, comme autrefois, aurait pour objet de les faire disparaître ; et même, s'ils dépassaient dix-huit ans, la loi du 23 mars 1855, nous le savons, exige pour leur maintien qu'ils aient été transcrits. A défaut de cette transcription, l'acquéreur ne les subit que pour un temps ainsi limité. On n'a pas voulu, et avec raison, que cette innovation de l'art. 1743, si favorable au preneur, devînt, au préjudice de l'acquéreur, une source de fraude et de mauvaise foi. Il pourrait arriver en effet qu'un propriétaire affermât sa métairie pour un terme très-long, *cinquante* ou *soixante ans*, et que l'acquéreur ignorant ce bail se trouvât dans la nécessité de supporter, sans s'y attendre, une charge aussi lourde qui le priverait de la jouissance de son bien pendant toute sa vie peut-être.

Une autre exception à l'application de l'art. 1743 se trouve en matière d'expropriation pour cause d'utilité publique : l'acquéreur en effet, dans ce cas, n'est pas obligé de respecter le bail. L'art. 39 de la loi du 3 mai 1841 le transforme en une créance d'indemnité, comme tous les autres droits utiles qui pouvaient être assis sur le fonds, indemnité dont le jury reste chargé, pourvu que le propriétaire ait eu le soin de dénoncer ses fermiers, ou qu'ils se soient dénoncés eux-mêmes, sans quoi ce ne serait pas à l'expropriant, mais bien au propriétaire, qu'incomberait la charge du paiement (art. 21).

L'art. 1743 ne parle nommément que du *cas de vente*, ne défend uniquement que *l'expulsion du preneur*. Quelques auteurs ont voulu prendre ce texte à la lettre, et prétendre que la *donation*, le *legs*, *l'échange*, étaient en dehors de la règle, et conservaient le pouvoir d'anéantir le bail, de même que si, simplement consenti, il n'avait pas encore reçu d'exécution. Ces deux opinions doivent être rejetées. Et d'abord, en ce qui concerne l'échangiste, le légataire, le donataire, on ne voit pas pourquoi la protection devrait être plus puissante, plus efficace pour eux que pour l'acheteur. Est-ce que l'intérêt public, en vue duquel a été écrit notre article, n'est pas toujours le même ? l'agriculture souffrirait-elle moins dans un cas que dans l'autre ? La loi a parlé uniquement de la vente, parce qu'elle s'est placée da s l'hypothèse la plus usuelle, la plus fréquente ; mais l'esprit qui l'anime montre évidemment qu'il en doit être de même en toute autre circonstance. Il y a même plus. Dans notre ancien droit, Pothier, par reconnaissance, obligeait le donataire à maintenir le bail : il serait singulier qu'aujourd'hui la loi, changeant le principe, fît exception pour ce qui était admis autrefois.

Quant à la seconde opinion, qui consiste à n'appliquer l'art. 1743 qu'en cas d'*exécution* du bail, elle doit être également repoussée, et pour le même motif. En effet, le but d'intérêt général qu'on a voulu atteindre, la sécurité qu'on a voulu laisser à tout fermier qui avait eu soin de donner date certaine à son bail commandent de respecter aussi bien le bail non commencé que celui qui est en cours d'exécution. L'impossibilité d'entrer en jouissance est souvent aussi désastreuse que la nécessité d'en sortir. La loi de 1791 admettait les deux hypothèses, car elle se servait de ce terme général : « *la résiliation n'aura lieu que de gré à gré* ». Or le Code a eu pour but de compléter la réforme commencée par l'Assemblée constituante ; les travaux préparatoires l'indiquent formellement, et l'on propose ici une restriction, un amoindrissement. S'ils ont employé le mot « *expulser*, » c'est que les rédacteurs du Code le trouvaient partout employé dans notre ancienne jurisprudence, et qu'ils n'ont cru mieux faire que de prendre le *contrepied* de cette règle afin de mieux affirmer leur volonté de l'abroger.

Demandons-nous maintenant si cette nécessité où se trouve l'acquéreur de maintenir le bail change la nature du droit du preneur, lui imprime le caractère de la réalité. Oui, selon M. Troplong et quelques autres auteurs : on se trouve en effet, disent-ils, en face d'un droit absolu, opposable à tous, d'un droit qui, attaché, gravé à l'immeuble, le suit partout où il passe. N'est-ce pas là le caractère du droit réel ? Cette première objection se détruit facilement. Sans doute le droit de suite est un des attributs du droit réel, mais ce n'en est pas l'élément essentiel ; il y a des droits personnels qui en sont armés. A Rome, par exemple, les *actions noxales*, les *actions ad exibendum* n'étaient-elles pas personnelles, quoique pourvues d'un droit de suite sur la chose qui en était l'objet ? N'en est-il pas de même aujourd'hui des actions en bornage, des actions en partage ? D'ailleurs le droit accordé par l'art. 1743 n'est pas un vrai droit de suite. Le droit de suite permet en effet de saisir la chose dans toutes les mains où elle passe; il l'accompagne partout où elle va ; or ici c'est seulement dans les mains d'une personne déterminée, dans celles du représentant, de l'ayant cause du bailleur, que le preneur peut revendiquer ; à lui seul, il est libre d'adresser cette interpellation : « Vous détenez : reconnaissez mon droit ! » Dans tout autre cas, il n'aurait pas le pouvoir d'agir lui-même, et devrait s'adresser au bailleur. Quant au droit de préférence que l'on croit trouver dans l'art. 684 du Code de procédure, c'est encore une erreur : cet article se borne à restreindre le droit du preneur ; il applique l'idée que les créanciers doivent respecter les actes de leur débiteur faits sans fraude. Une personne en effet, pour avoir hypothéqué son immeuble, ne renonce pas à en jouir. L'article étend donc le droit de l'adjudicataire et celui des créanciers, mais nullement celui du preneur.

Mais alors, ajoute-t-on, impossible d'expliquer l'art. 1743 ? Le preneur en effet ne peut être autorisé à se maintenir à l'encontre de l'acquéreur que si ce dernier est obligé personnellement, ou si le droit est réel ; or l'acquéreur n'est pas obligé, puisqu'il n'a pas consenti, qu'il est successeur particulier, et qu'aucune clause ne l'y soumet : le droit est donc réel. Cette mineure du syllogisme, nous la repoussons. A cette affirmation, « l'acquéreur ne peut être obligé, » nous répondons par une dénégation absolue. N'y a-t-il donc que la convention pour source des obligations ? est-ce là l'unique principe qui peut les engendrer ? L'art. 1370 du Code civil se charge de nous en indiquer *cinq*, et lorsqu'un acquéreur achète un immeuble, sachant qu'il sera tenu de respecter le bail, ne se forme-t-il pas là une convention tacite par laquelle il se soumet à cette obligation, un quasi-contrat en un mot? C'est l'idée de M. Proudhon, qui s'exprime ainsi : « Les auteurs de l'art. 1743 ont voulu que l'aliénation du fonds affermé ne fût consentie ou censée consentie que sous la condition que le tiers acquéreur y stipulât ou fût censé y stipuler l'obligation personnelle d'entretenir le bail » (*Usuf.*, I, 102).

Ce mot de sous-entendu révolte M. Troplong : « Avec ce sous-entendu, dit-il, j'effacerai de nos codes tous les droits réels, je n'aurai besoin que de supposer un engagement tacite » (*Louage*, n°9). Mais cette promesse est singulièrement téméraire, et, malgré tout son talent, la réalisation en eût été impossible à l'éminent magistrat. Comment s'y serait-il pris, par exemple, pour effacer au moyen d'une convention tacite le premier de tous les droits réels, le droit *de propriété?* L'un aliène, l'autre acquiert: quel sous-entendu anéantira le droit réel? L'acquéreur s'engagera-t-il à respecter les droits d'un tiers? les tiers n'en ont pas; s'engagera-t-il à respecter les droits de celui qui aliène? le but du contrat est précisément de l'en dépouiller, de les transporter à un autre. Pour effacer le droit d'usufruit, dira-t-il, par exemple, que si ce droit existe contre tous les acquéreurs successifs de la nue propriété, c'est par l'effet de l'obligation tacitement contractée par ces acheteurs? Mais il n'existe contre eux aucune obligation. Le nu propriétaire n'est tenu à rien, on ne peut rien lui réclamer de spécial. Il n'est astreint qu'à cette obligation générale de laisser jouir imposée à tout le monde vis-à-vis de tous. Il n'a rien de particulier à faire.

Pourtant, si ce mot déplaît tant à M. Troplong, abandonnons-le, et nous trouverons facilement ailleurs le principe d'une obligation imposée à l'acquéreur. Ce principe, nous le trouvons dans la loi. N'a-t-elle pas ce pouvoir? ne le fait-elle pas pour le nu propriétaire vis-à-vis de l'usufruitier, pour le propriétaire qui rentre dans son bien vis-à-vis de l'acquéreur à réméré (art. 505 et 1673 C. civ.)? Comment expliquer cette nécessité imposée au propriétaire qui rentre dans son bien de respecter les baux dont il le trouve grevé? Il faut ici, bon gré mal gré, trouver une obligation imposée à un homme qui n'a pas contracté, et cette obligation elle ne peut venir que de la loi. Le caractère de *réalité*, à supposer qu'il existât, ne suffirait pas ici pour autoriser ce maintien, puisque les droits réels, la loi le dit formellement, sont toujours anéantis en vertu de la maxime : « *Resoluto jure dantis, resolvitur jus accipientis.* » Or, si la loi impose ici une obligation, qu'y a-t-il d'extraordinaire qu'elle fasse la même chose dans l'art. 1743?

Il y a mieux d'ailleurs, la filiation historique l'explique très-bien. Déjà dans notre ancien droit (Poth., n° 297), où l'acquéreur n'était pas obligé de maintenir le bail, la loi le forçait à laisser jouir le preneur un certain temps, à ne pas l'expulser en *sur-terme*; et ceci, que je sache, ne changeait rien à la personnalité du droit. La loi de 1791 compléta ce tempérament en faveur des intérêts agricoles, et, pour les baux de six ans et au dessous, exigea que l'acquéreur ne pût résilier que du consentement du preneur. Le Code a fait un pas de plus en étendant la règle à toutes sortes de baux ; mais, pas plus que dans le droit intermédiaire, il n'a touché à la *personnalité* naturelle du droit du preneur.

La loi du 23 mars 1855, quoi qu'on en ait dit, n'a rien changé non plus en assujettissant à la transcription les baux de plus de dix-huit ans. Le rapporteur, M. Debelleyme, a parfaitement expliqué d'une façon formelle que la transcription du bail était imposée, quoique ce fût un droit personnel: « Nous ne nous sommes pas dissimulé que la publicité des baux et des quittances de loyers était *une invasion dans le domaine des droits personnels....*; mais elle nous a paru justifiée et complétement nécessaire. »

Enfin, pour admettre la théorie de M. Troplong, il faut voir dans la loi contradiction sur contradiction. En effet, ce sera un droit réel d'une nature toute particulière, il dépendra de la date certaine, il n'existera pas si une clause de la vente réserve le droit d'expulsion. Il n'aura lieu qu'en matière d'immeuble; et puis, quand le législateur a tracé les droits qui appartiennent au preneur, il lui a refusé tous ceux appartenant d'ordinaire à celui qui est nanti d'un droit réel. C'est ainsi qu'il ne peut agir lui-même ni au pétitoire ni au possessoire, qu'il est obligé pour sa défense de recourir au bailleur. Il aurait donc tout à coup, par un caprice soudain, renversé la théorie qu'il venait de construire, en déposant subrepticement dans un article final un principe qui doit produire des conséquences diamétralement opposées. Entre deux systèmes, deux théories dont l'une s'harmonise parfaitement avec toutes les dispositions édictées, qui fait de toutes les dispositions sur le louage un tout compacte et uniforme, et une autre qui en fait un tissu d'incohérences, le doute, à moins d'une disposition formelle, ne saurait être permis.

Tel est le droit commun ; mais la loi laisse toujours pleine liberté aux parties sur leurs conventions. Le bailleur peut donc, à son gré, stipuler au moment du bail qu'en cas de vente il sera résolu. L'article 1743 dit d'ailleurs très-bien : « l'acquéreur ne peut expulser, à moins que le bailleur ne se soit réservé ce droit par le contrat de bail ; » et on se demande, à cet égard, si l'acquéreur à qui son contrat ne rappellerait pas cette réserve aurait le droit de la relever dans le bail et de s'en prévaloir. Ceci dépend surtout des circonstances ; mais, en ne la rappelant pas, le bailleur doit être présumé y avoir renoncé pour éviter des dommages-intérêts. Peut-être aussi n'avait-il inséré une clause pareille que pour vendre plus avantageusement ? et elle ne lui a pas servi. L'acquéreur, de son côté, peut trouver le bail plus avantageux qu'une jouissance par lui-même. Toutes ces considérations doivent être pesées par le juge.

Cette résiliation du louage n'a jamais lieu (et c'est de toute justice) sans dédommagement. Le bailleur, en effet, s'est réservé cette faculté dans un but de spéculation, espérant vendre plus cher. Il ne doit pas spéculer aux dépens de son fermier. Ces dommages-intérêts peuvent être fixés par les parties elles-mêmes. A défaut de stipulation, la loi se charge de faire cette fixation. « Ils seront, dit l'art. 1746, du tiers du prix du bail pour tout le temps qui reste à courir. »

Mais cette expulsion et la dette de dommages-intérêts sont astreintes à certaines conditions. D'abord il faut un certain délai donné au fermier ; il eût été trop rigoureux de le faire vider sur-le-champ les lieux qu'il occupe. Ce délai doit être au moins d'an an (art. 1748), et il faut qu'il s'agisse d'un bail ayant date certaine, sans quoi, nous le savions déjà par l'art. 1743, le preneur peut être expulsé immédiatement et sans dommages-intérêts, nous répète l'art. 1750. Le preneur n'est obligé de quitter les lieux, bien entendu quand un bail a date certaine, car l'art. 1749 ne se réfère qu'à ce cas, qu'après le paiement des dommages-intérêts soit par le bailleur, soit par l'acquéreur. La loi lui donne pour cela un droit de rétention sur l'immeuble, jusqu'à ce qu'il ait été indemnisé (art. 1749).

La clause d'expulsion, en cas de vente, ne peut pas être invoquée par tout acquéreur. L'art. 1751 défend d'en user à l'acquéreur à pacte de rachat, jusqu'à ce que, par l'expiration du délai fixé par le réméré, il soit devenu propriétaire incommutable. Dans notre ancien droit, où l'acquéreur voyait le bail expirer devant lui, la jurisprudence obligeait l'acquéreur à pacte de rachat de le respecter. Cette doctrine, combattue par Pothier, est à juste titre passée dans notre droit ; et même cette prohibition, comme le fait très-bien remarquer M. Troplong (n° 525), ne s'applique pas seulement au cas où la réserve a été stipulée dans le bail : elle s'applique à tous les cas, même quand le bail n'a pas date certaine, et on s'étonne que M. Duranton et M. Demante aient pu voir là une question. Ceci est, en effet, d'une évidence extrême ; car aujourd'hui même, les acquéreurs à titre incommutable ne peuvent pas expulser quand il s'agit d'un bail à date certaine : c'est donc précisément pour ceux d'immeubles loués sans date certaine qu'est fait notre article. La propriété, d'ailleurs, n'est-elle pas aussi indécise dans un cas que dans l'autre ?

Mais ce que la loi dit de l'acquéreur à pacte de réméré

devrait-il s'appliquer à toute vente sous condition résolutoire? Cette question n'est examinée que par M. Marcadé
(t. VI, p. 494); elle doit être résolue négativement. La loi ne
pose, en effet, que cette exception unique et à juste titre, car
il y a entre le réméré et les autres cas de résolution une
grande différence. Dans la vente à réméré, la résolution n'est
pas seulement possible, elle est encore très-probable; car
c'est dans le but unique de reprendre que pareille clause a
été insérée, et la règle du Code se fonde et s'appuie sur cette
grande probabilité. On peut ajouter aussi que, le délai du
réméré étant nécessairement renfermé dans un temps très-
court, on sera bien vite fixé. Pour les autres causes de résolution, au contraire, le temps peut être très-long, et le propriétaire pourrait souffrir du bail.

Faut-il compter parmi les causes d'extinction du bail la
faillite du preneur? L'extinction, à coup sûr, ne s'opère pas de
plein droit. Aucun texte de loi n'attribue à la faillite un semblable effet, et il n'est pas permis d'ajouter aux causes de
résolution limitativement fixées. Mais permet-elle au moins au
bailleur d'exiger, s'il le veut, cette résiliation? Un arrêt de la
Cour de cassation du 4 janvier 1860 lui accordait cette faculté.
Cette opinion doit être rejetée. Semblable droit n'existe pas
dans la loi, par cela même qu'une faillite est déclarée; il
n'existerait que si (ce qui arrive fréquemment en pareil cas)
le preneur ne remplissait pas ses engagements. Conformément alors au principe général de l'art. 1741 du Code civil, la
résiliation pourrait être demandée. Le seul effet que produise
donc la faillite, c'est de rendre exigibles les loyers à échoir.
La créance résultant du bail est, nous nous le rappelons, une
créance à *terme*. Or l'art. 444 du Code de commerce, conforme
à l'art. 1188 du Code civil, rend exigibles ces sortes de
créances à dater du jugement déclaratif. La créance du bailleur peut donc *hic et nunc* figurer dans la faillite; mais à
quel titre? pourra-t-il immédiatement poursuivre la réalisation de son privilége? devra-t-il attendre l'arrivée réelle du
terme ou la vente des biens? Cette question est encore gra-

vement controversée. Pour justifier l'exigibilité anticipée des créances à terme, que dit-on ? on invoque deux raisons, deux motifs. D'abord, fait-on remarquer, le terme a été accordé par le créancier à cause de la confiance qu'il avait dans la solvabilité du débiteur; cette confiance ne peut survivre à la faillite. En second lieu, il est nécessaire de fixer les droits de chacun, pour que tous soient admis aux opérations de la faillite et aux répartitions ; or aucune de ces raisons, ce me semble, ne peut être invoquée par les créanciers privilégiés. Ils ont une sûreté réelle ; la confiance dans le débiteur leur importe peu. Tant que les objets sur lesquels est assis leur privilége ne sont pas vendus, il ne saurait être question de répartition sur cet immeuble. La Cour de cassation cependant n'admet pas cette solution (arrêt du 28 mars 1865 (1) ; Dall., 1865, 1, 201). En effet, disent en substance les motifs de l'arrêt, les obligations à terme deviennent exigibles immédiatement par l'effet du jugement déclaratif. Or le bailleur a, quant à ses loyers à échoir, une créance à terme ; il peut donc immédiatement la réclamer. Les textes ne font pas de distinction entre les divers créanciers. C'est là une équivoque ; sans doute les textes ne font aucune distinction entre les créanciers. Aussi nous reconnaissons parfaitement que la créance garantie par un droit de préférence devient exigible comme les autres ; mais autre chose est la créance elle-même, autre chose le droit de poursuivre son paiement sur un bien déterminé, et ce dernier droit est seul en question. D'ailleurs l'art. 2102 suppose pour l'exercice du privilége que les meubles ont été vendus, quand il parle du droit aux loyers à échoir. La faculté de poursuivre n'appartient donc au bailleur que si ses fermages ne lui sont pas payés, ou si les objets sur lesquels s'assoit son privilége ont été vendus. Passé cela,

(1) Cet arrêt cassait un arrêt de la cour de Paris du 28 juin 1863 qui avait jugé le contraire, et la cour d'Orléans, devant laquelle fut renvoyée l'affaire, jugea dans le même sens que la Cour de cassation le 10 novembre 1865 (Dall., 65, 2, 236).

il ne peut se présenter que comme créancier ordinaire pour avoir un dividende.

La jurisprudence de la Cour de cassation, et même la doctrine moins sévère que nous avons soutenue avec plusieurs auteurs, soulevaient depuis longtemps dans le commerce les objections les plus vives, et on sollicitait une réforme : on trouvait exorbitant ce privilége du bailleur, en cas de faillite, pour tous les loyers à échoir. Le législateur a entendu ces réclamations, et la loi nouvelle du 12 février 1872 est venue apporter quelques modifications, quelques restrictions ; mais elle s'applique uniquement quand le bien tient à l'*industrie* ou au *commerce du failli*. Il sera bien rare qu'un immeuble rural rentre dans cette catégorie, si même l'hypothèse est susceptible de se présenter. Voilà les dispositions de cette loi.

Elle sanctionne d'abord l'opinion que nous avons soutenue, contrairement à la Cour de cassation, en disant « que le bailleur n'aura rien à dire une fois payé des termes échus, pourvu que les sûretés à lui données lors du contrat soient maintenues ou que celles fournies depuis la faillite soient jugées suffisantes. » Quant à la question de savoir si le bail doit être résilié, les juges auront à apprécier suivant les circonstances ; et cette demande en résiliation, comme toute autre poursuite, ne peut être intentée, d'après la nouvelle loi, que huit jours à partir de l'expiration du délai accordé par l'art. 492 du Code de commerce aux créanciers domiciliés en France pour la vérification de leurs créances, c'est-à-dire vingt jours à dater du jugement déclaratif ; mais, que le bail soit résilié ou qu'il y ait vente, enlèvement des meubles du failli, le privilége ne s'exerce plus comme d'après l'art. 2102 du Code civil : il n'est plus question de payer tous les loyers à échoir, même si le bail a date certaine. En cas de résiliation, le bailleur n'aura plus privilége que pour les deux dernières années *de location* échues avant le jugement déclaratif de faillite, pour l'année courante, pour tout ce qui concerne l'exécution du bail et pour les dommages-intérêts qui pourraient être alloués par les tribunaux.

En cas de non-résiliation, le bailleur, quand il y a vente ou enlèvement des meubles, ne pourra exercer son privilége que comme au cas de résiliation, et en outre pour une année à échoir à partir de l'expiration de l'année courante.

DU CHEPTEL DONNÉ PAR LE BAILLEUR A SON FERMIER.

Les troupeaux sont indispensables à une exploitation rurale: *Pecora sunt membra feudorum*, disait un vieux docteur de l'Université de Bourges cité par La Thaumassière (sur *Berry*, t. 17, Préf.) *Quid enim sine ipsis prodessent fundi?* Ils sont en effet, pour les travaux agricoles, de précieux auxiliaires, que ni l'industrie ni les forces de l'homme ne suffiraient à remplacer, et, par les engrais qu'ils produisent, ils entretiennent la fécondité du sol, restituant à la terre les sucs nutritifs qu'absorbe chaque année la production des récoltes. Aussi l'art. 1766 impose-t-il à tout preneur d'un héritage rural de le garnir de bestiaux et d'ustensiles nécessaires à son exploitation. Mais tous les fermiers ne sont pas en état, n'ont pas à leur disposition les ressources suffisantes pour accomplir cette obligation légale; et le maître, très-souvent, nous en avons fait la remarque sous l'art. 1766, au lieu de délivrer sa ferme toute nue, la délivre-t-il avec le fonds de bétail nécessaire pour la faire valoir. La loi prévoit cette hypothèse pour régler les conditions de ce contrat accessoire au bail appelé par elle *cheptel de fer*, nom énergique qui indique tout d'abord un de ses traits essentiels, de laisser les cas fortuits au preneur, « de ne pas mourir à son seigneur, » comme disait Beaumanoir (Cout. de Beauvoisis, chap. LXVI). C'est cette disposition que reproduit l'art. 1825.

C'est là une première différence avec le cheptel ordinaire, où la perte est commune, comme le profit, et où la perte totale est même laissée au propriétaire. Cette différence n'est pas la seule: ainsi, dans le cheptel simple les profits se partagent; ici, ils appartiennent en entier au preneur, qui en fait ce qu'il veut (art. 1823) ; parmi les profits, cependant, ne sont pas compris les fumiers, qui rest.nt à la métairie, sur les terres de laquelle ils doivent uniquement être employés (art. 1824), sauf, bien entendu, les conventions contraires laissées ici parfaitement libres entre les parties.

Ce n'est donc pas à proprement parler un *cheptel*, car nous n'y voyons aucun caractère social ; c'est plutôt un louage de choses mobilières ajouté au bail à ferme. Aussi doit-il être restitué en nature à la fin du bail, et, nous nous le rappelons, il y avait même à cet égard, avant la loi du 22 juillet 1867, la terrible sanction de la contrainte par corps. Le fermier serait donc mal venu à prétendre que l'estimation, comme il arrive quelquefois, vaut ici vente. Ce n'est pas la valeur qu'il doit remettre, c'est la chose même ; mais, bien entendu, ce ne sont pas les mêmes bêtes : c'est le troupeau dans son ensemble qui constitue, par son agrégation, un corps distinct des têtes qui le composent ; aussi peut-il y avoir du plus ou du moins : le nombre, la valeur a pu augmenter ou diminuer. Le déficit doit être comblé par le fermier, comme l'excédant doit lui rester ; on fait à la fin une seconde estimation, qui, comparée à l'estimation d'entrée, sert à établir la différence.

Tant que le cheptel reste attaché au domaine, il n'a pas une existence indépendante ; il est immeuble par destination (art. 524, C. civ.), ne peut par conséquent être saisi qu'avec l'immeuble par les créanciers du bailleur, et il se trouve, à la différence de ce qui avait lieu dans notre ancien droit, protégé par l'art. 1743, en ce sens que la saisie ne peut avoir lieu qu'à la charge d'entretenir le bail.

Que dire des créanciers du preneur ? Quelques auteurs, entre autres M. Troplong (*Louage*, n° 1225), et un arrêt de la Cour de cassation du 8 décembre 1806, autorisent les créanciers du preneur à saisir le surplus, quand ils démontrent un excédant de valeur sur ce qui a été fourni au preneur au commencement du bail. Pourvu qu'il soit constant que jusqu'à la fin du bail le propriétaire a garantie suffisante pour recouvrer le fonds livré, nous ne voyons aucune objection à faire à cette solution. Le surplus de valeur est, en effet, la propriété du fermier ; il fait partie de ses biens meubles.

II.

DU COLONAGE PARTIAIRE.

Le bail à ferme a ses avantages et ses inconvénients. Comme avantages, il dispense le propriétaire d'une surveillance souvent fort dispendieuse, surtout s'il est obligé de résider loin de ses domaines, et lui donne un revenu fixe ; il laisse au fermier plus de latitude, plus d'indépendance dans sa manière de cultiver et de vendre les produits du sol. Comme inconvénients, il exige de la part de ce dernier de nombreuses avances, lui fait courir de grands risques, car, malgré l'indemnité accordée pour perte de moitié de récoltes, que d'années mauvaises ne rentrant pas dans ce cas et qui peuvent ruiner le fermier ! Le propriétaire aussi qui veut utiliser ses loisirs à l'agriculture, dépenser son capital à l'amélioration de *son terroir*, s'en trouve privé par là. Aussi préfère-t-on souvent un autre mode d'exploitation qui consiste à trouver un cultivateur auquel on remet un fonds de terre et les objets nécessaires pour le faire valoir, et sur lequel on se réserve une part de tous les produits : c'est le *colonage partiaire*, usité déjà à Rome, dans notre ancien droit, et qui est encore la tenure la plus fréquemment employée dans le centre et dans le midi de la France.

La nature de ce contrat, si souvent discutée depuis la renaissance du droit Romain, l'est encore sous le Code. Faut-il en faire un louage proprement dit, une société ou un contrat mixte? La Cour de Lyon proposait de trancher la controverse en disant : « Le bail à culture moyennant une partie de fruits est une société. » Cette disposition ne fut pas adoptée. Faut-il la considérer comme l'ayant été? Telle était autrefois l'opinion des grands romanistes, comme Cujas, Vinnius, Bartole, et encore aujourd'hui celle de MM. Duranton, Zachariæ. Il y a, en effet, beaucoup des éléments de société: le propriétaire fournit la terre, le colon son industrie. On partage les fruits comme les pertes (1). M. Duvergier, au contraire, n'y voit aucun élément de société (I, 99 ; II, 87): Le bailleur, dit-il, ne court aucune chance. Le fonds qui constitue sa mise ne contribue pas aux pertes. Il n'est là que pour prendre les bénéfices, et il conclut que c'est un vrai bail à ferme. Ce système est erroné en tous points. Ce qui constitue en effet l'apport du bailleur, ce n'est pas l'immeuble en lui-même: il n'en a pas rendu la société propriétaire ; c'est la jouissance seule de l'immeuble qui a été mise en commun, et alors il y a de part et d'autre chance égale de dommage et de gain ; et puis d'ailleurs, où trouver un prix véritable qui, aux termes de l'art. 1709, est un des éléments essentiels du louage? Ce n'est pas le fermier qui le doit. C'est, comme le dit très-bien M. Troplong *(Louage,* n° 641), la terre qui le paie, c'est le propriétaire qui le prend sur sa propre chose, non à titre de loyer, mais à titre d'accessoire de la terre qui lui appartient, à titre de partie de la terre elle-même. Et puis, dans le bail à ferme, la jouissance appartient au fermier exclusivement; ici elle est commune. M. Marcadé (t. VI, p. 501) en fait un contrat mixte tenant à la fois de la société et du louage. C'est l'opinion qui semble résulter des travaux préparatoires : « *Ce bail forme entre eux une espèce de société,* » disait le rapporteur, M. Gally. C'est aussi, croyons-nous, l'opinion exacte. C'est celle qui nous semble résulter de l'esprit de la loi et de la place qu'elle a consacrée aux règles

(1) C'est aussi l'opinion de la Régie de l'enregistrement, depuis que la loi du 23 août 1871 a dispensé de la déclaration prescrite pour les locations verbales les contrats de colonage.

qui le concernent, sous la rubrique des *baux à ferme*. C'est donc au fond une société, mais qui, par suite de sa nature particulière, est tantôt régie par les règles de la société, tantôt par celles des baux à ferme.

Voyons les conséquences de ces deux caractères : les unes sont presque unanimement admises, les autres au contraire soulèvent les plus grandes controverses.

Tout d'abord, comme premier corollaire de l'élément de société qu'il renferme, la loi interdit le droit de sous-location, de cession permis au fermier ordinaire (art. 1763) : « Celui qui cultive sous la condition d'un partage de fruits avec le bailleur ne peut ni sous-louer ni céder, si la faculté ne lui en a été expressément accordée par le bail. » Et la différence entre les deux cas se conçoit facilement. En effet, dans le bail proprement dit, il suffit au maitre que les loyers lui soient exactement payés ; de quelques mains qu'ils viennent, peu lui importe, pourvu qu'il les reçoive ; il n'a pas à s'inquiéter du plus ou moins d'habileté de celui qui exploite ; la somme due ne varie pas pour cela. Dans le colonage partiaire au contraire, l'industrie du colon est entrée en grande ligne de compte. La quotité de fruits à recevoir variera nécessairement, sera plus ou moins considérable suivant l'habileté, le talent du cultivateur. Aussi, comme dans toute obligation de faire, ne peut-il se décharger sur un tiers du soin de l'obligation.

La contravention à cette défense est même sévèrement punie. Elle autorise le propriétaire à faire résilier le contrat et à demander des dommages-intérêts pour le préjudice résultant de l'inexécution des engagements (art. 1764). Malgré les textes formels de cet article, bon nombre d'auteurs refusent de l'appliquer à la lettre, notamment M. Troplong (art. 644), et le font fléchir si, avant la demande ou même après, le preneur offrait de reprendre personnellement la culture du fonds. Cette solution se donne, dit-on, pour le cas où le fermier ordinaire transgresse la défense qui lui était faite de sous-louer. Pourquoi se montrer ici plus rigoureux ?

les termes de la loi ne nous semblent pas autoriser ce tempérament d'équité. Mais la défense de sous-louer faite au preneur ne l'empêche nullement de s'adjoindre dans sa gestion une autre personne qui reste complétement étrangère aux relations établies entre lui et le maître. L'art. 1861 du Code civil l'autorise pour les sociétés. C'est dans la famille le plus souvent que la chose se passe ainsi, et les colons dotent de la sorte par une association, une *tétée* dans la métairie leurs fils et leurs filles. Pourvu que le preneur reste le chef de la culture, le maître n'a rien à dire. Il ne pourrait élever la voix que si ces associations étaient des cessions déguisées.

On peut ajouter facilement, en se basant sur le même principe, que *l'erreur sur la personne* suffit pour vicier le contrat. L'erreur préjudicie au maître comme une substitution non autorisée. Il faut dire aussi qu'il ne saurait être question de remise en cas de perte de fruits, et que la contribution foncière, à défaut de clause à cet égard, doit être payée par moitié. Enfin le maître, ayant un intérêt puissant à la prospérité du domaine, a le droit de s'immiscer dans l'exploitation, de surveiller, de donner son avis. Aussi doit-on l'avertir avant la rentrée des récoltes, afin qu'il puisse prendre soin de ses intérêts. En cas de conflit, quelle est la volonté prépondérante? M. Méplain, qui a traité la question du colonage d'une manière si approfondie, distingue la chose dont il s'agit. S'il s'agit d'un fait qu'il croit préjudiciable à l'intérêt commun et qu'il veut empêcher, ou s'il s'agit d'un travail recommandé par l'usage, le maître a le droit de contraindre le métayer à agir ou à s'abstenir; mais s'il s'agit d'un procédé nouveau à employer, le colon peut exiger que le propriétaire prenne pour lui la responsabilité du succès (Méplain, n° 184).

Comme caractère du bail à ferme, on peut dire : le bailleur est tenu de *délivrer la chose, de l'entretenir, de faire jouir paisiblement.* De son côté, le colon partiaire doit cultiver en bon père de famille et suivant la destination de la chose. Il doit engranger les récoltes, avertir le propriétaire des usurpations commises sur le fonds. Les art. 1767 et 1768 se servent en effet de cette expression générique : « *tout preneur.* » Il doit laisser les terres en bon état, labourées, semées suivant que le requiert la saison dans laquelle se termine le contrat ; enfin il doit laisser les pailles et fourrages dont la destination est de pourvoir à la métairie, les fumiers et engrais de l'année.

Passons maintenant aux questions controversées.

Tout d'abord, comment se prouvera le colonage partiaire ? faut-il lui appliquer les règles des art. 1715 et 1716, ou celles de la société, dire par exemple que si un contrat de colonage partiaire était d'une valeur au-dessous de 150 fr. (chose très-rare), on pourrait se servir de témoins, invoquer des présomptions si son existence était contestée ; de même, s'il était d'une valeur au dessus, suppléer par le témoignage au commencement de preuve écrite, ou refuser le témoignage en tout cas ? Nous croyons qu'il n'y a pas lieu de déroger aux règles tracées à cet égard pour le louage ordinaire. Les mêmes motifs de célérité, d'économie se rencontrent, et nous ne voyons rien dans la loi qui change cela.

Que dire du privilége de l'art. 2102 ? Le maître, comme le bailleur proprement dit, peut-il s'en prévaloir vis-à-vis de son colon ? Nous croyons que la réponse doit être affirmative. En vain veut-on prétendre que tout est de droit étroit dans les priviléges et que le colonage, étant tout au moins un contrat mixte, ne peut pas bénéficier d'une faveur accordée au louage. Par l'expression de *bail* de l'art. 2102 du Code civil, le législateur comprend évidemment tous les contrats qu'il a envisagés sous cette dénomination au titre du *Louage*, et le colonage partiaire est ainsi appelé. D'ailleurs l'art. 1767, qui assujettit le colon comme le fermier (le Tribunat fit supprimer le mot *fermier* et dire *preneur*, pour qu'il n'y ait pas de doute) à l'engrangement des récoltes, dans le but d'assurer la conservation du privilége, l'établit à lui seul. Enfin la loi du 25 mai 1838 le confirme encore en s'occupant, dans son art. 3, de la compétence du juge, qui doit connaître de la demande en validité de *saisie-gagerie* pratiquée au préjudice du colon partiaire. La saisie-gagerie, nous le savons, n'est que la mise en exercice du privilége. Si ce droit n'eût pas existé, le législateur n'aurait pu songer à en régler l'exercice. Ajoutons que la loi ne pouvait pas ainsi laisser le maître sans garantie vis-à-vis du colon, et que celui-ci ne trouverait pas la même facilité pour les avances dont il peut avoir besoin si rien n'en assurait le remboursement.

Quid maintenant en ce qui concerne l'incendie ? Deux arrêts se sont prononcés à cet égard et ont fait dépendre leur réponse du caractère soit de louage, soit de société, qu'ils attribuaient au colonage partiaire (Limoges, 21 fév. 1839; Nîmes, 14 août 1850). Nous croyons que, pour le fonds même de la question, l'idée de société ou de louage est indifférente. Le colon est toujours responsable. Toute personne obligée de restituer une chose qu'elle a reçue, c'est un principe de droit commun, doit prouver qu'elle n'est pas en faute s'il lui est impossible de la restituer. Or, si le colon partiaire ne prouve pas qu'il est absolument pour rien dans la destruction de la ferme, il doit en subir les conséquences. Mais est-il resserré dans les trois hypothèses de l'art. 1733 ? doit-il nécessairement, pour triompher, établir que l'incendie est arrivé par cas *fortuit* ou *force majeure,* vice *de construction,* ou que *le feu* a été communiqué *par une* maison voisine ? Nous ne croyons pas à cette rigueur. Le contraire nous semble résulter du caractère mixte du colonage. En effet, pourquoi la loi s'arme-t-elle vis-à-vis du preneur d'une si grande sévérité ? c'est que le bailleur est tenu de s'en remettre complétement à sa discrétion pour les soins à donner. Il ne peut exercer aucune surveillance. Dans le colonage au contraire, le propriétaire n'abdique pas son droit d'examen de contrôle ; il peut pénétrer dans les bâtiments, et veiller lui-même à ce que le colon prenne pour prévenir l'incendie les précautions nécessaires.

Passons maintenant aux modes d'extinction du colonage partiaire.

Si un terme a été stipulé, pas de doute à cet égard : il finit à l'échéance ; mais si la durée n'a pas été déterminée, faut-il appliquer les règles de l'art. 1774, et dire qu'il est censé fait pour tout le temps nécessaire, afin que le colon recueille tous les fruits du domaine, qu'il durera par conséquent autant d'années qu'il y a de soles? faut-il dire au contraire qu'il finit au gré de chacune des parties, pourvu que cette intention ne soit pas manifestée en temps inopportun? Les arrêts qui se sont occupés de cette question l'ont tous envisagée au point de vue de l'usage; or l'usage constant est de donner congé; et les délais pour le faire sont à peu près tous dominés par cette règle générale « que le congé doit être donné au colon, et *vice versa*, avant l'époque où l'on commence le travail des terres destinées à recevoir les semences des céréales de la prochaine récolte, vers la fin de juin. »

Au point de vue légal et juridique (mais il faudrait bien se garder en pratique de suivre notre conseil!), nous croyons cependant qu'il ne doit pas y avoir sur ce point de différence entre le bail à ferme et le *colonage*; et qu'à défaut de terme fixé, le contrat expire sans congé et de plein droit aussitôt que s'est accompli le laps de temps exigé par l'art. 1774 pour recueillir toutes les récoltes.

La présomption, en cas de silence, doit en effet être la même que dans le bail à ferme. Voilà un domaine; on traite au sujet de sa culture; on doit recueillir les fruits de toutes ses parties : c'est là l'intention évidente.

Revenons au terme fixé. Même conclu pour une durée déterminée, le contrat peut s'éteindre auparavant, comme le louage ordinaire, par diverses causes.

L'inexécution des engagements de la part d'une des parties autorise l'autre, comme dans tout contrat synallagmatique, à demander la résiliation, conformément au principe général de l'art. 1184 du Code civil. Il faut en dire autant de l'anéantissement, ou de la modification essentielle du fonds, comme si les terrains voisins d'un fleuve sont enlevés par l'inondation, ou frappés de stérilité par des sables.

Enfin s'éteint-il par la mort? grave question. Tout le monde est bien d'accord que la mort du bailleur n'exerce à cet égard aucune influence ; mais, pour celle du preneur, grand sujet de controverse. Les auteurs étaient déjà dans notre ancien droit très-partagés à cet égard, et, la loi ne s'étant pas prononcée, la discussion reparaît. Un premier système, soutenu par MM. Delvincourt, Troplong argumentant de l'art. 1763, qui pose ce principe : « le choix du colon a été déterminé par des considérations personnelles, » prétend que la confiance du bailleur serait aussi bien trompée par le changement opéré pour cause de succession que par le changement ayant pour cause une cession volontaire. Cette parité entre les deux situations ne nous paraît pas exacte : il est en effet, selon nous, beaucoup moins grave pour un bailleur d'être exposé seulement à voir passer ses terres plus tard, et pour le seul cas de décès, du preneur de son choix aux mains de l'héritier de ce preneur, que de courir le danger de voir la métairie passer, au gré du colon, dans les mains du premier venu. L'héritier sera en effet, la plupart du temps, le fils du colon, et le bailleur a connu son mérite, son industrie. D'ailleurs la loi n'a abrogé que l'art. 1717, et si elle eût voulu aussi abroger l'art. 1742, elle s'en serait clairement expliquée.

DU CHEPTEL DONNÉ AU COLON PARTIAIRE.

Ce que nous avons dit être fréquent pour le bail à ferme, c'est-à-dire la délivrance par le bailleur d'un fonds de bétail accessoire à la ferme qu'il loue, est, on peut l'affirmer, universel pour le colonage partiaire, s'appliquant à une classe généralement moins aisée et qui ne consentirait pas sans cela à accepter l'exploitation d'un domaine. Aussi le *cheptel* donné au colon partiaire se retrouve-t-il partout où le colonage partiaire est lui-même usité. Mais il y a entre ce *cheptel* et le *cheptel de fer* la même différence qu'entre le louage et le colonage partiaire : ici, il n'est plus seulement un louage de choses mobilières permettant au preneur de garder tous les

bénéfices et d'administrer à sa guise ; il devient un contrat
mixte compliqué d'un élément d'association, comme le contrat auquel il s'unit. Ce cheptel est donc, au fond, un cheptel
simple qui s'en différencie uniquement « parce qu'en considération du logement et de la nourriture fournis par le
bailleur, disait très-bien M. Mouricault (Fenet, t. XIV, p. 348),
on permet certaines clauses qui seraient interdites dans les
baux de ce genre donnés à d'autres. »

Comme dans le cheptel simple, la propriété reste au
bailleur, nonobstant l'estimation qui en est faite, et le preneur doit la restituer à la fin du contrat, à moins qu'il n'établisse un cas fortuit mettant obstacle à son obligation. Il
doit compte du déficit et gagne le surplus d'après la nouvelle
estimation qui en est faite. Les profits se partagent par
moitié, et la perte totale reste à la charge du bailleur, nonobstant toute convention contraire (art. 1828). Les laitages
restent toujours propres au preneur, et le fumier demeure à
la métairie.

Mais, à la différence du cheptel simple, le bailleur peut
stipuler dans les profits une part plus grande que dans les
pertes (art. 1828), et on conçoit facilement la raison d'une
semblable différence. Le métayer en effet, dont les profits
sont diminués par une semblable stipulation, peut trouver
une autre compensation dans les autres avantages du bail à
métairie. Cette compensation ne peut pas se rencontrer
dans le cheptel simple. Il y a plus d'ailleurs ; c'est que, dans
le colonage partiaire, le bailleur fournit la nourriture et le
logement, tandis que dans le cheptel simple ils sont à la
charge du preneur. Par le même motif, on peut stipuler une
part dans les laitages, convenir que la moitié de la toison
sera prise pour un prix inférieur à sa valeur (art. 1828) ;
quant aux labeurs, ils se partagent par la seule nature du
contrat auquel le cheptel est uni, et, à défaut de convention,
le contrat finit avec le bail à métairie, au lieu de durer trois
ans (art. 1829).

Enfin une question controversée : Le preneur, n'étant pas

propriétaire, ne peut évidemment vendre le cheptel sans le consentement du maître ; mais s'il l'avait fait, et que l'acquéreur fût de bonne foi, le maître pourrait-il se prévaloir de l'art. 2279 C. civ. : « En fait de meubles, possession vaut titre ? » pourrait-il user de la revendication autorisée pendant trois ans en cas de vol ? Nous ne le croyons pas, parce que l'acte du preneur, dans ce cas, n'est pas un vrai vol, un *vol* tombant sous l'application de ce que la loi appelle *vol* : c'est un abus de confiance, et l'art. 2279 ne s'applique pas à l'abus de confiance. On comprend d'ailleurs cette différence, car, dans le vol, il n'y a aucune faute à reprocher au propriétaire, tandis que dans l'abus de confiance on peut lui reprocher de s'être abandonné trop légèrement à la foi d'un tiers, et d'avoir ainsi exposé les acquéreurs à des erreurs dont ils ne doivent pas être victimes.

III.

DE L'EMPHYTÉOSE ; DE LA RENTE FONCIÈRE ; DU COMPLANT ; DU CHAMPART ; DE LA LOCATAIRIE ; DU DOMAINE CONGÉABLE,

ET AUTRES DROITS RÉELS TEMPORAIRES A LONG TERME CONSERVÉS PAR LES LOIS DU DROIT INTERMÉDIAIRE.

Le louage et le colonage partiaire dont nous venons d'exposer les principes ne sont pas les seuls contrats usités par la pratique agricole. Plusieurs de nos provinces ont conservé les anciennes traditions, et usent encore aujourd'hui des tenures d'autrefois : c'est ainsi que le *domaine congéable* se voit fréquemment en Bretagne, que le *complant*, l'*emphytéose* s'emploient encore dans certaines régions. La jurisprudence est unanime à reconnaître la validité de pareils actes, et de nombreuses lois postérieures au Code ont semblé confirmer cette jurisprudence en accordant, notamment pour les élections antérieures à 1848, certains droits aux tenanciers. La doctrine cependant discute la question, et se demande si les dispositions du Code ne s'opposent pas à de semblables contrats. Et évidemment, quand nous parlons de cette prohibition possible, il ne s'agit pas de refuser tout effet à une convention ainsi qualifiée. Non ! et quand bien même les parties se sont servies de ces locutions anciennes, les actes vaudront toujours ; seulement ils se transformeront, suivant les cas, en baux ordinaires ou en baux à colonage partiaire, et ne vaudront jamais comme droits réels d'après les règles anciennement appliquées.

Eliminons d'abord de la controverse le bail à rente foncière, si commun dans notre ancien droit. Pour celui-ci, le Code s'est prononcé nettement ; on n'y verra jamais un droit réel (art. 530) : la convention se réduit à une simple vente dont les arrérages sont le prix. Il faut dire la même chose du *complant*, du *champart*, de la *locatairie*, qui n'étaient que des espèces particulières de rentes, à moins qu'il ne résultât de l'intention des parties qu'il n'y a pas transfert de propriété, et alors ils deviendraient baux à ferme ou à colonage.

Quant au domaine congéable, M. Demolombe (*Dist. des biens*, t. I, n° 504) ne voit rien dans la législation qui s'y oppose : il se compose, en effet, dit-il, à la fois d'un bail à ferme et d'une vente de superficie. Ces deux contrats sont parfaitement permis. Sans doute la vente de la superficie est permise en général, mais le réméré perpétuel n'est-il pas défendu par la loi, et cette vente de superficie au preneur n'est-elle pas constamment rachetable au gré du bailleur ? N'est-ce pas là violer ouvertement l'art. 1660, qui réduit à cinq ans tous les rémérés d'une durée supérieure ? et puis, en appliquant ces anciens usements, il faut admettre comme meubles vis-à-vis du propriétaire les édifices et superficies, quand ils sont immeubles à l'égard de tous autres. Alors on agira par voie de saisie immobilière contre le tenancier relativement aux constructions élevées par lui sur le fonds et

qui lui appartiennent, et par voie de saisie-arrêt contre
le propriétaire qui exerce le congément à raison de ces
mêmes édifices, puisqu'ils sont mobiliers par rapport à lui.
Comment accorder cette distinction avec l'art. 528 du Code,
qui déclare formellement que les bâtiments sont immeubles
par leur nature ? Il y a là des contradictions qu'une législation
uniforme ne peut pas tolérer.

Que penser maintenant de l'emphytéose ? C'est surtout à
ce sujet que s'élève la discussion. Disons d'abord qu'on cher-
cherait en vain dans le Code tout entier le mot d'*emphytéose*.
Il n'y est pas prononcé une seule fois : ni dans l'énumération
des droits réels, ni dans la liste des immeubles, ni dans le
catalogue des choses susceptibles d'hypothèque ; on ne le
trouve nulle part mentionné ! C'est déjà quelque chose d'assez
singulier ; car, enfin, voilà un droit réel, considéré jadis
comme des plus importants, discuté dans ses limites, dans
son étendue, ayant besoin plus que tout autre d'une régle-
mentation qui fasse taire toutes ces divergences, et pas même
une simple mention ; et, mieux que cela, le législateur de
1804 copie littéralement dans l'art. 2118 le texte de la loi de
brumaire, où l'emphytéose se trouve avec l'usufruit : il conserve l'usufruit, et laisse de côté le droit d'emphytéose qu'il
avait sous les yeux.

L'a-t-il au moins conservé, voilé sous quelque locution
mystérieuse ? On l'a prétendu, et l'art. 543, par le mot de
jouissance dont il se sert pour exprimer les droits qu'on
peut avoir sur la propriété, a semblé assez large pour le
contenir. Sans doute, par l'emphytéose, on *jouit* comme on
jouissait par le fief et par la censive ; mais en disant : « on
peut avoir sur les biens ou un *droit de propriété*, ou un simple *droit de jouissance*, ou seulement des *services fonciers* à
prétendre, » la loi montre évidemment, par cette division tripartite, qu'il s'agit là des droits réglementés dans le Code :
propriété, usufruit et usage, servitudes, dont cet article est
l'annonce et l'énumération. Il faut avouer, du reste, que ce
serait une singulière façon d'introduire l'emphytéose dans le

droit moderno. On avait donc peur de la mentionner? Ah ! les droits qu'on n'ose proclamer tout haut sont singulièrement compromis; et puis supposons qu'elle existe : qu'en ferons-nous? la déclarerons-nous susceptible d'hypothèque? mais alors nous introduisons des immeubles nouveaux dans l'art. 2118. Les hypothèques ne se créent pas par interprétation. Lui refuserons-nous cette faveur ? la chose sera, à la vérité, singulière : voilà un droit supérieur à l'usufruit ; et qui offre moins d'avantages, moins de ressources !

D'ailleurs, ce n'est pas là l'argument principal. Soit ! dit-on, le Code ne traite pas de l'emphytéose; mais, précisément parce qu'il n'en traite pas, la loi de 1790 échappe à la proscription de l'art. 7 de la loi du 30 ventôse an XII, abrogeant seulement les anciennes lois qui ont trait aux matières traitées par le Code, et nous restons à cet égard sous l'empire du droit intermédiaire ! Cette opinion ne peut pas se soutenir : impossible, en effet, de dire que la loi nouvelle ne statue pas sur ce sujet. Quand il traite de la grande question de savoir quels sont les droits que l'on peut avoir sur les biens, le Code renferme évidemment à cet égard une loi nouvelle et complète, et toutes les lois antérieures sur la même matière sont évidemment abrogées.

Enfin reportons-nous en 1804. Sans doute l'emphytéose était une tenure distincte des tenures féodales, mais elle ne s'en rapprochait pas moins par des points très-étroits ; elle ne s'en séparait que par des nuances souvent difficiles à distinguer : « L'emphytéose et le bail à cens ne diffèrent presque que de nom, » disait Boutaric. Et quand on voit les législateurs de l'époque pousser la crainte d'être suspects de *tendresse féodale* jusqu'à ne pas inscrire dans les servitudes les qualifications de fonds *dominant* et de fonds *servant*, ne peut-on pas dire, ne peut-on pas supposer avec justice que ce mot d'*emphytéose* sonnait mal à leurs oreilles, et que cette compromission, ce voisinage avec un régime détruit, ait été une cause de rejet ?

Nous venons de proscrire, au nom des principes juridiques, l'*emphytéose* et le *domaine congéable* comme modes d'exploitation du sol ; mais, si nous combattons la jurisprudence au point de vue légal, faut-il au moins l'approuver au point de vue pratique, au point de vue des avantages agricoles ? Laissant de côté le *domaine congéable*, tenure toute spéciale à un coin du littoral Breton, sur laquelle on ne peut raisonner, et nous plaçant spécialement au point de vue de l'emphytéose, contrat beaucoup plus général, nous dirons que, même à cet égard, il nous paraît inutile dans les mœurs actuelles. Sans doute, il y a quelque temps encore, l'emphytéose pouvait offrir de précieuses ressources aux propriétaires possédant de vastes domaines incultes, mais son empire (elle a eu un règne florissant) va chaque jour en s'affaiblissant et tend à disparaître. D'une part, en effet, l'agriculture a fait depuis *vingt ans* (on le nierait en vain) des progrès immenses ! il est peu de terrain susceptible de produire des fruits qui n'ait été défriché et restitué à la culture ; le meilleur emploi des engrais, les instruments aratoires perfectionnés, qui remuent plus profondément le sol et vont chercher dans ses entrailles les terres végétales qui y restaient enfouies sans profit, ont peu à peu transformé les landes et les bruyères en prairies verdoyantes ou en riches moissons. La France produit aujourd'hui en grains, en céréales, incomparablement plus qu'elle ne le faisait il y a même un demi-siècle. D'autre part les propriétés, en vertu de la loi sur le partage forcé, tendent à se fractionner, à se morceler à l'infini, et les grandes fortunes territoriales, dans un avenir peu éloigné, n'existeront guère que dans les souvenirs. Une pareille situation ne laisse pas de place au contrat emphytéotique. Son époque de prédilection, c'est celle où règnent de vastes domaines, d'immenses étendues improductives et stériles, et qu'on abandonne comme une épave perdue à ceux qui veulent leur rendre la vie. Son époque de prédilection, c'est quand la propriété, frappée d'une sorte d'immobilité, se perpétue de génération en génération dans les mêmes mains. Mais quand le sol se divise, quand il se transmet avec rapidité, quand chaque coin trouve un propriétaire prêt à l'acheter, prêt à s'y installer pour vivre de ses produits, le bail emphytéotique ne peut plus être que rare et accidentel. « Il demande trop à l'avenir, comme le dit M. Troplong, pour une génération qui dévore le présent. »

Il reste donc seulement à ceux qui ne peuvent pas cultiver eux-mêmes le choix entre le bail proprement dit et le colonage partiaire, ayant, avons-nous remarqué déjà, chacun leur utilité, leurs mérites respectifs, suivant les circonstances et les lieux. Cette opinion cependant n'est pas celle des économistes en général; ils poursuivent de toutes leurs invectives le *colonage partiaire*, qui leur semble être un dernier reste de barbarie indigne d'une civilisation avancée, qu'ils regardent comme le signe de la pauvreté, de la dépendance et comme incompatible avec tout progrès agricole. Et pour bien faire sentir la différence entre les deux tenures, on place en face l'un de l'autre le riche agriculteur du Nord, l'opulent fermier de la Normandie, et le pauvre laboureur limousin ou le colon du Midi. Il n'y a qu'à voir presque le palais de l'un et la misérable chaumière de l'autre pour sentir immédiatement toute la distance qui les sépare. Mais nous chercherions en vain dans les tenures la raison d'une pareille situation. Renversez les rôles : mettez un fermier dans le Limousin et un colon dans le Nord, et vous aurez toujours ici la disette, là la fertilité qui tient à la nature du sol! La base de comparaison est fausse : c'est absolument comme si quelqu'un, voulant comparer l'habileté égyptienne à l'habileté française, étalait avec orgueil les doubles moissons qui enrichissent chaque année, presque sans travail, les privilégiés habitants des bords du Nil.

Laissant donc de côté cet argument puéril, nous avons beau chercher dans les données de ce contrat, et nous ne trouvons rien qui répugne aux améliorations, rien qui soit contraire soit aux avantages moraux, soit aux avantages matériels des parties qui contractent. Nous dirons même plus ; et s'il nous fallait choisir entre les différents contrats dont nous avons retracé les principes, c'est au colonage partiaire que nous donnerions la préférence sans hésiter. On parle en effet de liberté ; il ne faut pas s'abuser sur la liberté du fermier. Sans doute, en principe, il fait ce qu'il veut ; mais il a toujours une lourde chaîne à porter, la chaîne des *échéances*; et les termes qu'il paiera (la pratique en fait foi) seront bien souvent supérieurs à la moitié des produits que le métayer abandonne à son maître ! Ajoutez à cela les risques nombreux qu'il court, et que compenseront bien faiblement les remises que la loi lui accorde en certaines hypothèses, et qui le laissent presque toujours en déficit. On parle d'*améliorations !* mais croit-on donc que le fermier soit si disposé à fertiliser un sol qu'il doit abandonner ? ne se hâte-t-il pas, au contraire, de retirer de la terre les produits les plus considérables, dans les dernières années surtout, sans songer à réparer les pertes que ces produits forcés peuvent occasionner au sol ? Et si, dans le cours du bail, il parvient à faire des économies, ne croyez pas qu'il les déversera sur votre terrain ; il achètera plutôt quelque propriété nouvelle à laquelle il réservera son temps le plus précieux, ses engrais les meilleurs.

D'ailleurs, plusieurs économistes, et entre autres M. Rossi, un des plus grands adversaires du métayage, vantent avec beaucoup d'ardeur ce qu'ils appellent les *sociétés agricoles*. M. Rossi en a remarqué quelques-unes dans les montagnes du Jura, où les possesseurs de pâturages et de nombreux troupeaux se réunissent pour fabriquer ensemble les produits de leur industrie ; il voudrait voir les petits propriétaires suivre partout cet exemple, mêler leurs terres pour remédier aux inconvénients du morcellement du sol, et, doublant ainsi par leur union leurs forces et leurs capitaux, réaliser de meilleure culture, agrandir, augmenter la valeur de leur patrimoine, en y consacrant les économies réalisées sur les dépenses nécessaires et forcées. Eh bien ! le colonage partiaire n'offre-t-il pas dans une certaine mesure, une partie de ces bienfaits ? ne réalise-t-il pas cette association désirée, par le travail de l'un et les capitaux de l'autre ? « Le sol, pour déployer toute sa force productive, dit le savant auteur que nous réfutons spécialement, exige du travail et du capital un travail matériel et un travail intellectuel. Il importe, en conséquence, qu'il puisse être exploité par ceux qui peuvent lui appliquer de la manière la plus utile tout le travail et tout le capital nécessaire, c'est-à-dire, en d'autres termes, par les hommes qui ont pu acquérir une suffisante instruction, et qui possèdent ou peuvent se procurer les valeurs et faire les avances que réclame toute bonne agriculture (1). »

Eh bien ! quel contrat mieux que le colonage partiaire pourra permettre de suivre ces sages préceptes et ces excellents conseils ? Les avances, les capitaux, le travail intellectuel, le maître les fournira ; par là, il pourra tenter les expériences, réaliser les cultures perfectionnées. Le labeur matériel, le colon le donnera ; il bénéficiera de ces rendements plus considérables auxquels jamais il n'aurait pu arriver seul ; il économisera pour devenir propriétaire à son tour ; il s'instruira par cette pratique, supérieure à ses vues d'ordinaire bornées, et il pourra plus tard tenter à ses frais ce qu'il a essayé jusque-là sans dépenses et sans risques.

Au point de vue moral, je trouve encore au *colonage* de grands avantages : j'y vois un moyen de rapprocher les conditions, de resserrer les liens de solidarité qui doivent unir les hommes, et cela intéresse à un haut degré l'ordre social. Dans le bail au contraire, je vois un caractère d'égoïsme : il tend à mettre une barrière entre le propriétaire et le fermier, à faire de ces deux classes des classes rivales et ennemies. L'un ne connaît sa terre que par la rente qu'il en retire ; pourvu que ses fermages se paient exactement, le reste lui importe peu : la terre est pour lui un capital exploité de mains d'homme, pour lequel il ne veut faire aucune dépense. Le fermier ne connaît le propriétaire que par les échéances, qui le ramènent vers lui , et il est tout disposé à le considérer comme un oisif qui prélève la plus grande partie de ses produits.

(1) Rossi, *Cours d'écon. polit.*, t. II, leç. III, p. 47.

Combien j'aime davantage ces rapports fréquents entre le maître et l'homme de la campagne, ce but commun, ce travail poursuivi d'accord ! Et si je ne vais pas jusqu'à dire, avec Montesquieu, « que le colonage partiaire est le seul contrat propre à réconcilier ceux qui sont destinés à travailler et ceux qui sont destinés à jouir » (pour l'honneur de l'humanité, j'espère qu'il y en a d'autres !), je dirai tout au moins que c'est un des moyens les plus puissants et les plus propres à dissiper les préjugés, les haines qu'on a trop d'intérêt à semer, et à rétablir partout la concorde et l'harmonie.

Enfin, pour ceux qui veulent utiliser leurs loisirs à la campagne, c'est une manière de les y fixer en leur offrant une occupation toute trouvée. Intéressés à ce sol, ils s'y attacheront bien vite, et ils dépenseront leurs revenus en faisant le bien autour d'eux, sans songer à l'aller répandre dans l'oisiveté des villes « dont les murs, a si bien dit Rousseau, ne se forment jamais que des débris de ceux des champs ! » On arrêtera de la sorte, en fournissant du travail, cette dépopulation forcée des campagnes dont on se plaint tant sans tenter d'y porter remède, et on aura ainsi rendu plus prospère l'agriculture, la force la plus vitale, la richesse la plus essentielle d'un pays, et, selon le juste mot du grand ministre de Henri IV, « *les vraies mamelles de la France.* »

———

ERRATA.

—

Page 10, première ligne, au lieu de : *sembla* l'indiquer, lire : *semble* l'indiquer.

P. 21, l. 5, au lieu de : la loi 20, D., *loc.*, autorise le louage conditionnel, lire : nous lisons dans Gaïus, comment. III, n° 146 : ...

P. 21, l. 7, au lieu de *ret*, lire *res*.

P. 74, l. 6, au lieu de *coloni divitum faciunt*, lire *coloni divitum fiunt*.

P. 110, l. 14, au lieu de *pérodiquement*, lire *périodiquement*.

POSITIONS.

—

DROIT ROMAIN.

I. Le prix du bail peut consister en denrées aussi bien qu'en argent monnayé.

II. La loi 33, *Dig.*, *loc.*, ne change rien à la théorie des risques en matière de vente.

III. La remise des fermages, en cas de perte de récoltes, est une conséquence logique de l'obligation de faire jouir imposée au bailleur.

IV. Les dépenses utiles faites par le fermier sur le fonds ne donnent lieu à indemnité que dans le cas tout spécial de la loi 61, *Dig.*, *loc.*

V. L'interdit salvien conserve une utilité indépendante de l'action servienne.

VI. Le pacte d'hypothèque ajouté à la convention de ne pas aliéner intervenue entre le bailleur et le preneur ne rend pas cette convention opposable à l'acquéreur.

VII. Un écrit est nécessaire, d'après la constitution de Zénon, pour constituer l'emphytéose.

VIII. Le manquement à une seule des obligations de l'emphytéote suffit pour entraîner la déchéance.

—

DROIT FRANÇAIS.

I. Le prix du bail peut être sérieux, quoique notablement inférieur à la valeur du domaine.

II. Le tuteur qui a consenti un bail excédant neuf années peut en exiger la réduction avant la fin de la tutelle.

III. La preuve testimoniale en matière de bail est refusée, même quand il existe un commencement de preuve par écrit.

IV. Le droit de chasse reste dans les mains du bailleur.

V. L'alluvion n'appartient pas au fermier.

VI. Dans la compensation à opérer des diverses années d'un bail, pour voir s'il y a lieu à remise des fermages, on doit prendre uniquement en considération les excédants des bonnes années, sans avoir égard au déficit de moins de moitié des années faibles.

VII. La résiliation du bail pour défaut de paiement du prix entraîne toujours la résiliation de la sous-location, nonobstant l'exactitude du sous-fermier à remplir ses engagements.

VIII. Le preneur, pour échapper à la responsabilité en matière d'incendie, doit faire une des trois preuves énumérées par l'art. 1733 du Code civil.

IX. Le droit du preneur est toujours un droit personnel.

X. Le privilége du bailleur, en cas de location sans date certaine, s'étend à tous les termes échus, au terme courant et à l'année à venir.

XI. Le colonage partiaire est un contrat mixte participant de la société et du louage.

XII. L'emphytéose, comme les autres droits réels temporels à long terme conservés par la législation intermédiaire, sont prohibés par le Code civil.

CODE DE PROCÉDURE CIVILE.

I. Bien que les tribunaux puissent annuler pour fraude et les baux qui ont date certaine et ceux qui ne l'ont pas, ces deux baux ne doivent pas être mis sur la même ligne ; ils sont, dans le premier cas, présumés de bonne foi, dans le second frauduleux.

II. L'art. 684 a conservé avec raison le mot « *adjudicataire.* » L'adjudicataire n'est pas suffisamment protégé par l'art. 1743 du Code civil.

DROIT COMMERCIAL.

I. La faillite rend exigibles les loyers à échoir. L'art. 444 du Code de commerce s'applique ici.

II. Le bailleur payé des termes échus n'a pas le droit, en ce cas, de poursuivre la réalisation du privilége pour l'avenir.

DROIT ADMINISTRATIF.

I. L'indemnité en cas d'expropriation pour cause d'utilité publique est due, que le bail ait ou non date certaine.

II. La clause du bail qui enlève, en cas d'expropriation, le bénéfice de l'indemnité au preneur peut être invoquée par l'expropriant.

DROIT PÉNAL.

I. Le fait, par le colon partiaire, de vendre tout ou partie du cheptel sans le consentement du maître ne constitue pas un *vol*, mais un abus de *confiance*. L'art. 2270 du Code civil n'a dès lors pas lieu de s'appliquer.

II. Le propriétaire qui chasse sur les terres emblavées de son fermier est passible d'une amende de 1 à 5 francs (art. 471, § 13, C. pén.).

TABLE DES MATIÈRES.

Vu par le président de l'acte public,
BOURDEAU (G. ✳).

Vu par le doyen intérimaire,
MARTIAL PERVINQUIÈRE, ✳.

Permis d'imprimer :
Le Recteur,
Ch. AUBERTIN,

Les visas exigés par les règlements sont une garantie des principes et des opinions relatives à la religion, à l'ordre public et aux bonnes mœurs (statut du 9 avril 1825, art. 41), mais non des opinions purement juridiques, dont la responsabilité est laissée au candidat.

Le candidat répondra en outre aux questions qui lui seront faites sur les autres matières de l'enseignement.

Poitiers. — Typ. de A. Dupré.